Lean Solutions
How Companies and Customers Can
Create Value and Wealth Together

精益服务解决方案
公司与顾客共创价值与财富
白金版

[美] 詹姆斯·P.沃麦克（James P. Womack） 著
丹尼尔·T.琼斯（Daniel T. Jones）

陶建刚 罗伟 陆明明 译
赵克强 主审

图书在版编目（CIP）数据

精益服务解决方案：公司与顾客共创价值与财富（白金版）/（美）詹姆斯 P. 沃麦克（James P. Womack），（美）丹尼尔 T. 琼斯（Daniel T. Jones）著；陶建刚，罗伟，陆明明译．—北京：机械工业出版社，2016.9（2024.10 重印）
（精益思想丛书）
书名原文：Lean Solutions: How Companies and Customers Can Create Value and Wealth Together

ISBN 978-7-111-54695-5

I. 精… II. ①詹… ②丹… ③陶… ④罗… ⑤陆… III. 企业管理 – 商业服务 IV. F274

中国版本图书馆 CIP 数据核字（2016）第 204598 号

北京市版权局著作权合同登记　图字：01-2013-6804 号。

James P. Womack, Daniel T. Jones. Lean Solutions: How Companies and Customers Can Create Value and Wealth Together.

Copyright © 2005 by Solution Economy, LLC.

Simplified Chinese Translation Copyright © 2016 by China Machine Press.

Simplified Chinese translation rights arranged with Free Press through Andrew Nurnberg Associates International Ltd. This edition is authorized for sale in the Chinese mainland (excluding Hong Kong SAR, Macao SAR and Taiwan).

No part of this book may be reproduced or transmitted in any form or by any means, electronic or mechanical, including photocopying, recording or any information storage and retrieval system, without permission, in writing, from the publisher.

All rights reserved.

本书中文简体字版由 Free Press 通过 Andrew Nurnberg Associates International Ltd. 授权机械工业出版社在中国大陆地区（不包括香港、澳门特别行政区及台湾地区）独家出版发行。未经出版者书面许可，不得以任何方式抄袭、复制或节录本书中的任何部分。

精益服务解决方案
公司与顾客共创价值与财富（白金版）

出版发行：机械工业出版社（北京市西城区百万庄大街 22 号　邮政编码：100037）
责任编辑：冯小妹　　　　　　　　　　　　　责任校对：殷虹
印　　刷：北京建宏印刷有限公司　　　　　　版　　次：2024 年 10 月第 1 版第 13 次印刷
开　　本：170mm×242mm　1/16　　　　　　印　　张：15
书　　号：ISBN 978-7-111-54695-5　　　　　 定　　价：59.00 元

客服电话：（010）88361066　68326294

版权所有·侵权必究
封底无防伪标均为盗版

序言 | Lean Solutions

从精益生产到精益服务解决方案

1982年夏天，为了弄明白日本企业为什么能在全球竞争中赢得优势，我们走访了一系列日本公司。于是，我们邂逅了丰田，得到了新的启发。

我们很快意识到丰田与其他公司有着显著的不同。它的成功源于对公司核心流程的卓越管理：在恰当的时间，以恰当的顺序采取一系列措施为客户创造价值。它对产品开发和生产管理，以及与日本供应商和客户的协作，远远好于我们之前遇到的任何公司。

得到启发的那一瞬间，我们异口同声道："使得丰田在全球竞争中突出重围的不是杰出的产品创新或优秀的文化背景，也不是疲软的货币或者政府强有力的支持，而是它对于核心流程的卓越管理。"这是非常有意义的见解，因为奇妙的产品创意和特定文化的优势不可复制，但卓越的流程管理却可以复制。

我们花了一些时间，在1990年终于能够在《改变世界的机器》[1]一书中描述出这些流程。我们用充分的证据详尽无遗地说明了不论以何种指标来衡量，丰田的关键增值活动不仅优于外国汽车公司，也优于日本其他公司。丰田的产品开发、供应商管理、客户支持和生产流程统称为正在改变世界的"机器"。这一结论自然地引出了这样一个问题：其他国家和行业的公司，如何能够实现卓越流程？这是我们的第二本书《精益思想》[2]试图要回答的问题。

我们为企业提出了五大基本原则：

- 提供客户真正需要的**价值**。抵制冲动，不从当前公司的组织、资产以及知识出发来说服客户，让客户相信自己需要的正是公司现在最容易提供的产品。

- 确定每一种产品的**价值流**。即确定一项产品或服务从概念到投产（开发过程）、从订单到交付客户手中（执行流程）所需活动（流程）的顺序。质疑这些流程中的每个步骤，看其是否真正为客户创造价值，并去除不能创造价值的步骤。

- 为剩余的步骤创建**连续流**。消除各步骤间的等待和库存，以削减开发时间和反应时间。

- 让客户**拉动**企业创造的价值。与之相反，对客户的需求反应时间较长的公司一般使用的是推动的方式。它们试图说服客户，使客户相信自己所需要的就是企业已经设计或生产好的产品。

- 最后，当价值、价值流、连续流、拉动得以确立，则回到起点，重新开始新的循环，追求**尽善尽美**。所谓尽善尽美，就是零浪费、完美价值的理想状态。

精益生产的成功

多年之后，我们很高兴看到很多公司的内部流程都在改善。最明显的表现就是，现在生产的产品，与我们刚开始合作时相比，性能更好，价格却更低了。例如，在汽车行业，尽管同规格汽车的价格在不断下降，汽车缺陷率却在持续稳定地降低。³我们同样高兴地看到，在任何认真尝试了精益的企业、行业和国家，精益生产都是有效的。

与此同时，丰田取得全球竞争的节节胜利，步步紧逼通用汽车（GM）的世界汽车行业领导地位。相比之下，1982年我们走访的其他日本企业，不是败下阵来，就是业绩不断下滑。本田（Honda）仍独立经营且运营得还不错，但日产（Nissan）却被雷诺（Renault）控股，马自达（Mazda）被福特（Ford）收购，斯巴鲁（Subaru）、铃木（Suzuki）和五十铃（Isuzu）紧紧依附通用，三菱（Mitsubishi）则痛失大量市场份额。

然而奇怪的是，尽管销售渠道更广了，产品种类更多了，质量更好了，价格也更低了，但消费者的体验却似乎正在恶化。近年来，我们经常会与公司管理人员讨论这一现象。他们回答说，当他们在办公室或者工厂，"戴上制造商的帽子"，情况似乎是在好转。但当他们回到家中，"戴上消费者的帽子"，情况又似乎在变糟。

我们在自己的生活中也强烈地感受到这一点。作为作者，我们两人工作繁忙，而且身在大洋两岸，但是我们之间每一次谈话的话头，似乎都是工作中遇到的作为消费者的沮丧经历：

- 定制的、三天到货的电脑，无法与办公室的其他打印机和电脑连接，或与其他软件匹配。
- 修理汽车时，需经过许多次沟通、等待，甚至还会出错。
- 驾车长驱到"大卖场"，那里有成千上万种商品，而且大多数商品都比25年前更好、更便宜，但是每次购物回来总是感觉没买回真正称心如意的商品。

- 看病的过程,从技术的角度来看,令人十分惊叹。但从患者的角度来看,费时且令人不快。
- 商务旅行伴随着没完没了的排队、转机和延误。
- "咨询台"和"服务中心",既不能提供咨询,也不能提供服务。

由于产品更好、更便宜了,消费理应变得更容易、更令人满意。情况却恰恰相反,我们需要花费更多的时间处理更多的麻烦,才能使所有的产品正常、协同地运行。换句话说,如今的消费者常常被淹没在优良产品的汪洋之中。当我们停下来思考,满足消费(而不是仅仅生产优良的产品),才应该是精益的时候,这会显得非常不可思议。

消费问题日益显露

20世纪90年代后期,市场给消费者提供了许多新产品,而这些产品的技术并不成熟,我们把这些现象当作了泡沫经济引起的暂时反应。我们想当然地认为未来情况一定会有所好转。

然而,到泡沫经济结束之后,我们却发现,这些消费问题并非特定条件下的异常情况,而是常见现象。然后我们提出了一个非常简单的问题:我们应该做些什么才能转变观念,逐渐将公司的挑战从生产更优的产品转变到让消费者更加满意?

当反思消费问题时,我们开始了解给消费者带来问题的五大趋势:

第一,生产商不断通过"大规模定制"的产品以及逐步拓宽这些产品的购买渠道来增加消费者的选择[4]。有选择当然很好,但过多的选择需要消费者花更多的时间来做决定。

第二,大规模生产时期的经济持续萎缩。这给了大家更多的自由——这是个好事[5]。但同时也要我们做更多的事情和更多的决定。例如,我们的养老金该如何投资？该和哪家电信公司签约？该选择哪家航空公司、租车公司或酒店集团？从繁多的选项中做出正确选择所花费的成本，远远超出做决定本身需要的时间和精力。

第三，我们正经历着服务经济向自助服务经济的转变，在这种经济模式下，我们有更多的个人数码电器来创造自己的价值，比如我们写这本书所用到的电脑、打印机、扫描仪、个人掌上电脑和软件等（我们的父母一代有会用打字机的秘书，而我们则有电脑）。我们不仅需要购买这些个人数码电器，我们还需要对它们进行安装、维护、升级和处置。这些产品和服务都来自不同的提供商，而我们需要花自己的时间和精力来把它们整合到一起。

第四，每个发达国家家庭模式转变的方向都是给消费者带来更多时间和精力上的压力。劳动力参与就业程度大幅度提高，也就意味着，在家庭中，原来负责管理消费的家庭成员（一般为女性）现在也参加工作了。且有更多的单身人士，既要工作挣钱，又要管理消费。这可能意味着人均购买产品和服务的能力越来越强，但管理消费的时间却越来越少。

第五，互联网和信息技术的发展，使得消费和生产之间的界限逐渐模糊，这往往会把消费者拉入供应流程中。例如，我们中某人的妻子最近在网上从一个知名制造商那里订购了办公设备，因为搞错了纳税人识别码[⊖]，订单被拒，但她却没有收到关于此信息的电子邮件。几个星期之后，设备未能按期到货，她上网查询，才发现订单已被取消。后来她总算联系到了该制造商的客服，询问怎么会发生这种情况，客服经理解释，顾客现在应该经常上网跟踪订单，确认生产和发货按计划进行，这已经变成了顾客自己的责任。正如这位妻子所说："我应该已经被任命为该公司的无薪运营经理了，但他们却忘记了告诉我。"

⊖ 类似于国内的身份证号。——译者注

提供商吹捧这种透明化、消费者直接参与的提供过程是给予消费者的福利。但是对那些工作忙碌的消费者来说，这往往更像是被迫接受一份无偿工作。

现在消费者获得了更多的选择和知识，而代价却是要承担更多的责任、做出更多的决定以及付出更多的时间，这种情况可以简要地概括为：

消费者需要做出更多的消费决定——在整个购买、安装、整合、维护、维修、升级和回收过程中都有更多的产品种类、更多的提供商和更多的渠道。

此外，随着信息技术的发展以及个人数码电器逐步增多，生产流程的演变模糊了消费和生产的界限，使消费者付出更多的无偿时间和精力。

但是，消费者永远都无法拥有更多的时间（这是生命的定数和约束），而且由于发达国家中家庭模式的变化和人口老龄化，大多数消费者今后实际的可用时间和精力还将减少。

这些因素综合起来，就构成了 21 世纪消费者面临的困境。

重新思考价值

当了解了这种情况后，我们认识到，我们需要回到精益五大原则的起点——价值问题。我们要问，消费者在新时代到底需要什么？然后我们需要根据最基本的原则，重新思考消费，把消费当作一种流程（就像生产一样），只不过是从相反的方向，以便找到一种更好的方式来让消费者获得他们所需的产品和服务。我们将这一改善后的流程称为**精益消费**。

精益消费必须拥有一个与之伴随的流程。企业必须在消费者所需的时间和地点，向他们提供真正需要的产品和服务，同时不给消费者增加负担。我们以前也使用过"精益生产"一词，但从很多公司管理人员的做法来看，精益生产好像止步于办公室或工厂大门。因此，我们现在使用**精益供应**一词，它包含了制造商把所需价值交付给客户的所有步骤，这一流程经常跨越多个公司。

我们大家都会觉得，作为消费者时，我们思考消费问题比较容易，当我们工作时思考供应问题比较容易。但是，我们很难把这些环环相扣的流程视为整体的价值流。近年来我们走访了各行各业，从航空到医疗，从保险到汽修，我们经常看到消费者和企业工作人员在那些不协调的消费和供应流程中孜孜奋斗，这些流程疏远了客户，损失了利润，还带给工作人员烦恼和绝望。然而消费者和工作人员却还在相互误解、相互抱怨。

当我们继续调查，走访更多国家的各行各业，我们开始明白，如果精益供应真的能够与精益消费完美结合，那么消费者的生活会更美好，工作人员会更满意，提供商会获得更多的利润。如果提供商、工作人员和消费者一起致力于创建精益服务解决方案，那么三赢的局面是能够实现的。这也是我们写这本书的初衷。

目录

序言　从精益生产到精益服务解决方案

导论　精益消费与精益供应 //1
  消费是一个解决问题的流程 //1
  消费者真正需要什么 //4
  精益消费六大原则 //5
  精益供应的挑战 //6

第1章　学习观察消费 //8
  观察消费者现场 //9
  绘制消费流程图 //11
  从消费流程到消费者体验 //12
  感知时间和时钟时间 //14
  无偿工作随处可见 //16

第2章　学习观察供应 //18
  观察提供商现场 //19
  绘制供应流程图 //21
  工作人员真正需要什么 //23
  将两张图合并 //25
  破碎的流程无赢家 //26
  糟糕流程世界中的优秀人员 //26

第3章　彻底解决消费者的问题 // 28

理解并消除问题才能彻底解决问题 // 30
使用智能反馈来解决确实会出现的问题 // 32
智能反馈在运行 // 35
外包和离岸：用错误答案回答错误的问题 // 39
每一个消费问题都是一次绝佳的机会 // 40
解决问题且不浪费顾客时间 // 41

第4章　不要浪费消费者的时间 // 42

流程决定耗费的时间 // 44
如何创建节省每个人时间和金钱的精益流程 // 48
西芒：实施精益服务的案例研究 // 52
节省每个人时间的简单规则 // 56
消除医疗中的时间浪费："开放式就诊"的胜利 // 58
开放式就诊之外：你真的需要去看医生吗 // 61
少了一颗马蹄钉 // 62

第5章　给消费者真正想要的产品 // 63

制鞋业的供应逻辑 // 64
"你找到你正在寻找的所有东西了吗？" // 66
传统超市如何尽力提供给你想要的东西 // 68
精益供应如何以更低成本提供给你真正想要的东西 // 70
精益供应怎样通过快速补货发挥实际作用 // 72
提供顾客所需，需要什么条件 // 73
进一步压缩供应流程 // 77
新的精益选址逻辑 // 81
每种产品的精益选址逻辑 // 84
下一个挑战：节省消费者的时间并减少麻烦 // 86

第6章　在消费者想要的地方提供价值 // 87

传统的供应布局 // 93
如何在你正需要的地方提供你正想要的商品 // 94

完成精益转型 //95
在便利店提供更多种类商品 //96
建立理想的商店 //97
遍布世界的"水蜘蛛" //99
机械式购物和体验式购物 //101
精益供应格局的兴起 //102
我们什么时候需要我们想要的东西 //103

第7章 在消费者需要的时候解决问题 //104

当前供需关系的暂时偏离 //106
三天交车 //109
默认选择 //111
从不景气行业得到的启发 //111
供需关系暂时偏离的彻底改变 //113
建立不同类型供应价值流的渠道 //116
向消费者提供他们真正想要的产品 //118

第8章 精益供应的挑战：管理人员的角色 //119

流程思维是战略思维和财务思维的必要补充 //119
精益转型所需的精益领导力 //121
精益转型方法 //123
将精益转型方法应用在供应价值流中的示例 //127
实现精益消费的飞跃 //130
在"大盒子"公司实施精益 //130
在社区店实施精益 //132
网络购物实施精益 //134
从领悟到行动 //136
创建精益消费价值流 //138
维持精益领导力 //139
从简单问题到复杂问题 //140

第 9 章　给消费者真正想要的解决方案：精益企业家的角色 //142

　　解决方案矩阵 //143

　　长途旅行问题 //144

　　辐射式空运系统 //145

　　点到点支线航空 //149

　　专用私人飞机 //152

　　想象精益航空旅行 //155

　　增强型辐射式空运系统 //155

　　增强型点到点支线航空 //156

　　商务点到点支线航空 //156

　　完成解决方案矩阵 //160

　　迈向精益医疗 //162

　　传统诊断路径 //162

　　想象用精益方案来更好地解决问题 //166

　　增强型传统诊断 //166

　　专用诊断路径方案 //167

　　持续改善解决更少的问题 //172

第 10 章　一劳永逸地解决消费者的所有问题 //173

　　省心的信息与通信管理 //174

　　一个解决方案解决一个核心问题 //176

　　住房 //176

　　医疗 //178

　　出行 //179

　　财务管理 //181

　　常规购物（个人物流）//182

　　解决方案的迁移：从小问题、小方案到大问题、大方案 //184

　　提供解决方案的架构 //186

　　解决方案思维方式的巨大潜在效益 //188

　　均衡化需求 //189

　　信息技术如何支持解决方案经济 //191

　　　　解决方案思维方式的社会效益　//193
　　　　解决方案思维方式的挑战　//193
　　　　解析挑战　//194
　　　　解决方案的机会　//197

结论　精益服务解决方案　//198

致谢　本书背后的故事　//201

注释　//208

参考文献　//222

导论 | Lean Solutions

精益消费与精益供应

消费，听起来再容易不过。在发达国家中，消费的确经常被描绘成毫不费力的事情，消费者可以很容易甚至立刻买到他们想要的东西。然而问题是，消费过程往往并不轻松，消费者也很难得到他们真正想要的产品或服务。对于各种类型的消费，不管是何种产品或是服务，都是如此。本书中我们将讨论为什么对于消费者来说消费不仅是一件困难的事情，而且还是一份无偿工作。

消费是一个解决问题的流程

让我们从简单的观察开始。消费是一个连续的流程，是在较长的一段时间内采取的一系列行动，包括对产品和服务的搜索、购买、安装、维护、维修、升级，以及最终的处置。所有这些购买、安装、维护和处置都牵涉消费者的时间和精力，通常还会带来麻烦。为了清楚理解这一点，我们来看看下面这个简单的消费流程。

当我们着手写这本书时，丹尼尔需要一台新电脑，于是他上网对各大品牌的电脑做了一点研究。考虑了一番之后，他又回到网上，打开了最中意品牌的网站，输入了所有必要的信息，包括购买以及他所能接受的发货日期。该生产商如期发货，电脑也如期到达。到此为止，一切顺利。

但是收到电脑后，他发现并非所有需要的软件都安装好了，而当安装上了自己要用的软件之后，电脑却死机了。这时丹尼尔打开了该生产商的网站，然后拨打了客服热线。经过相当长时间的等待，丹尼尔被告知问题出在新软件上。丹尼尔于是拨打了该软件提供商的客服热线，但他们却把问题归咎于硬件生产商。这导致丹尼尔只能去寻找对这个问题有经验的电脑专家，希望通过电话服务来解决问题。不幸的是，丹尼尔等了很长时间，花了不少钱，多次被误导之后，这位专家也束手无策了。于是，丹尼尔又不得不去寻找第二位专家，最终才解决了问题。

丹尼尔的电脑总算是可以用了，但是他的这次消费体验却是艰辛的、耗时的，并且令人抓狂。包含了步骤、时间和体验的表0-1展示了这一完整的消费流程。

表0-1 丹尼尔的消费流程

步 骤	丹尼尔花费的时间	丹尼尔的体验
第1天		
1. 上网搜索信息	1小时	有趣——"我不需要走出家门，就能在网络上看到很多有趣的新东西！"
2. 选择产品、配置、订单输入	30分钟	还不错——"但当网购的新鲜感消失之后，我开始觉得自己有点像档案管理员。我为什么需要一个跟踪码来查询我的订单呢？难道他们没有责任准时送货给我吗？"
第4天		
3. 收到产品并打开	1小时	还不错——"当我尝试着按说明书操作时，感觉有点紧张，但是电脑的确启动了。"
4. 安装另外的软件	1小时	有些沮丧——"在当今计算机时代，似乎应该更容易才对。"
5. 完成测试，但电脑死机	1小时	极度沮丧——"电脑刚才还在运行，但现在启动后突然自动关机了。"
6. 访问电脑生产商网站，拨打客服热线电话	1小时	抓狂——"我花了一个多小时，大部分时间是在等着人接电话，难道只是为了知道这个问题是别人造成的？"
7. 打软件提供商的客服热线	1小时	极度抓狂——"什么都不管用了，却没人来承担责任，这个行业怎么还能存活？"

（续）

步　　骤	丹尼尔花费的时间	丹尼尔的体验
第5天		
8. 寻找专家	1小时	**轻度沮丧**——"为什么你不提前弄清楚电脑维修人员到底懂些什么呢？"
9. 专家拜访	2小时	**极度抓狂**——"我的时间和金钱为这家伙长知识做贡献了。"
第6天		
10. 寻找新专家	1小时	**极度抓狂**——"现在网络肯定帮不了我，我只得可怜巴巴地给朋友打电话、发邮件求助了。"
第7天		
11. 专家拜访	1小时	**焦虑随后放松**——"这位专家会好一点吗？"随后"电脑终于能够工作了！"

请注意，这个简单的消费行为实际上是一个很长的流程，历时7天，一共包括11个步骤。在这些步骤中，有4个实际上创造了价值，而其他7个纯属浪费。在这7个浪费步骤中，1个是有趣的，有2个尚能忍受，其余的步骤引起了不同程度的焦虑和愤怒（两次"客服热线"尤其恼火）。本该花费丹尼尔不超过3.5小时的事情（对于"毫不费力"的网络消费来说，仍然十分惊人），实际上却花了他11.5个小时，几乎是1.5个工作日。

但事情远没结束，丹尼尔的真正目的不是拥有一台电脑，而是用它来处理文字和图表，并在必要时传送给其他人。电脑、软件和所需的技术支持都只是工具，并不是目的，而仅仅是实现目的的第一步。

接下来的几年里，丹尼尔的完整消费流程将不仅包括一次"购买和安装流程"，还将包括多次"维修和升级流程"，随后还有"更换和处置流程"。上述各个流程所涉及的步骤都类似：需要采取很多行动（其中只有一小部分是增值的）和花费大量的个人时间（大部分是令人抓狂的）。所有这一切都只是为了解决简单的文字与图形处理问题。

从某个层面来说，个人电脑的确是一个奇迹。多年前，我们就合作一起写书，用的是IBM的Selectric打字机，我们只能通过信件以及之后的传真来交换书稿。但是从另一个层面来说，个人电脑又是非常令人抓狂的。如果能让个人数码电器正常工作并且相互配合,这固然会让人兴奋,但是整个过程却备受挫折。

如果这个体验是个消极的现状,那么让我们来思考一下积极的未来状态。作为消费者,我们真正想要的产品和服务是怎样的呢?我们所谓的**精益消费**的目标又是什么呢?

消费者真正需要什么

第一,我们需要记住,大多数人是为了解决问题而消费的。这些问题可能是一些小问题,例如寻找、购买和使用听音乐的设备;或者是一些大问题,例如寻找、购买和维护我们居住和工作的舒适住所。通常我们感兴趣的并不是这些产品和服务本身,例如 iPod 或者房屋,而是它们能够为我们的生活带来什么。由此得出结论,我们的消费行为必须解决实际问题,从简单的音乐到复杂的住房问题。部分消费行为其实并没有解决问题,例如,一台无法与打印机连接的新电脑,或医疗中心不能及时找到合适的专家医生。我们需要问题得到彻底解决。

第二,我们希望花最少的时间与精力,高效地解决问题。随着社会的发展和生活水平的提高,我们无法拥有更多的就是时间(据我们所知,任何地方都没有实验室在进行增加每天小时数或每周天数的研究)。因此,充分利用个人时间和精力去获得价值,变成人们前所未有的重要目标。

第三,我们希望买到能解决我们的问题并完全符合所需的必要产品和服务。我们不想购买替代品,或者空手而归。

第四,我们希望能够在我们想要的地点解决问题。在过去的私人服务年代,东西往往都是送到顾客所在的地方,像清洁工、杂货商、屠夫、菜农、医生都会上门服务。在最近的自助服务年代,顾客要么去商店购买,要么直接从生产商订购。我们相信,在新兴的精益消费时代,很多产品都可以从不同的地方以差别不大的价格买到。也就是说，去大超市、传统的杂货店或者小型便利店，又或是通过网络订购送货到家，你都能够解决你的食物问题。去医疗保健服务中心（HMO）[⊖]或者独立体检中心，或是用一些个人医疗仪器自己在家做检测，你都将能够诊断健康问题。你可以在家里的餐桌前通过代理人购买人寿保险，也可以选择在网上填写申请表购买。

第五，我们希望能够在有需要的时候解决问题。正如我们看到的，目前的供应系统一般是由陌生人向陌生人订购产品和服务。因此，一点都不奇怪，大多数消费者下单前是不会提醒提供商的。然而不幸的是，在这种环境下，典型的生产系统甚至像戴尔这样被吹捧为按订单生产的公司，也无法提供高水平的服务。我们将看到，消费者的需求实际上要复杂得多。因此，在精益消费的世界里，"何时"的概念对不同的消费者，意义也是不同的。

第六，大家都希望减少需要解决的问题，最简单的方法就是将这些问题打包。例如，找"一条龙服务提供商"，不需我们费心，只需付点钱，汽车就能经过检验、拿好牌照上路了。或者是一个装修服务公司，不需费心，就经济高效地装修好我们的房子。或者是购物解决方案，不需要花太多的精力，在晚上或者周末去商场购买，需要的物品在我们需要的时间送到我们家里。或者一个电脑和通信整合商，这样我们就只需要与一方沟通，也不需要花时间去想解决方案了。把消费基本单元从大量的个人项目整合成几个大的集成解决方案，将是一个重大的飞跃。但我们相信，这个飞跃将是精益消费的最终目的。

精益消费六大原则

下面的六项精益消费基本原则，为今天的消费者提供了关于价值的全新定义。我们将以顾客心声来表达：

⊖ HMO，美国管理式医疗保险机构。——译者注

- 彻底解决我的问题。
- 不要浪费我的时间（使我的消费总成本最小，包括付款价格再加上我的时间和遇到的麻烦）。
- 给我真正想要的产品。
- 在我需要的地方提供价值。
- 在我需要的时候提供价值。
- 减少我解决问题所需要做的决定。

请注意，所有这些原则没有一条是关注产品本身的具体属性或性能的：汽车、软件或保险单。如今，产品本身往往不是问题。不幸的是，许多公司都坚持以产品为中心的原则来生产产品和提供服务。因为它们只关注整个消费流程中的一个要素，往往忽视了消费者寻找、购买、安装、维护、升级和处置所需产品的整个过程，而且它们似乎没有注意到针对消费者时间和麻烦等的解决方案的总成本。

精益供应的挑战

供应和消费一样，听起来也很容易。毫无疑问，得益于现代科技，尤其是信息技术，提供商可以轻松地甚至毫不费力地提供消费者所需的价值。问题是，产品供应实际上非常困难，而且现在没有几家公司做得很好。事实上，当消费者纠结于不流畅的消费流程时，提供商也纠结于问题众多的供应流程。迹象比比皆是：

- 加大产品特色和选择方面的投入，却无法吸引新客户。
- 不现实的交付承诺。提供商感觉他们必须做出这样的承诺才有竞争力。
- 大量缺货（由于库存太少）和大量积压（由于库存太多）。
- 增加开支来维持客户的忠诚度，即便客户变得更加不忠诚。

- 加大在大型资产（大型商场、大型配送中心、大型电脑系统）的投资，但创造竞争优势的能力逐步削弱。
- 在客服中心和其他形式的客户支持方面费用不断上涨，但现在外包之后，失去了与客户直接接触的机会。
- 在几乎每种与顾客频繁接触的工作中，员工都长期不满意，这导致人员流失率、培训成本升高，客户满意度降低。

没有哪个提供商想要这样的结果，但在当前的供应流程中，大部分都是难以避免的。并且大多数提供商似乎认为，在客户需要的时间和地点提供价值，真正解决客户的问题，将会增加大量的成本。结果，他们更加努力地推行传统的大规模消费方式。他们一意孤行，生产更多更"物美价廉"的产品，尽管消费者表示他们其实需要别的产品。

幸运的是，我们将在本书中看到，少数企业已经学会用新的方法去思考消费者和提供商以及它们如何共同创建精益服务解决方案。它们已经发现，正如高质量产品的成本也可以降低，我们现在知道了如何以较低的总成本提供消费者真正所需的价值。这本书的基本目的就是要说明这个新方法，即将精益供应和精益消费相结合，这样我们大家才能从大规模生产迈向精益服务。

第 1 章

学习观察消费

每当有公司请我们谈谈精益思想的时候,"让我们去现场看看"已成为多年来我们的标准回答。公司管理人员习惯在会议室或者总经理办公室进行讨论,但多年来的经验告诉我们,只有在现场才能创造价值(现场,GEMBA,日语词,表示办公室或工厂等完成真正工作的地方)。这也是为什么我们坚持先从现场开始,去了解真实情况。

消费者当然也有现场,他们的现场就是解决他们问题时的路径。但大多数提供商管理人员好像很难意识到这一点,尽管他们有时也要放下提供商的身份,扮演消费者的角色去亲身体验这条解决问题的路径。因此,近年来,我们花了大量时间去观察消费现场,并尽可能地拉上提供商管理人员。

我们的目标很简单:致力于教会提供商管理人员如何观察消费者解决问题的所有步骤,包括所需商品和服务的调查、购买、安装、整合、维护、维修、升级及回收等。然后,我们会质疑每一个步骤,追问"为什么这是必不可少的"以及"为什么这通常做得不尽如人意"。一旦非增值的步骤被消除后,我们就能讨论流动和拉动,朝着尽善尽美的方向去努力了。

为了把这套方法介绍得更清楚,我们现在就把自己放在消费者的位置,去现场看看。让我们跟随鲍勃·斯科特，一起体验一次简单的修车过程，鲍勃是我们在《精益思想》(Lean Thinking) 一书中提到过的一位消费者，那次他把皮卡车的后保险杠撞弯了。

观察消费者现场

这次的故事由鲍勃汽车仪表盘上的"检修发动机"灯突然亮起而引发，为此他需要找一家汽车维修店。他有以下几个选择：上次维修坑了他的那家4S店，也就是他买车的那家，另外几家附近的销售同款汽车和提供维修服务的4S店，以及几家本地的修理厂，但它们可能没有最新的配件或者不了解这款车型。

鲍勃打了几通电话，描述了问题并询问了大概的费用，最后他决定去一家之前没有去过的4S店。

下一步就是预约——这就像买东西下订单一样，比如丹尼尔购买电脑。之后，鲍勃按约定的时间把车开到了那家4S店。

到了4S店，鲍勃首先需要描述汽车的问题。因为他是新客户，4S店对他的汽车的维修史一无所知，也没有在他来之前收集信息。在这种情况下，鲍勃就只能在服务台排队等待，填写一些表格。

汽车不能立刻修好，而鲍勃又需要去上班，因此店里向他提供了"借用车"。为此他又需要再次等待，因为"借用车"需要从车库调过来。尽管这种情况大多时候会耽误上班，但幸运的是，鲍勃今天上班路上所花的时间并未超出平时所需的时间。

上班的时候，4S店的服务部门给鲍勃打了个电话，描述了他们发现的问题，并报出了修理费用。之后，鲍勃又接到第二个电话，4S店告诉了鲍勃一个坏消息，由于缺件，汽车隔天才能修理好。我们会看到，这种情况非常典型，客户和提供商相互不熟悉，没有共同讨论问题所在，也没有分享汽车现状的任何数据。结果就是，零件需要预订，确切的修理完成时间无法确定。

第二天傍晚，鲍勃回 4S 店取车。他又需要排队等待，这次需要填写一些文件——回顾问题描述、提供信用卡、取回车钥匙。付款之后，鲍勃又等了一会儿，等待汽车从远处存放已修理好车辆的停车区域开回来。

加上回家的路途，整个消费流程看起来似乎完成了。然而，在回家的路上，"检修发动机"灯再次神秘地亮起来，这意味着汽车需要返修。

国际汽车经销研究机构（ICDP，International Car Distribution Programme）[1]记录显示，返修实际上是很常见的情况。在北美和欧洲修车第一次就修好的概率是 80% 左右，而第一次就能准时修好的概率只有 60%。

因为 4S 店没有解决好问题，并且客户已经付了修理费，所以接下来的流程就非常简单了。鲍勃重新和同一家 4S 店预约，汽车返修，经过登记和取车，两次"幸运"之后，汽车终于成功修好了。

我们列出了鲍勃完成对他来说相对简单的一次消费活动所需的步骤（见表 1-1）。这 16 个步骤本身并不复杂，而且每个步骤仅需花费很少的时间。然而，当把它们累加起来，所需的工作和时间总和却非常惊人。鲍勃花了 3.5 小时的个人时间来解决这个问题。

表 1-1　消费步骤表

步　骤	消费者时间	步　骤	消费者时间
1. 寻找最佳修理店	25 分钟	10. 与同一修理店预约	5 分钟
2. 与修理店预约时间	5 分钟	11. 将车开到修理店	20 分钟
3. 开车到修理店	20 分钟	12. 排队等待，描述问题，填写表格	15 分钟
4. 排队，描述问题，填写信息	15 分钟	13. 等待借用车，表格签名	10 分钟
5. 等待借用车，表格签名	10 分钟	14. 与服务人员讨论问题，委托修理	5 分钟
6. 与服务人员讨论问题，委托修理	5 分钟	15. 填写表格，等待取车	15 分钟
7. 第二次电话通知隔天取车	5 分钟	16. 开车回家	20 分钟
8. 填写表格，等待取车	15 分钟	消费者总时间（16 个步骤）	210 分钟 合 3.5 小时
9. 开车回家（发现问题没有解决）	20 分钟		

绘制消费流程图[2]

我们设计的这种消费步骤表适用于任何消费流程。消费步骤表的目的是帮助提供商管理人员学习观察消费流程以及发现隐藏的问题。然而，我们发现很多提供商管理人员和员工更喜欢图画而非文字，因此我们又绘制了简单的消费流程图，这样整个消费流程就一目了然了。

在消费流程图中（见图1-1），我们将消费步骤从左上方到右下方依次排开，列出了整个流程的始终，图中的消费步骤10～16是第二次维修，作为回流。我们为每个消费步骤画了方框，方框大小与所需时间成正比。

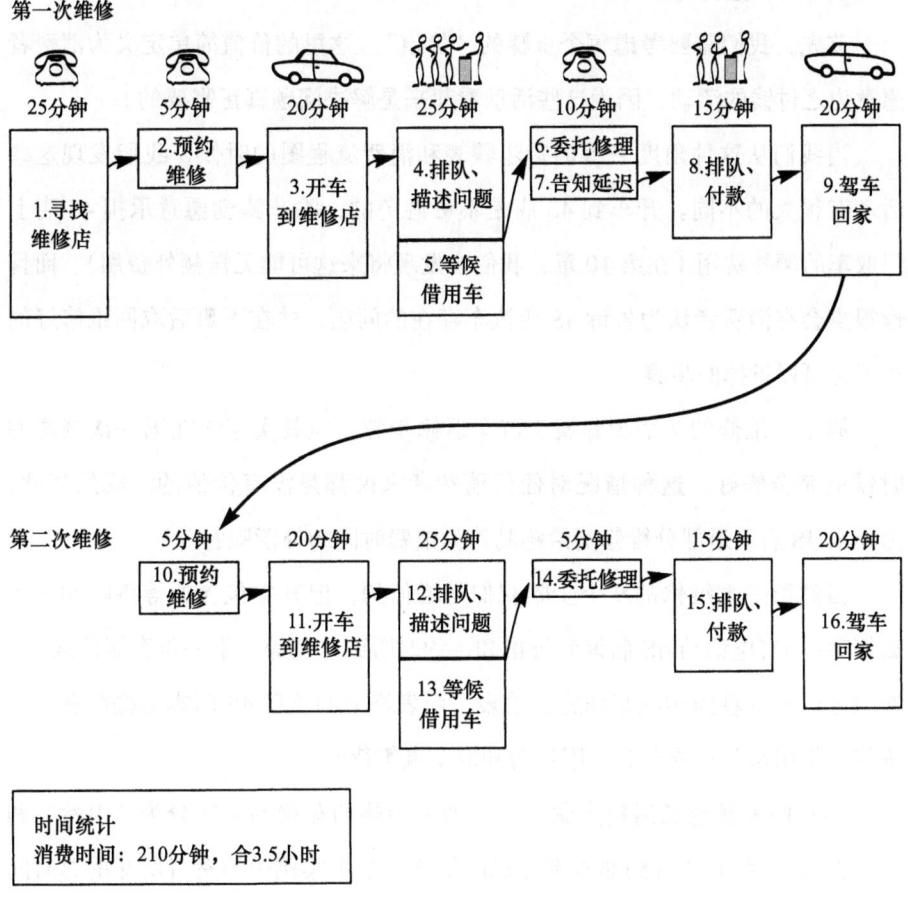

图1-1 消费流程图

从消费流程到消费者体验

所有这些活动的对错,到目前为止,我们不置可否,这仅仅是事实。这些活动是鲍勃要把他的车修好需要按照一定顺序完成的具体步骤。如果我们只是针对汽车列出修车过程中的步骤并画出流程图,那么我们应该算完成任务了。如果我们像对待在办公室或工厂里的生产流程一样来对待修车过程,那么我们也能得到一张很有价值的图。

但是我们并没有只站在提供商的角度来关注汽车和修理过程。我们关注的是经历整个流程的消费者,所以我们需要给消费步骤表和消费流程图增加一些额外的衡量指标。

首先,我们需要考虑每个步骤的"价值"。这里的价值简单定义为消费者愿意为之付钱的活动,因为这些活动看起来是解决问题真正需要的。

当我们从这种角度来看消费步骤表和消费流程图的时候,我们发现这些活动有很大的不同。开车到4S店是不可避免的,除非鲍勃愿意承担4S店上门取车的额外费用(在第10章,我们会发现将来这可能无需额外费用)。而且也很少会有消费者认为告诉4S店汽车存在的问题,并在下班后取回维修好的车子是可以省掉的步骤。

第二次维修的7个步骤属于汽车返修步骤,但其实应该在第一次维修的时候就完全修好,这种情况对任何消费者来说都是没有价值的。既然如此,为什么4S店不退部分维修费给鲍勃作为浪费时间的补偿呢?

虽然第一次维修的9个步骤貌似是增值的,但其中包含的等待时间又怎么算呢:当打电话给4S店询问价格和预约时听到"请等待下一位客服代表"?在服务台要等着描述汽车问题?填表,而表格上的信息4S店本应提前获得?等待"借用车"?取车时在服务台和取车点等待?

当我们重新定义消费步骤表,把消费步骤和花费的时间分为"浪费"和"增值"时,我们会看到非常有意思的事情,这个案例中消费者所花的总时间中超过 70% 属于"浪费",而不是"增值"(见表 1-2)。

表 1-2 消费步骤:增值时间和浪费时间

步 骤	增值时间	浪费时间
1. 寻找最佳修理店	5 分钟	20 分钟
2. 与修理店预约时间	1 分钟	4 分钟
3. 开车到修理店		20 分钟
4. 排队,描述问题,填写信息	5 分钟	10 分钟
5. 等待借用车,表格签名	1 分钟	9 分钟
6. 与服务人员讨论问题,委托修理	5 分钟	
7. 第二次电话通知隔天取车		5 分钟
8. 填写表格,等待取车	1 分钟	14 分钟
9. 开车回家(发现问题没有解决)		20 分钟
10. 与同一修理店预约	5 分钟	
11. 将车开到修理店		20 分钟
12. 排队等待,描述问题,填写表格		15 分钟
13. 等待借用车,表格签名		10 分钟
14. 与服务人员讨论问题,委托修理	5 分钟	
15. 填写表格,等待取车		15 分钟
16. 开车回家		20 分钟
消费者总时间	58 分钟(28%)	152 分钟(72%)

任何人只要看到在 4S 店排起的长队,就很容易看出等待的时间浪费。任何 4S 店实际上只需要粗略分析一下消费流程,就可以建立更健全、一次合格的消费流程来消除那些非真正维修的活动。但是为什么这些等待和浪费还存在呢?最简单的答案(我们相信在消费流程中具有普遍性),就是提供商忽视了消费者的时间价值。他们或者是没有意识到,或者是故意忽视,因为他们认为这样能够节省自己的成本。只要提供商都这样想,消费者就无法获得更优的消费流程,那么他们的这种逻辑就该受到质疑。

为了提高提供商管理人员的意识,我们发现给每个消费步骤的增值时间部分涂上阴影对加强理解消费流程图很有帮助(见图 1-2)。消费时间浪费图(很多步骤,大部分为浪费)展示了增值的和非增值的活动。

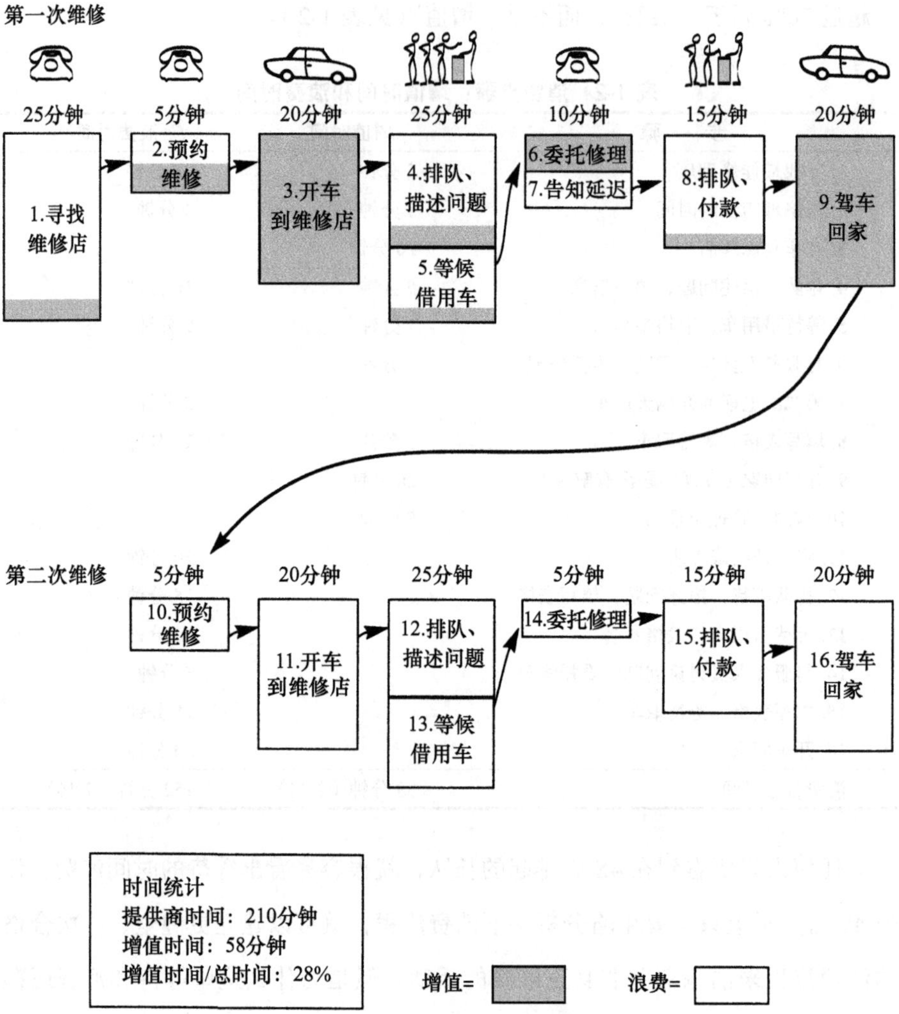

图 1-2 消费时间浪费图

完成后的图（表示增值的阴影部分仅占很小的比例）简单明了地说明，即便是简单的消费活动也包含了很多消费步骤以及大量的消费者时间，而且大部分时间是被浪费的。

感知时间和时钟时间

到目前为止，我们列出消费步骤表和绘制消费流程图时，都是按照同样的时钟时间来衡量的。但实际情况是这样吗？

在我们职业生涯的早期，我们当中的一位作者曾做过运输规划项目，对于这些项目来说，建立新的高速公路或新的通勤铁路为旅客节省的时间价值是考核的重点。这是政府在确定哪些项目值得投资时做的成本收益分析中重点考虑的收益要素。

这些项目的分析师很早就懂得，在很多情况下时间不是绝对的，时间价值是不能简单地通过时钟准确计算出来的。比如说，深夜在昏暗危险的站台等待通勤火车所用的时间，旅客通常觉得比实际时间要长很多。相反，在火车行驶过程中的时间，比如在途中阅读或者打盹，通常觉得比实际时间要短。因此，相对于提高火车行驶速度，对于乘客来说，缩短火车班次间隔或者提高候车区域的安全性，实际上是节约时间的更优方法。然而通常官员们没有亲身体验过这样的旅行，因此会倾向于提倡提速。

将这个概念引申到其他消费行为上，比如修理你的汽车，我们能很容易地看到哪些步骤是多余的，比如排队等待，或者存在不确定的结果（"家电维修工会在我们约好的两个小时内在我家出现吗"），看起来比那些需要同样"时钟时间"的增值的或确保成功结果的步骤花费的时间要长，并更加烦琐。我们将这些比实际时间长的时间称为"烦恼时间"。成功的消费流程应该尽可能想办法减少这种类型的浪费。

以这种思想为指导，我们最终找到了完善消费流程图的方法。这次我们考虑了感知时间，从而对步骤做了调整，感知时间是以消费者面部的表情来表示的。消费体验图（见图1-3）将阐述消费者的"烦恼时间"级别。

消费者真正需要的，以及提供商应该提供的应该是更加简短的消费体验图，图上所有方框都是阴影，每一个消费者表情都是笑脸，这才是精益消费的标志。

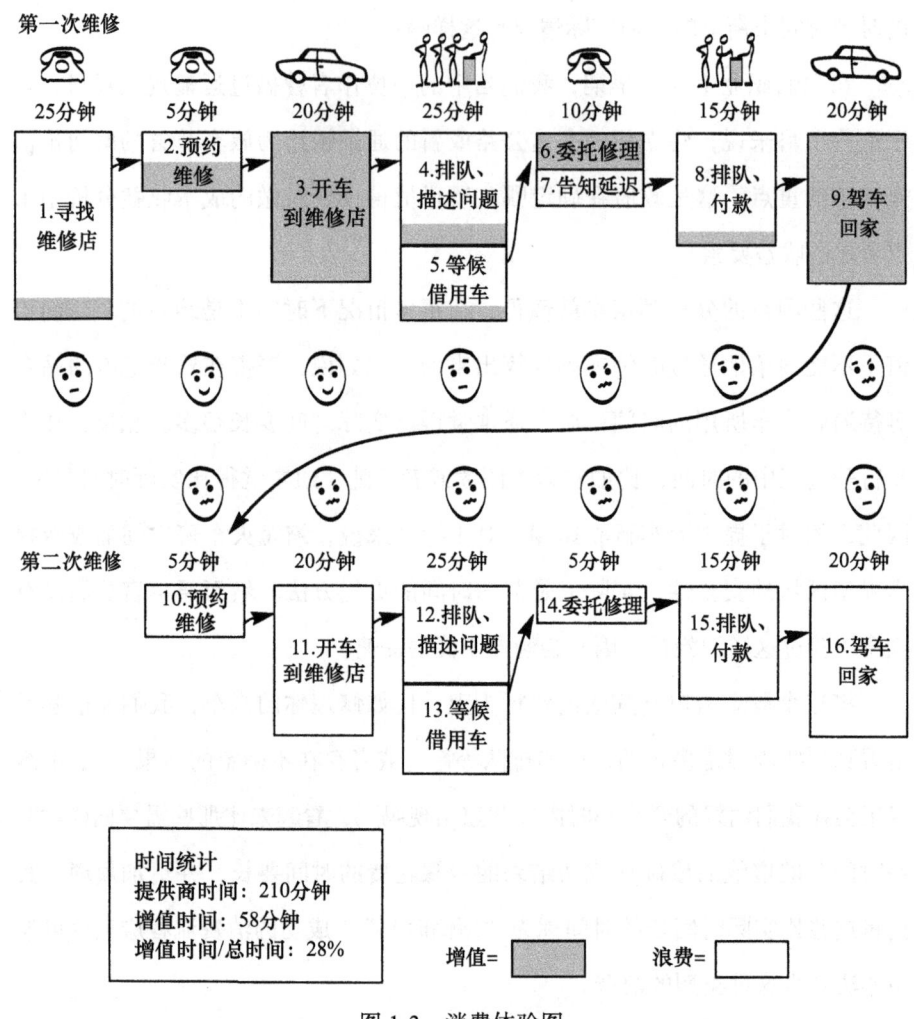

图 1-3 消费体验图

无偿工作随处可见

你可能觉得虽然修理汽车或者购买电脑并安装好都是麻烦的事情,但这种情况不是经常发生的。正如我们在序言里所说的,像汽车这样的产品实际上质量是越来越好的,随着行业日益成熟,计算机在未来的性能也会越来越好。

等你解决了刚才的问题以及剩下的几个小问题,一切都搞定了,你可以开始做自己真正想做的事情了。但事实上并非如此,当你解决了老问题,新问题又不断涌现出来,就像打地鼠游戏中不断有地鼠冒出来一样。

学术界对人们时间使用情况的研究从手工作坊开始就已经有记录了。[3] 这些研究在全世界展开,为了对时间使用情况进行分类,他们将每天24小时的活动分成四大类:私人时间(睡觉、穿衣、洗澡和吃饭等)、有偿工作、休闲活动,还有一项非常有代表性的就是**无偿工作**。

有历史记录的200多年来,我们每天的私人时间基本维持在540分钟(9小时)左右。而有偿工作时间近几十年来在经济发达国家逐步减少,当然一些公司高管或技术专家除外。

我们在时间上的真正竞争,看来就应该体现在休闲活动和无偿工作之间了。休闲活动很容易定义,是指我们喜欢享受的活动,我们从事有偿工作就是为了有钱来支付这样的活动:体育锻炼,娱乐(包括业余爱好和阅读这样的消遣),旅游度假,一个人或者和家人朋友一起放松休息。但什么是"无偿工作"呢?它指的是我们不想做的,而且是做了也没有报酬的麻烦事,包括清扫,日常家务劳动,购买、安装、维护及处置我们需要的商品和服务。

尽管出现了很多省力的设备,但在很多情况下正是因为这些省力的个人电器设备,在很多经济发达国家无偿工作反而不断增加,其代价就是牺牲休闲活动的时间。无偿工作主要增加在消费管理上——购物、看病、付账单、去银行、住房维修、汽车维修。但是这些不仅仅是为了消费者自己的需要,大部分情况还是为了消费者的父母或者孩子。

如果处理家务和开展日常活动的无偿工作一直在增加,而这往往又带来很大的压力,那么为了使消费过程既省时又令人满意,各大提供商的管理人员能够做些什么呢?进一步来说,他们应该如何把这变成一个商机,在减少成本的同时又提高客户满意度呢?为了逃离随处可见的无偿工作,我们现在需要去看看天平的另一端——供应流程。

Lean Solutions 第 2 章

学习观察供应

在观察了消费流程之后，管理人员不约而同地想坐下来思考一下看到的众多问题。但是如果不去观察与之相对的供应流程，包括公司应对消费者问题的各个步骤的流程，这样做就毫无意义了。我们需要搞清楚，为什么即使提供商常常不计经济回报地投入大量精力来满足消费者的需求，而对消费者来说，消费还是如此艰难。

因此，我们稍作休息之后，需要再做一次现场观察。这次是去同一产品的供应现场，去看看为了服务消费者，企业都具体做了什么。我们需要记录所有的步骤和工作人员付出的精力。记录的同时，我们需要记住，这也是参与流程运作的管理人员和工作人员的一种"提供体验"。他们对流程的体验如何，将直接关系到他们工作的好坏和满足消费者程度的高低。

在现场观察时，我们也会想要识别出消费流和供应流之间的相互连接点。正是在这些点上，消费者与提供商有着直接接触，而这些点往往就是消费者和提供商工作人员双方最不满意的地方。

观察提供商现场

在鲍勃·史考特修车的案例中,流程从服务台接到鲍勃的电话就开始了。他们从电话中了解了车子的问题,然后描述了修理项目的种类并报出了估价。接着,鲍勃再次打电话进行预约。

然后,鲍勃在约定的日期和时间把车开到了4S店,这对他们来说是个惊喜,因为许多北美的客户实际上都没有在预约的时间把车开过来。4S店的服务台趁机登记了所有必要的信息,要记住这家4S店以前从没见过这辆车,也就没有先前的记录可供参考。于是,服务台为维修部门的技师记录了相应的问题。

现在本应该开始维修了,只是按照这一天的工作安排,他们需要先修理其他更早送过来的车子。因此,下一个步骤是维修助理将车开到远处的停车区域,然后带着钥匙回来。

当轮到鲍勃的车开始修理时,维修助理把车从车库开回来,开到指定的维修车间。

在维修车间,终于有维修技师来检查汽车了,并全面诊断了问题,然后从配件部门预订所需配件。请注意,从消费者的立场来看,这是第一项实际创造价值的活动。而这个活动却发生在车子到达4S店3个多小时之后。

实际上维修技师很快就能辨认出,这又是一个讨厌的"检修发动机"问题,而且他也清楚,如果按照厂商最新维修手册的建议,简单地更换一些电子零部件,可能解决不了问题。然而,更换这些零部件毕竟是厂商建议的第一步,所以维修技师估算出修理费用,来到服务台前,请工作人员给鲍勃打电话,以便获得维修许可。

服务台打了好几个电话,又过了好一会儿,才接到鲍勃回的电话。鲍勃对价格抱怨了一通后,最后还是不大情愿地同意了这个方案。

根据长期经验,维修技师知道鲍勃一定会对价格有所抱怨,但他别无它选,无论如何最终还是会同意的。因此,维修技师趁这段等待时间,提前来到店里的配件部门，在窗口等着配件助理从配件仓库找出配件。

10分钟之后，配件助理报告有一种配件缺货，可能有必要"打遍全城电话"，看看能否在别的4S店或汽修厂找到该配件。厂商的一个区域配送中心有这种配件，但是该中心在150英里⊖开外，而且只能第二天送货。因此，为了让客户当天就能取回车子，唯一的选择就是查查距离不是特别远的其他汽修厂是否有库存。

给一些自主经营的汽修厂打了好几个电话，又从计算机查看了当地同一品牌4S店的配件库存，最后配件助理宣布了这个坏消息：只有等到厂商的区域配送中心第二天把所缺配件送到之后，车才能修好。

没能及时取得配件，因此车子需要被送回车库。而接下来要做的事是让服务台最为难的一步：给顾客打电话，解释不能如期完成维修的原因。这种情况经常发生，但一直都很难处理，因为大部分顾客会质疑拖期的必要性，而且通常对服务台人员的态度非常恶劣，虽然他们自己也清楚会需要更多的时间。

第二天早上，所有配件到位，维修可以继续进行了。汽车一到维修车间，维修技师就可以立即开始维修，这是到目前为止第二项从顾客的立场来看真正创造价值的活动。由于汽车具有模块化的特性，又无须调整或者调试这些电子配件，实际的维修其实只需要几分钟的时间。

此后，再需要3步就可以把车交回给顾客让他开走了：把车开回车库等候提取；在取车时填写一些表格；从车库提车，并与鲍勃挥手再见。

然而，就像在第1章提到过的美国40%的维修车辆一样，这辆车没有完全修好，或者说是没有在当天修好。仅仅开出几英里之后，"检修发动机"指示灯再次亮起，维修循环不得不从头开始。

二次维修循环最大的不同之处在于，维修技师拨打了厂家的技术支持专线进行咨询，为汽车更换了更多的部件，而且还通过试车来确保问题得到完全解决。幸运的是，汽车运行正常，维修循环最终结束。

⊖ 1英里约为1.609千米。

整个过程确实很烦琐。在第 1 章，我们列出了消费流程中各步骤的顺序，现在我们把两次维修循环中的所有供应步骤和所需的工作人员时间结合在一起（见表 2-1）。值得注意的是，所需的 29 个不同步骤，共耗费了工作人员 3 小时 40 分钟的时间。

表 2-1 供应步骤表

步 骤	提供商时间	步 骤	提供商时间
1. 回答顾客关于修理的询问	5 分钟	16. 准备发票、刷信用卡等	5 分钟
2. 记录预约时间、排定工作日程	5 分钟	17. 把车从车库开过来交给客户	5 分钟
3. 记下相关信息、准备维修单	15 分钟	18. 记录预约时间、排定工作日程	5 分钟
4. 把车开到车库	5 分钟	19. 迎接客户、准备维修单	10 分钟
5. 把车从车库开到修理车间	5 分钟	20. 把车开到车库	5 分钟
6. 诊断汽车故障	10 分钟	21. 把车从车库开到修理车间	5 分钟
7. 规划预计费用和所需配件清单	5 分钟	22. 在厂家帮助下诊断汽车故障	20 分钟
8. 与客户联系获得修理许可	5 分钟	23. 列车所需配件清单	5 分钟
9. 在配件部寻找配件	10 分钟	24. 与客户联系获得修理许可	5 分钟
10. 确定配件到货时间	15 分钟	25. 修理汽车	15 分钟
11. 把车开回车库	5 分钟	26. 试车	10 分钟
12. 给客户打电话解释拖期原因	5 分钟	27. 把车开到车库	5 分钟
13. 把车从车库开过来	5 分钟	28. 准备发票、刷信用卡等	5 分钟
14. 修理汽车	15 分钟	29. 把车从车库开过来交给消费者	5 分钟
15. 把车开到车库	5 分钟	提供商总时间（29 个步骤）	220 分钟（3 小时 40 分钟）

绘制供应流程图

就像在第 1 章中我们通过绘图将消费流程可视化一样，我们也可以把所有步骤从左到右绘制出供应流程图（见图 2-1）。但需要注意的是，只要步骤是快速连续发生的，我们就将它们合并为活动块，例如与预约有关的步骤、与实际修理工作有关的步骤和把汽车交付给顾客的相关步骤等。

我们这样做是为了使流程图容易阅读。对任何图来说，最大的挑战在于，将所有重要活动浓缩在能让人一目了然的比例中。

为了更好地洞察供应流程，我们也可以把对顾客来说真正增值的供应步骤涂上阴影。于是,我们得到一个重要发现:站在顾客的角度来看,有29个供应步骤都几乎没有实际创造价值。实际上,仅有两个是创造价值的:第二次维修的步骤22故障诊断和步骤25修理汽车,这两个步骤总共花费工作人员35分钟的工作时间。

至于其他所有步骤,尽管就当前的流程设置而言是不可避免的,但如果将这些步骤去掉,客户仍然会对结果感到同样满意。而且毫无疑问,他们是不愿意为这些步骤付钱的。

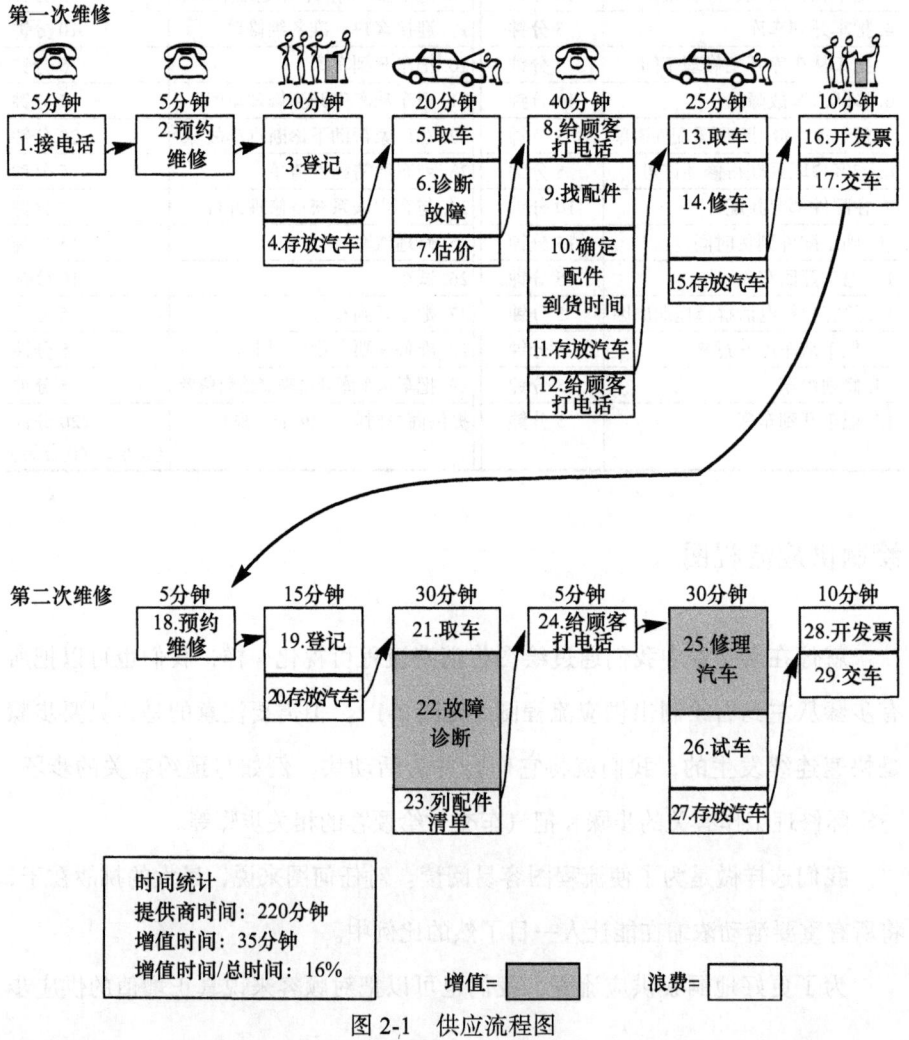

图2-1 供应流程图

工作人员真正需要什么

我们还可以用图 2-1 表示工作人员在流程操作中的体验。方法就是，我们给工作体验为满意的步骤配上一张心满意足的笑脸，为充满沮丧和麻烦的步骤贴上一张眉头紧锁的哭脸。供应流程体验图（见图 2-2）展示了那些经历浪费步骤的工作人员的反应。

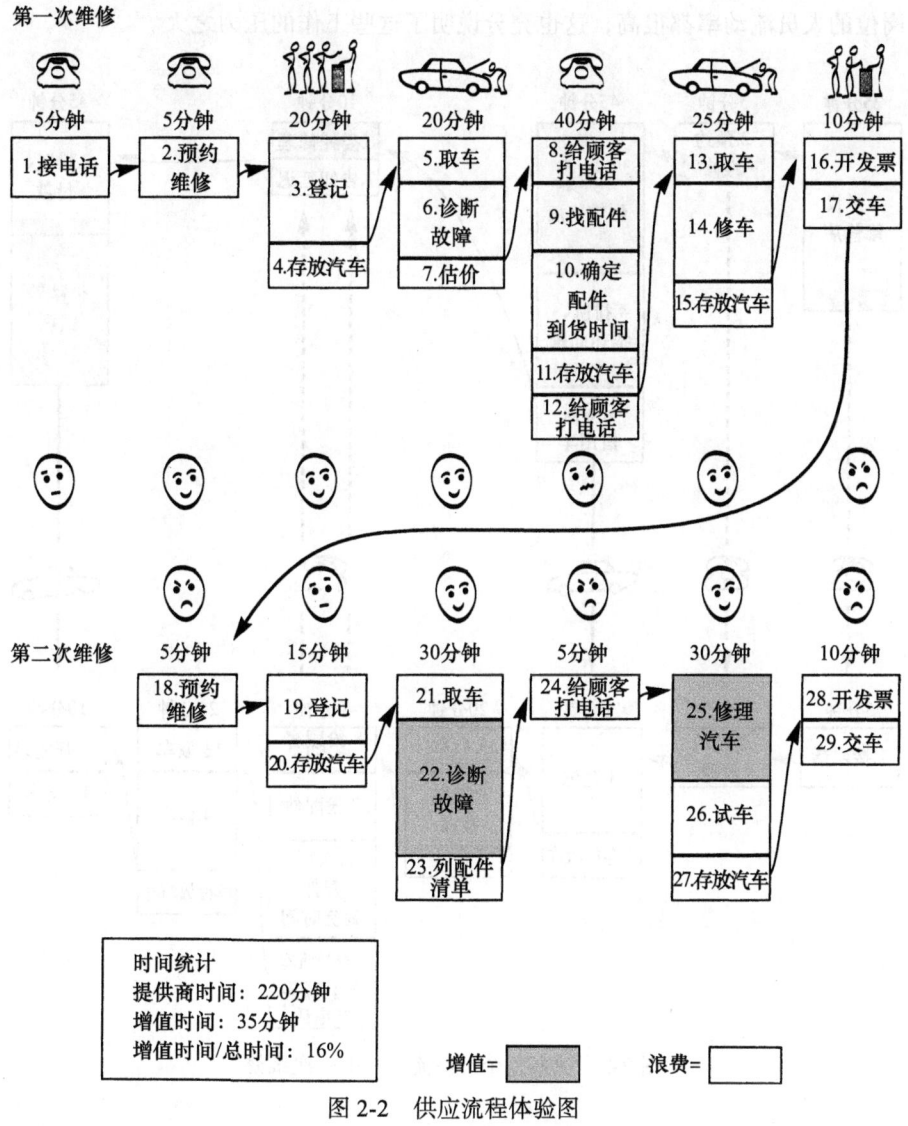

图 2-2 供应流程体验图

例如，对维修技师来说，诊断故障和修理汽车是令人满意的。利用复杂设备解决技术性问题，是进入这个行业的技师的初衷。类似的情况还有，把车从一个地方开到另一个地方，尽管这对消费者来说毫无价值，但至少这让那些因为喜欢汽车而来这里工作的年轻人感到很满足。但是，向顾客解释汽车为什么还没修好、为那些排在长队中极不耐烦的顾客填写表格，都是充满压力的工作，图 2-2 中用紧锁眉头的哭脸表示，另外在所有服务行业中，这类岗位的人员流动率都很高，这也充分说明了这些工作的压力之大。

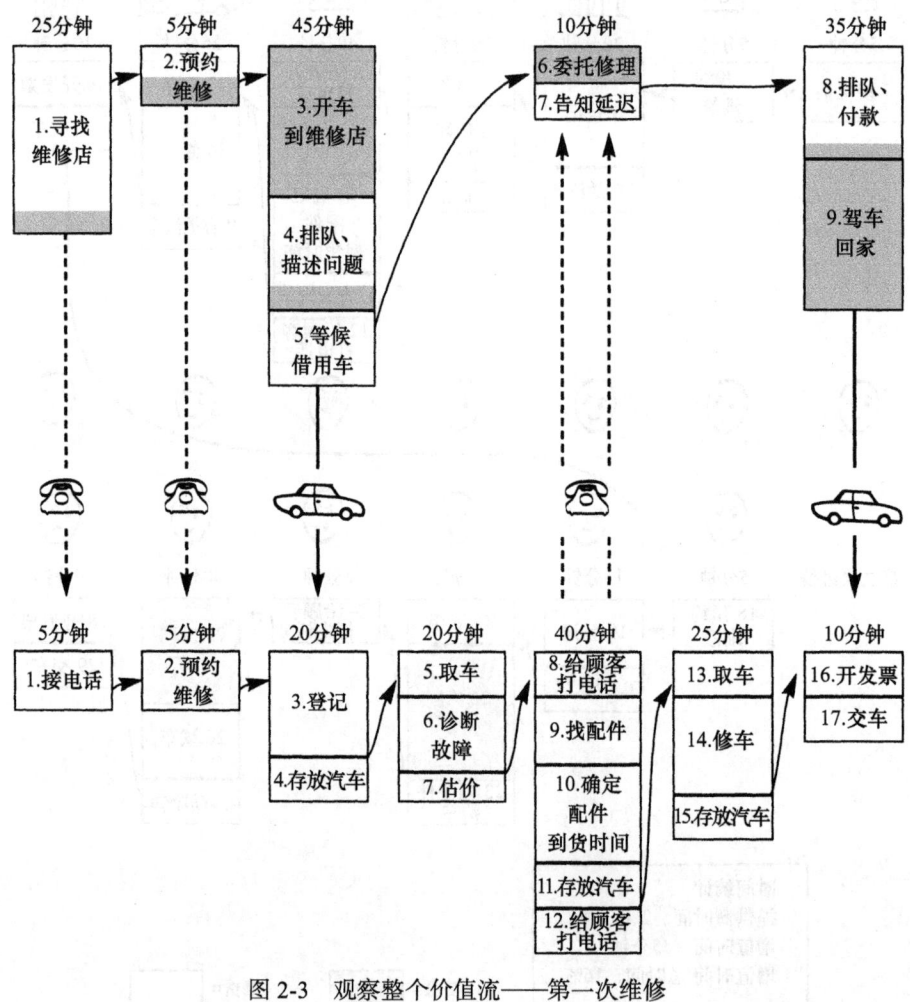

图 2-3　观察整个价值流——第一次维修

将两张图合并

只要将本书图 1-1 的消费流程图和图 2-2 的供应流程体验图中的第一次维修的各步骤平行地排列起来（见图 2-3），我们就能够完成第一次维修的整个价值流的绘制了。这张图描绘了修车这一简单活动的完整价值流，即消费流加上供应流。再将上述两图的第二次维修的各步骤平行地排列起来，即为第二次维修的整个价值流（见图 2-4）。通过图 2-3 及图 2-4 可以观察整个价值流程。

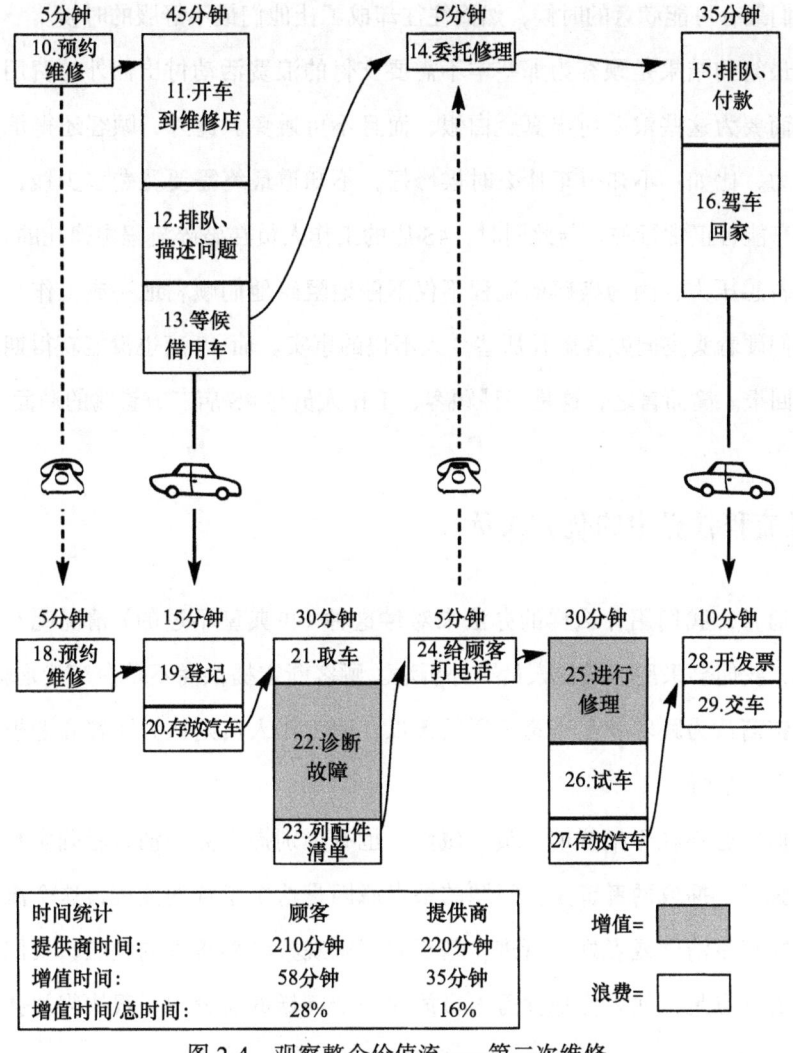

图 2-4 观察整个价值流——第二次维修

破碎的流程无赢家

学习观察整个价值流程，会给我们带来新的启发。当我们观察完整的步骤列表和价值流图时，我们惊奇地发现，每个人都浪费了如此多的精力，并且他们对于流程感到如此沮丧。此外，最沮丧之处恰恰是消费者和服务提供者直接接触的地方，当一方正在排队或正在电话这边等待回复时，另一方正努力解释问题所在并对拖延不停地辩解。当顾客和提供商共同解决问题的时候，也正是他们最有可能满意的时候，然而往往却成了让他们最不舒服的时候。

最终的结果是顾客为那些本不需要支付的浪费活动付出额外的费用，而提供商要为这些浪费付出真金白银，而且不可避免。此外，顾客还得承受很多压力，比如：不知道车什么时候修好，不知道最终需要花费多少钱，修理后汽车能否正常行驶。与此同时，4S店的工作人员在破碎流程中挣扎的时候，也会备感压力，因为破碎的流程不仅不停地阻碍他们顺利地完成工作，还需要他们硬着头皮向顾客解释那些令人不快的事实。而4S店也没能获得期望的经济回报。简而言之，这是一种顾客、工作人员与4S店三方皆输的局面。

糟糕流程世界中的优秀人员

通常，我们用什么样的办法来对付这种（再典型不过的）情况呢？一般来说，我们会采用"糟糕人员"分析法。顾客断定提供商不是白痴就是骗子，而经销商认为顾客就是一窍不通的傻瓜，而工作人员则认为顾客和老板都不是什么好东西。

但问题不在于糟糕的人员，诚然，也有个别提供商和消费者确实是白痴或是骗子，抑或两者皆是。问题的根本原因是这个糟糕的流程，这个流程让人不能观察清楚或者好好管理。基于多年来观察糟糕流程的经验，我们能够断定的一点是，如果你把优秀人员放在一个糟糕的流程中，很快你就会看到他们变成一群相互指责的"糟糕人员"。更糟的是，流程通常不会出现改善的趋势，因为大家只忙于相互指责，而忽略流程本身，这恰恰也是另一种形式的浪费。

因为我们作为消费者和生产商的生活严重依赖于大量共享但又不明确的流程，所以我们需要做得更好。如果我们能够一起学习观察和思考改善，我们一定也能够做得更好。如果能够将那些代价高昂的浪费消除掉，包括消费者的无偿工作、工作人员不称心的工作以及公司的高成本活动，那么价值回报一定是巨大的。在第3章，我们就来看看，如何通过运用精益消费和精益供应的原则来获取这样的价值回报。

第 3 章 彻底解决消费者的问题

我们现在已经调查了包括消费和供应的汽车维修价值流程,因为这样的价值流程兼具典型性与普遍性。一旦学会了观察价值流程,你就会发现它们无处不在,因为没有价值流程,就无法创造出价值来。同等重要的是,这些用来分析价值流程的方法也适用于任何类型的消费和供应流程。从搜寻合适的产品或服务开始,直到产品回收结束,这些分析方法也能将整个价值流程中的所有步骤连接起来。

现在应该开始进行精益思想者们每天都在做的创造性活动了,这就是站在消费者和提供商的角度,仔细观察价值流程的现状,构想更好的"未来状态"。这是我们初步开始寻求的完美流程,一个对消费者、工作人员和企业主三方而言最好的流程。

那么我们该从哪里入手呢?

我们需要记住的是消费者购买产品或服务是为了解决他们的问题,而且精益消费的首要原则就是要彻底解决消费者的问题。因此,让我们就从这里开始。任何不能彻底解决消费者问题的消费流程都是不可接受的。

但请注意,从搜寻到回收期间的许多环节,都可能出现问题。

从最开始，举例来说，消费者在搜寻流程中，可能无法找到合适的产品或服务来解决他们的问题，尽管不断有大量的公开可用信息和方便的网络搜索工具。即便消费者准确地找到了他打算寻找的产品或服务，消费者依然无法从搜寻流程中获取有意义的反馈信息，来确定自己能否实际真正解决问题。也就是说，消费者可能最终找到了他认为需要的东西，但是没有任何来自其他背景的帮助人员来引导消费者找到一个更好的实际解决方案。

即使消费者成功地找到并确定了所需要的产品，他也必须采取比较耗时的办法才能成功完成购买流程。例如，他的订单丢失了，就像上文中的电脑订单的例子那样。我们下面将看到，为了解决这些问题，客服热线不断增多，但其实他们这种解决问题的方法是错误的。

下一个问题点通常包含送货和安装，也就是首次发现单个产品和多个产品组合问题的时候。考虑以你亲身体验过的"自行组装家具"作为单个产品的例子，它们经常是在安装时出现问题。比如将丹尼尔的电脑作为多元素组合失败的例子，他购买的多个产品无法协调工作，并且服务提供商也不愿解决问题。

随后，一旦解决问题所需的产品安装好并且能够运行了，可能很快就会在使用过程中暴露出质量问题。更糟的是，维修过程也可能出现质量问题。想一想鲍勃·史考特的汽车，你自己的车可能会出现类似的问题。

接下来，产品可能需要升级，从而启动另一个流程，该流程可能会导致超预算、拖期，最后还不能妥当地完成升级。这实际上描述了每个人整修或翻新房屋的经历。通常软件升级也是如此。

最后，用于解决问题的产品会到达使用寿命的末期，届时将会需要处置或回收。但是这一流程往往错综复杂且结果不确定，因此我们将会选择对环境有害的捷径。实际上，这正描述了我们在写这本书时处理旧电脑和打印机墨盒的经历。本来想要做正确的事情，将产品送到回收中心，但是包装和运输的要求非常烦琐，所以我们只好做错误的事情，直接将这些东西扔进垃圾桶。而在这个问题中真正的受害者却是环境。

请注意，任何步骤中出现问题都会打乱整个消费流程。考虑到消费者开始着手解决他们的问题时，可能在很多甚至大多数步骤中都会遇到困难，这将是非常危险的情形。但还需要注意的是，通常产品和服务本身的设计并非问题的真正所在。丹尼尔的新电脑只要正确安装，就能正常运行，很轻松就能帮他处理文字。现在的汽车只要不需要和4S店往来，通常都能够满足消费者开车的需要。因此，我们面临的挑战是如何将这些往往性能优异但却孤立的产品和服务结合在一起，使得它们能够完美地工作。

理解并消除问题才能彻底解决问题

看看上面列举的消费问题，很明显，最好的办法就是防止发生这些问题。

最好的产品或服务搜寻流程，是那种一直奏效的，而非具有最佳客服热线的。

最好的维护保养周期，以汽车为例，是在产品（长期的）使用期限内"无须保养"。

最好的修理流程，是从不需要修理，因为产品和服务能一直正常运行。请记住在第1章中描述的汽车修理流程，花费了顾客3.5个小时，从鲍勃·史考特的角度来看，这纯粹是浪费。无论车修得多好，如果能够完全避免维修，他应该会更高兴。

那么，提供商如何才能避免这些"消费问题"呢？

一些有形产品的制造商，例如烤面包机、割草机和汽车厂商，已经学会接受这样一种观念，即无论是在客户第一次使用时还是在质保期内，其产品都理应运行良好。它们还希望把付出的维修费算进产品的卖价中去，它们并非出于仁慈去承担维修费用，只是因为在过去的20年，生产商们别无选择。以丰田为首的日本厂商，它们做的新产品质量问题很少，在顾客使用的前几年故障率也很低。这成了它们关键的竞争武器，迫使其他厂商不得不做出应对。

这些显著的进步确实发生了，甚至大部分工业产品扣除通货膨胀因素之后的真实价格还同时下降了。在 1979 年，菲利浦·克劳士比（Phil Crosby）提出的"质量是免费的"著名理论，实际上已经被证明是正确的。那些建立起确保源头质量并且具有即时反馈循环（人工或自动）的提供流程的公司，能够在问题发生的瞬间就发现问题。

其结果是，如果用交付时发现的问题和使用一段时间之后发现的问题来衡量，大多数行业的产品质量能得到稳步提升。许多产品的公开可用的质量衡量指标也证实了这一点。保养周期在变长，许多产品更加耐用，使用更长时间之后才需要维修，并且几乎所有类型产品的保修期都在延长，现在一些汽车的保修期达到了 10 年和 10 万英里。

对消费者更为有利的是，在一些产品类别中，法规强制要求厂商完全消除其产品维修的需要。当前世界各地的汽车排放法规规定，汽车在行驶 10 万英里内或者更远，在无须对排放控制装置进行任何维护的情况下，每英里尾气污染物排量要低于某一限值。

我们之所以强调汽车尾气排放方面的改善，是因为我们相信只要有合适的激励，很多产品的生产商会利用现有技术来设计极少需要保养或维修的产品。试问一下你自己，假如制造商承担全部的成本，而不是在服务和维修配件上赚取高额利润，你的汽车、家用电器或电脑多久才会需要保养和维修。相比之下，软件领域，以及与之密切联系的硬件制造商，在开发产品过程中长期以来达成了一种共识，就是消费者为了追求不断更新的新功能和先进性能，会接受产品经常出现故障的现象。此外，"保修"要在软件上流行起来也困难得多，因为软件具有易于复制而且难以"退给"制造商的特点。而对软件与硬件的组合而言，保修就更加困难了，出现的问题通常不是简单的分析就能够解决的，还会耗费消费者大量的时间。

幸运的是，随着软硬件行业产品的成熟，你是否注意到，个人电脑性能及使用的办公软件几年来几乎都没有太大的变化？另外，复杂软硬件逐渐集成到像汽车这些更成熟的机械产品上，这种趋势正在迅速改变消费者对产品质量问题的接受意愿。

所以解决方法在不断出现。但是请注意，我们拥有的用来解决问题的物品数量在不断增加。因此，即使每个产品或组合出现问题的数量减少了，但是我们为之花费的总时间却增加了，并且错误的搜寻流程、错误的安装流程或者错误的维修流程给消费者造成的时间损失和麻烦目前还无法得到赔偿，哪怕时间已成了消费者最大的成本。

我们期待着出现一次伟大的飞跃，所有类型的提供商将信奉一种理念，即产品实际上应该能够一直正常工作，同时一些提供商能够开创历史先河，承担起整个消费流程中处理产品问题的总成本——处理费用加上消费者的时间和给他们带来的麻烦。这对于产品和服务的设计来说，意义深远。简而言之，如果提供商必须承担有缺陷的消费流程的总成本，自行消化目前消费者无偿工作的成本，那么，解决方案出问题的可能性就会小很多。

这种转变的临界点很可能是制造商和服务提供商从销售或租赁产品转向定制服务和生命周期管理服务。如果这种转变发生了，那么用来解决问题的将是方案提供商的昂贵劳动力，而不是消费者的无偿劳动，并且解决问题所需的产品将不会脱离提供商的控制。在本书第10章中，我们将说明这种解决方案将如何运行。

使用智能反馈来解决确实会出现的问题[1]

尽管我们天性乐观，但是我们确实还需要很长的时间才能实现每种产品经过无缺陷的搜寻—购买—安装流程后，在整个寿命周期内，与很多其他产品组合都能一直良好地运行。消费者和提供商现在面临的挑战是，如何找到更好的办法来纠正问题（在实际使用过程中出现故障或无法与其他设备匹配），毕竟不完美的产品总是不可避免地出现问题（尤其是由孤立的不同公司开发的产品）。幸运的是，精益方法能引导我们朝着精益消费流程稳步迈进，即一个极少出问题的流程。关键的创新是收集每一个"消费问题"的智能反馈。这将使得当前的问题得到快速且彻底的解决，同时将未来同类型的问题消灭在摇篮中。

为了了解这种方法如何运作，我们一起来看一看企业处理消费问题所用的最常见的方法——客服热线。汽车公司设立客服热线是为了处理客户对经销商的投诉以及解决汽车在行驶中出现的故障（OnStar 是提供后一类服务的最知名公司）。电脑和软件公司，如戴尔和微软利用客服热线处理客户在搜寻、订购、安装、维护、修理和升级其产品方面的问题（顺便提一句，这占了它们全部运营成本的很大比例）。大多数向其他企业提供产品和服务（ERP 系统、机票预订软件、小公司的普通 IT 系统以及复杂的机械加工设备）的企业，通过广泛使用客服热线来帮助客户维持它们的产品正常运行。

这些企业通常在网页或电话中让消费者通过语音识别或按键选择路径，从而尽可能多地自动答复消费者的问题。但是毫无疑问，你已经注意到了，你的问题常常是自动语音系统无法处理的。如此一来，当你终于接上客服热线的人工服务时，这通常需要等待一段时间，你的体验已经很让人沮丧了。

如果我们去一个典型的"客服热线"的现场观察，我们会看到什么呢？从空间上看很简单。在一个大房间里，一大群人戴着耳麦，盯着屏幕，正在与可能身在世界另一端的客户进行交流。但是，他们到底正在做什么？他们又是怎样做的呢？

绝大多数情况，这些用电话或邮件与消费者进行沟通的人，正是公司里阅历最浅且工资最低的员工。他们的工作是用标准答案回答标准问题，在每小时内尽可能多地处理客户的电话，而管理人员也据此来考核他们的工作绩效。他们尽可能快速低成本地处理每一个汇报的问题。与此同时，管理人员盯着墙上的大屏幕，上面显示着平均来电等待时间或收到邮件回复的平均等待时间，不断地调配资源，使得客户等待时间保持在行业可接受的水平。

很多来电反映的都是新问题或者是不常见的问题，除了那些标准问题，客服热线都需要求助相关的单位，然而这些地方经常是联系不上或者没有回应。事实上，这些单位通常属于其他公司或在其他国家，因为很多客服热线都外包给了承包商，而其中很多在国外。因此，作为消费者帮手的客服热线，很难从问题产生的单位那里获得帮助，就像消费者觉得很难与客服热线打交道一样。所以，如今的客服热线和技术支持整个行业的工作人员士气低落，每年人员流动率通常高达40%～50%，这是不足为奇的。

在这个客服热线大房间里，实际上还潜藏着更大的问题。客服热线的设置，是为了解决服务中心和它的客户公司（即提供商）已经知道如何解决的问题，而不是去为了探究每位消费者的真正问题。此外，这里还没有形成一种机制，即能够快速地从客户公司那里追溯真正问题的根本原因，然后设计出一套解决问题的方案，从而很快地消除反映同样问题的来电。最后，这里还缺少一种让消费者了解新知识、新理念从而真正地提升他们的消费体验的机制，实际上这些知识和理念是客户公司内部所熟知的，但却从未传授给这些产品的使用者。但精益客服热线的工作方式就完全不同了。

首先，精益客服热线对人员配备、培训及激励采取完全不同的方法。第一步，安排更多接受过良好培训的客服热线员工，并且不再以每小时接听电话的数量来考核他们。相反，精益企业会鼓励客服热线员工仔细倾听顾客描述问题，尽管这样明显要花更多的时间。例如，某个问题可能不是软件难以设置，而是软件里面缺少了一项功能，增加该项功能就能够更加直接地解决顾客的问题。

接着，精益提供商在各职能部门（以及客户公司的一些部门）间建立起联系，快速追溯反映到客服热线的问题的根源，以便尽快设计出永久解决方案。这些解决方案既要适用于已经投入使用的产品，也要适用于尚未生产或发货的类似产品（本书第 2 章介绍的供应流程图能够很好地帮助公司每个员工观察追溯根本原因的流程以及通过消除浪费时间和步骤来改善流程）。这一做法的核心思想，是寻找问题的根源并彻底地解决这些问题，从而在源头上消除消费者对客服的需求。

然后，当顾客已经来电沟通了，那么一个配备良好的客服热线，能够将一个令人沮丧的问题转变成一次良好的体验。比方说，熟练的客服专家会向顾客提供产品新的使用信息，例如告诉顾客从未听说的或者已经忘记的某些软件功能，从而大大超出顾客的期望。客服人员也会在沟通过程中，有针对性地根据顾客提出的问题，向他们介绍更新更好的产品，来帮助他们解决问题。

如果按照客服热线行业那种传统绩效考核标准来看，任何采用这种方式的承包商或者企业内部的客服热线都是非常糟糕的，因为花在每个顾客身上的时间比原来长很多。然而，当这种流程很好地构建起来之后，某一特定问题的来电数量将会迅速降低到可以忽略的水平，到时只需要使用更加结构化的甚至自动化的答复系统就可以了。这意味着，收集信息阶段，成本将会上升，但整体系统的成本将会下降，包括顾客的时间成本也会下降。公司的销售收入也可能会增长，因为给客户更好的支持会让客户更满意，而满意的客户就会购买更多的产品。

智能反馈在运行 [2]

以上描述的听起来都不错。但是，现实中企业面对顾客时能真正实施这样的智能反馈吗？我们在研究过程中很高兴地发现，作为欧洲最大的 IT 支持服务提供商之一的富士通服务公司（Fujitsu Services），已经有力地展示了这些设想确实可以实现。

富士通过去多年一直是一家电脑硬件公司，当时只给自己的产品提供技术支持。为了寻求发展，公司在 20 世纪 90 年代末期决定要充分利用 IT 技术支持服务外包这一趋势。于是，它成立了子公司"富士通服务公司"，主要为那些想要把客户服务或技术支持外包的公司服务。

富士通很快就发现，为了使这次尝试取得成功，可能需要扮演一个异常艰难的角色。它需要在来电反映问题的顾客和众多的独立软硬件供应商之间不断协调，这些供应商提供的各种产品和服务正是消费者的整体解决方案的一部分。通常，各方之间彼此是完全陌生的。

此外，富士通还需应对该行业的模式：客服热线承包商参与提供商企业处理顾客投诉业务的竞标，获胜的标准是平均每个投诉处理成本最低。这种业务模式不可能让客服热线承包商减少接听来电的数量。相反，这还成了一种障碍，因为如果接听的来电数量降低，那么承包商的收入也将随之降低。结果就是，该行业的传统企业不遗余力地思索如何才能更快、更省钱地接听电话，因此其雇用低薪的工作人员，让他们照本宣科地处理常规问题。从客服热线承包商的角度来看，同类型的问题反复出现，不是什么坏事，反而是件好事。

作为行业新手，富士通决定采取完全不同的智能反馈方式来处理问题。例如，当 2001 年富士通接手了 BMI（一家欧洲航空公司，原名为英国密德兰航空公司——British Midland）的客服热线承包合同之后，富士通立即对 BMI 工作人员打来的不同类型的电话进行了分析。然后，开始了解导致来电增加的根源。这也就是要去识别富士通所说的"顾客意图"。与此同时，他们记录了解决顾客来电反映的问题实际所需要的时间和精力。最重要的是，富士通评估了 IT 系统用户所反映的各类问题及未及时解决会对 BMI 业务造成的影响。[3]

富士通很快发现，客服热线接到的大半电话都是对重复出现问题的抱怨。例如，其中最常见的一个问题，大概占了总来电数的 26%，是值机柜台的打印机故障，他们总是无法为乘客打印登机牌和行李标签。很明显，对于航空公司而言，这是一个很重大的问题。因为机场安检非常严格，如果无法扫描登机牌和行李标签，就会导致乘客错过航班，给航空公司造成经济损失。或者导致飞机在繁忙的欧洲各大机场错过起飞时段，引起飞机延误，造成更加严重的经济损失。

之前的客服热线承包商已经采取过常规的做法，就是迅速地找来供应商的维修技师，以便更快地修理打印机，这样值机柜台的工作人员就不会不停打电话追问这个问题了（该行业的惯例是，同一个具体问题的来电，只有第一个电话会付钱）。为了让维修技师尽快修理，他们大多数会向打印机维修分包商大声抱怨，但是效果甚微。

经过快速分析，富士通得出结论，最经济有效的方法就是消除来电的根源：打印机设计不适合他们的工作使用环境。BMI 的高层管理人员最后同意花钱安装针对他们的工作环境优化的打印机。

在新打印机使用 18 个月之后，有关打印机故障的投诉电话减少了超过 80%。对于 BMI 来说更重要的是，乘客所带来的收益增加和航班运营成本的降低，远远超过了新投入打印机的成本。然而由于值机柜台工作人员还是会偶尔打电话反映打印机的问题，富士通又与新的打印机供应商一起努力，设计出一个新的维修服务流程。结果，技师修理一台打印机的平均响应时间从原来的 10 个小时缩短到了 3 个小时。

之后，富士通将这种问题解决的方式与给 BMI 的业务提案结合在了一起。他们希望未来的业务能根据客服热线潜在的呼叫人数来计算年费（在这个案例中，是指使用该系统的值机柜台工作人员数量），而不是现在这种根据处理来电数量来计算费用。这样的话，只要富士通能够持续解决问题，减少来电数量，那么富士通就能在保证利润的前提下，比其他承包商开出更低的报价。现在各相关方都有了合适的激励。

通过解决问题的根源，在 18 个月内，富士通将 BMI 客服热线的来电数量减少了 40%。同时，顾客满意度得到了大幅提高，客服热线员工流动率从之前的50%大幅降低到现在的8%。员工流动率之所以降低，是因为员工们现在能从完全不同的角度看待自己的工作。他们从原来回答重复问题的机械应答者转变成了主动的问题解决者。

1999～2002年，富士通在其所有客服热线承包服务中普及这种新理念，几乎都能大幅减少来电数量，有的甚至减少多达90%。这种新的工作方式需要技能更高同时工资水平也更高的工作人员，这需要富士通服务公司承担很多的成本。但是，工作人员总工作量的大幅下降，意味着服务一个确定规模潜在来电人数的客服热线的成本能够降低30%，同时确实需要来电的顾客的满意度却翻了一番。与此同时，富士通每年的员工流动率降低至8%，员工培训费用减少，又为公司节省了一大笔开支。

除此之外，富士通将这种方式应用到不同的业务上，客服热线员工会花时间询问来电者在日常生活中想要实际解决的问题，然后根据这些信息富士通开始为它的客户构思新产品。传统客服热线会将来电者向固定套路的答案上引导，因为这样会使电话接听更有效率。相反，富士通的员工会花时间去探索，这样可以经常发现来电者的真正意图，一旦发现，他们就能为软硬件提供商提供新的机遇。

举个例子，在为一个业内领先的软件公司提供的个人财务软件做技术支持的过程中，客服热线工作人员很快发现，客服热线的使命被完全误解了。这个以工程师为主的软件公司认为，客服热线的任务是解决软件的技术问题。但是通过了解来电者们的真正问题，他们发现大多数人只是简单地想知道如何设置软件来解决他们的具体问题。从技术角度来看，软件本身实际上没有任何问题。发现了这一点之后，他们很快就建议这个软件公司建立一个只需要少量费用的独立客服热线，可以花几分钟时间帮助顾客充分使用这个软件的功能。

为了激励员工做正确的事以及用这种方式将其服务推销给其他客户，在这段时间内，富士通对其他客户的收费方式也从原先按照工作人员处理的来电数量收费，转变成按照产品出现故障时可能打电话来的产品使用者总人数收费。这种新的系统，鼓励从源头消除问题，从而减少来电数量，为富士通、来电反映问题的顾客以及委托富士通服务的企业带来三方共赢的局面。所以不出所料，富士通的市场份额及利润在这段时间内急速增长。例如，BMI不久后决定让富士通处理其所有的IT支持工作，而不仅是工作人员客服热线。

外包和离岸：用错误答案回答错误的问题

我们相信，这种精益方法的范畴是相当广泛的。精益思考者们使用新办法坚持不懈地专注在消除所有问题并尽可能减少解决消费者问题所需要的总人力成本，而不是用一次次纠正相同的问题的效率来做绩效考核（用目前制造业众所周知的说法来说：每一个问题都是一次绝佳的改善机会）。这意味着发达国家中现在讨论的关于外包客服中心和客服热线或把它们离岸外包到劳动力低廉国家，是不得要领的。

精益思考者们不会到更远的地方去寻找更低工资的工作者来从事大批量工作，他们会问究竟为什么要这样做。在精益消费方式中，客户的问题是不断减少的，因此只需要更少的工作人员，用更好的办法来解决问题。为了做到这一点，工作人员必须拥有较高的技能，并且深入了解产品的问题及其使用方法。最理想的是他们能够直接与工程师、管理人员一起讨论问题的根源，从而设计出永久的解决方案。因此，他们的最佳位置，应该是在公司产品开发技术中心附近，或者是靠近客户公司的运营中心，就像BMI这样；或者就在公司内部，而不需要通过承包商。

如果企业将大批量工作的办公室工作岗位继续保留在高成本地区，而没有寻找办法去真正解决问题，我们将看到这些工作的工资将来会下降，我们将很难明白为什么企业与顾客之间的距离将会拉大。无论什么行业，长期来看，工作人员的报酬必然是基于他们所创造的价值，从顾客那里获得的收入必然是基于顾客的满意程度。

我们看到传统企业运营的一个很大的问题（同样也是一个社会问题），就是那些直接接触顾客的岗位不断地被缩减人员配置、被外包出去或搬到偏远地方（普遍借助于兼职和临时工是这种趋势的另一种表现）。这些权宜之计降低了工作人员能够创造的价值以及真正解决消费者问题的程度。

每一个消费问题都是一次绝佳的机会

目前为止，我们一直在谈论客服中心和客服热线，它们无疑是"问题行业"中的杰出选手。但是在消费活动中，难道我们遇到类似问题不会通过各种方法寻求帮助吗？

例如，汽车4S店的文员，他们的产品知识匮乏，只是在越来越长的排队前面忙得不可开交。他们不会主动仔细询问消费者的问题，即使他们问了，也没有途径把信息及时传达给实际解决问题的维修技师或者传达给负责获取必要配件和工具的配件部门。

同样，当商店的售货员发现消费者对某一DVD机、手机、个人掌上电脑或相机的配置感到失望时，他们通常没有信息传递的渠道。因此这种配置的产品仍会继续被生产出来投放市场，尽管售货员们全都明白应该怎么做。

再退一步回到供应流程上，复杂机器公司的销售经理实际上对于他的客户使用新机型遇到的问题十分了解。但是，制造商的设计部门更改流程很慢，而且对客户问题的理解上也存在偏差。对销售经理来说，要与公司设计部门一起合作从设计上消除问题的根源，还不如与服务和配件公司合作开发一套维修组件来得容易。

关键的一点在于，每一次消费问题的出现，都给提供商提供了消费者真正需求的宝贵信息，以及将顾客的沮丧转变成满意的宝贵机会。因此，面对的挑战是如何建立一个智能反馈循环，日益减少问题的同时又不断从问题中发现客户的真正需求从而更好地满足客户。当然还有另外一个选择，就是保持当前的方式，更加高效地处理反复出现的问题，但是这永远不会彻底地解决问题，而且在这过程中会慢慢疏远了顾客。

解决问题且不浪费顾客时间

让我们做一个大胆的假设，未来大多数产品和服务都能够达到它们应有的水平，消费问题稳步下降。那么，这是否意味着消费将接近完美呢？很遗憾，回答是否定的。占用消费者时间仍然是一个很重要的问题，特别是即使当一切正常运转时消费活动仍然以无偿工作的形式消耗消费者的时间。幸好，精益思考者们知道在实际消费和供应流程中如何消除浪费的时间和遇到的麻烦。我们将在第 4 章开始讨论这一挑战。

第 4 章

不要浪费消费者的时间

"你的时间是不值钱的",当然没有谁会真的说出来,但这是提供商对顾客最难让人理解的想法之一。有些人可能并没有意识到,但这种想法存在的证据却无处不在。

就拿排队来说,在机场、服务台、客服热线、医院,当然还有邮局,这些全球标杆,当你看到消费者在排队时,就问两个简单的问题:

让顾客等候是否会减少提供商的工作量?答案当然是否定的,除非一些顾客等不了,带着他们的钱包一起走了。事实上,我们将会看到,管理排队实际上需要提供商配置更多的资源、做更多的工作。

如果提供商必须为顾客排队付费,还会需要排队吗?因为目前还没有提供商为顾客的等待时间买单,所以这个问题比上一个回答起来要困难一些。但凭直觉,我们认为答案一定是"不会",除非消费者认为他们的时间一文不值。试试这样的算法:如果航空公司不得不从机票价格中为占用顾客的每一分钟扣除一部分费用,当然是使用最高等级的安检,那么旅客进入机场到登机需要多长时间走完流程呢?乘机人是否还需要提前一两个小时到达机场,排了几次队之后,还要在候机室里坐着(甚至站着)等候?请注意,占了现代机场绝大部分空间的等候区域，都是要花钱的，而且一定包含在了机票价格中。

除了这些显而易见的消费者实实在在站在队伍里面的排队等候，还有很多其他的例子，消费者必须等待才能得到他们期望的价值。比如说在医疗提供商那里等待见医生，以及等待维修技师来修理他们的个人数码电器。还有许多其他的例子，顾客时间被浪费在本不必要的维修上（因为产品本来就不应该损坏），被浪费在去见医生、律师、财务顾问以及其他服务工作人员上。如果提供商能够仔细地考虑它们的流程或者它们必须为顾客的等待时间付钱，这些时间的浪费根本没有必要。

如果把所有顾客时间被浪费的形式都列出来，那将是很长的一个清单，但这也仅仅只是经济社会中一部分的时间浪费。在每个供应流程的许多中间环节上，消费者的时间也被视为没有价值。这些消费者包括汽车维修工、锅炉修理工、努力解决顾客问题的服务台员工，以及实验室的医疗技术人员。他们在设法解决终端用户问题时，都要"消费"自己公司其他部门的产品和服务。

他们的时间对于老板来说显然不是免费的，但是，我们通常会在客户服务区看到很多工作人员无所事事。并非因为他们懒惰，而是因为他们在等待从公司其他部门取走所需的配件、工具或资料，以便为终端顾客服务。这些时间浪费怎么会一直存在呢？因为从提供商的角度来看，这些不必要的等待时间都是消费者来买单，他们无须顾虑，所以只要他们的竞争对手也采取同样的态度，那么顾客就没有选择余地。

回想一下上一次你为某种服务所签的账单，它可能由两份清单组成——工时清单和零部件清单。提供商会把这个清单交给你，以证明工作已经完成，而且收费是合情合理的。每当看到这类账单，我们作为消费者的第一反应就是问问有多少时间是真正创造价值的时间（如技师在安装零部件时拧紧螺丝），又有多少时间是浪费的等待时间（如技师在寻找或者等待工作区域、零部件、工具、信息资料或技术援助时）。我们很乐意为前者付钱，但原则上反对为后者买单。但在这种事情上，我们通常别无选择。

相反，我们注意到，当账单过高时，很多做生意的朋友一般会质疑每小时的费用。就像离岸外包给低工资水平区域的客服热线，他们关注的是每小时的劳工成本，而不是实际需要的小时数，这种关注是毫无意义的。

流程决定耗费的时间

要想在消除消费者和工作人员的时间浪费上取得改善，提供商仅仅靠更加努力工作是远远不够的。事实上，仅仅让电脑公司客服热线或医疗提供商实验室的工作人员加快工作节奏，可能会导致错误的发生。除了带来风险之外，这样做实际上可能还会占据消费者更多的时间，因为其会导致返工。所以，关键是要清楚地了解消费和供应流程，明白为什么需要消费者和提供商工作人员花费如此多的时间。

为了了解消费流程是怎样决定耗费的时间的，让我们回顾一下第1章和第2章汽车维修的例子。然后，我们重新思考整个流程，看看精益提供商如何能够既节省消费者时间，又节省工作人员时间。

在消费流程图上，鲍勃·史考特修车的第一步是搜寻一家维修店（见图4-1）。

这个步骤包括了好几次排队等待才得到电话回复。这是为什么呢？我们已经注意到排队本身并不能改变工作量。4S店仍然只需要同样数量的员工工时数，来接听同样数量的电话。因此，即使队列再长，也不能减少4S店实际工作的成本，但这确实会花费顾客的时间，增加维修的总成本（时间加上金钱）。

那么，为什么还是有这么多排队等待呢？部分原因是排队等候能使员工加快工作的老思想。另一部分原因是尽管来电数量变化极大，但是4S店的工作分配毫无灵活性可言。这样的结果就是，为了尽可能使队伍变短，员工工作会变得非常仓促，常常在流程中出错。正如我们在第 3 章中所见，最严重的失误就是没能询问有关真正问题本质的一些细节。那么，在来电高峰期，当员工的数量保持不变时，有一些电话就根本没人接听。

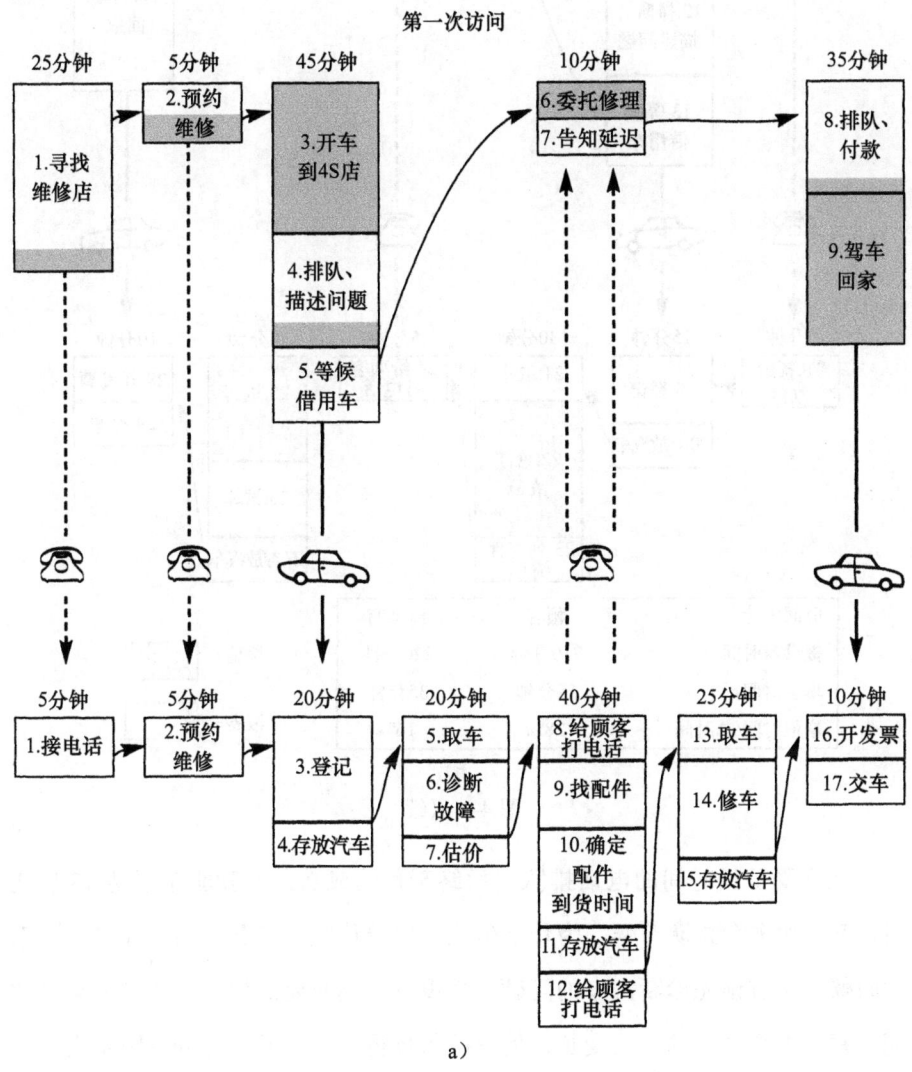

图 4-1 精益改进前的修车图

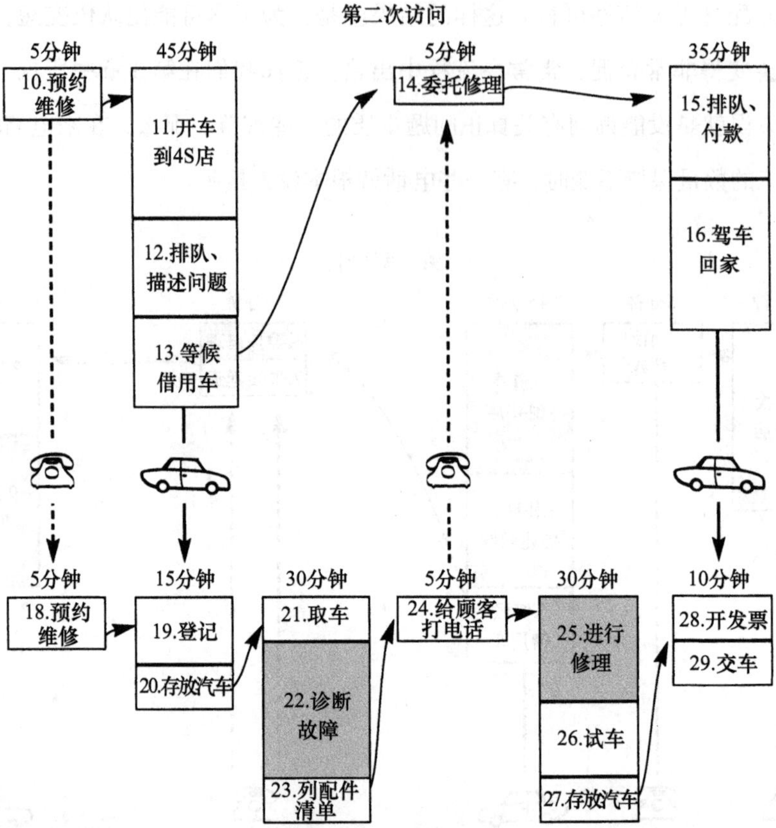

时间统计	顾客	提供商
提供商时间：	210分钟	220分钟
增值时间：	58分钟	35分钟
增值时间/总时间：	28%	16%

增值=

浪费=

b）

图 4-1 （续）

在忍受了长时间的电话排队之后终于预约成功，鲍勃驱车抵达4S店之后，又在服务台排队等候。为什么他又需要等待呢？部分原因是在最初联系的时候，没有预先诊断汽车的问题，也没有收集必要的信息。这样就会导致用在每个客户身上的时间变长，使得队伍排得更长。另一部分原因是需求的变化大，因为按照4S店的安排，送车来的人数在大清早达到最高峰，这与人们开车上班的高峰时间相一致。

接下来，鲍勃又开始等待提取他在维修期间可以使用的借用车。为什么呢？因为 4S 店无法准确预测到底谁需要借用车，以及那些说是需要的人又有多少人真的会来。此外，高峰时段很多顾客的汽车堵在从入口到 4S 店之间的地方，这很明显地表明那些借用车应该停放到远处的停车场，需要的时候再取出来。

当鲍勃的车不能按时交付——由于缺乏零部件，新的时间问题就出现了。他刚刚计划要去旅行，麻烦的是他要多等一天才能拿到他自己的车。我们会在第 5 章中讨论为什么配件会缺货，以及该怎么应对。现在，我们只需注意这个麻烦因素。

最后，当鲍勃去取车的时候，因为同样的原因，他再一次经历了所有的等待和困扰。车没有修好，还要开回去返修，麻烦翻倍了。

但这还不是由等待导致的全部时间损失。当鲍勃把他那有问题的车留在 4S 店之后，工作人员尝试着修车，这时新的等待出现了。这些时间损失对 4S 店的工作人员都是令人沮丧的，而且代价高昂（虽然是鲍勃付钱），因此让我们再来仔细观察一下。

任何服务活动的核心都是在工作中创造实际价值的技术人员。他们就像是医院里的脑外科医生或者律师事务所里实际撰写合同的律师。正是他们在公司中实施最基本的创造价值的过程，他们需要辅助流程中其他人员的大力支持。

汽车 4S 店维修部门的例子，当然医院手术室也是如此，维修技师需要四个条件才能完成他的任务：他可以开始工作的放有车子的维修车间、工作所需的工具、工作所需的配件，以及使用工具和配件所需的知识信息。部分工具和少数几种常用配件是常备在维修车间的，很多维修知识存在于维修技师的脑海中。然而，除了这些，还有一些工具和许多配件，以及工作手册、服务公报，或者更资深技师的建议，也基本上是经常需要的。

那么，当你在某个典型的 4S 店观察维修技师一整天之后，你看到了什么？尽管计划人员尽了最大努力，维修车间总要等待一些时间才会开始修车。同样一旦维修车间空出来了，汽车需要从车库提出来然后送到维修车间，这也需要一定的等待时间。这都是因为需求是不可预测的，并且每辆车实际的维修时间也是不定的。

一旦汽车准备就绪了，维修技师就可以检查问题了，之后他要去工具库和配件窗口拿取必要的工具和配件。这些地方的工作人员并不知道他会在什么时间去，并且他到的时候可能已经有几位技师在那儿了，由于工具库和配件仓库的工作人员要寻找需要的东西，这样通常技师们都需要等待，有时候还会等很久。最后，工作虽然进行着，但事情并没有按计划开展，维修技师就会经常离开工作区域去寻求其他维修技师或者门店经理的帮忙。

结果就是，维修技师经常会导致很多没有创造价值的昂贵等待（顾客需要付费的）。这影响了整个系统，因为其他工作也因此拖期。就鲍勃修车这个案例而言，工作人员经过前面几次延误之后，匆忙地想要赶上进度，即在下班前完成布置的任务，这意味着汽车没有进行路试。然后，当鲍勃在回家路上自己上路测试时，汽车就出现了问题。

当然，会有更好的办法的。

如何创建节省每个人时间和金钱的精益流程

面对这种典型情况，精益思考者每次都能发现改善机会。

让我们从搜寻流程开始。第一个问题肯定是为什么需要搜寻。在鲍勃的案例中，答案是清楚的：上一家4S店未能将鲍勃的车修好，这家店服务之差让鲍勃觉得他必须要去寻找另外一家4S店。对于这种常见情况，我们暂且不给出答案，等到第10章再细说，但重要的是认识到典型的消费问题造成的时间和金钱的成本是多么高。

我们现在能够做的是解决排队时间的问题。其根本原因是4S店的员工都有固定的岗位，然而顾客的需求在一天中却一直在变化。员工被限制在他们特定的任务中，例如电话接单、柜台接单以及移动到达的车辆。他们不能随着工作量的改变而调整岗位。更好的方法就是，培训每个员工掌握多种技术，在需要的时候让他们调整工作任务，比如在早高峰处理顾客排队等待的问题。

当鲍勃决定了选用哪一家修车厂，联络了他们预约修车时间之后，第二个问题就出现了（当然，这是除了第二次电话等待之外的）。正如在第 3 章中描述的客服热线案例，客服人员是公司中专业知识最差的人，而且他们是被老板以每小时接了多少电话的"效率"指标来考核的。

由于客服人员掌握的产品技术知识和鲍勃的相差无几，约等于零，所以在电话中对问题的讨论不可避免地停留在表面，比如"仪表盘上这个灯亮了，用户手册上说如果这个灯亮了，我应该给你们打电话"。客服接待员错失大好机会去问一些这样的问题："车的行驶里程数是多少？……灯是不是只在特定条件下才亮？……亮了有多久了？……之前出现过这种状况吗？什么时候？……发动机声音正常吗？"还有个同样重要的问题："你将车送来维修的时候，还有其他问题需要处理吗？"

然而这些问题都没有问。不仅如此，即使问了，这些信息也不可能传达给维修技师。那么根本也不可能对问题的类型做出有依据的判断，也无法确保当车被送来时配件已经就位。这是因为"与顾客沟通"和"维修产品"这两个任务之间是脱节的。

还有第二个问题。客服接待员会在早晨时段面临工作高峰，因为 4S 店只提供了唯一的选择。也就是客户需要在早上 7 点到 8 点之间把车送过来，然后 4S 店会在当天维修好这些汽车。对某些顾客而言，因为他们的上班时间，这可能是唯一可行的选择。但是，如今许多人的工作时间已经变得更加灵活了。

客服接待员其实可以为顾客、汽车和工作建立准确的档案。然后他们可以按下面的类型对问题进行分类：顾客稍作等待就可以完成的简单维修、真的需要一整天的维修，以及顾客迟点送车过来晚点开始但当天仍然可以完成的维修。简单研究一下顾客的偏好和灵活性，加上对问题更深的了解，高峰期的状况是很容易缓解的。或许对某些维修项目实行非高峰期价格，让对价格较敏感的顾客以便利换成本，进一步均衡化需求量。

需要注意的是，一开始的时候如果不多花一点时间去问一些探索性的问题，且不能均衡化需求量，随着工作进展，将会导致鲍勃和4S店员工时间浪费的连锁反应。

精益的选择是，顾客预约的时候，多花点时间和顾客聊聊，开始将陌生人转变成合作伙伴。然后客服接待员在预约的前一个晚上，就给顾客打个电话，确认车将会被准时送过来，并且没有新的问题需要关注。这样，顾客在约定的时间将车送达的准时性，可能会惊人地提高。

接下来，当鲍勃抵达之后，由于接待区域不再拥挤——记住需求已经均衡化了，并且因为客服接待员已经记录下汽车及其问题的重要信息，车子的移动就变得非常简单了。借用车在就近停车场停放，马上就可以开走。等待25分钟的两次排队就可以简化成为2分钟的汽车交换。

对维修车间工作人员的好处也是显而易见的。那里的工作已经被预先分成了不同的种类。例如，一个维修车间专门负责某种车型近期的召回，而另一个则专门负责需要一套明确配件和工具的常规保养（24 000英里、48 000英里等）。每一项任务采取标准作业，工作能够流动得更加顺畅（并且，初级水平的技师会分配到简单的工作，而较高水平的技师将处理复杂问题）。

更好的做法是，辅助员工将所需的工具、配件和信息资料，在流程计划开始前及时送到维修车间，以便技师（就像昂贵的脑外科医生）可以全天只做创造价值的事情而不用管其他事情。由于使用这种方法有助于按时完成工作，这样就能在一天中安排不同的取车时间，每天结束时的大拥挤和在测试流程走捷径的可能性也会降低。这意味着，由于没有修好而需要返工重修的车会变得更少。这会大大节约每个人的时间和金钱，如我们所见，在整个维修流程中正是这些主要的流程问题，不仅造成了顾客最大的时间浪费，也给4S店带来了最大的收入损失。

最后，在维修流程的最后阶段，回到取车的地点，最开始花时间与顾客沟通，了解顾客和问题，并均衡安排时间的好处再次显现出来。由于接待区域同一时间取车的拥挤情况已经消除了，修好的车可以放在空的停车位旁边等待借车人提取，客服接待员也可以在那里等待，就像他们拿着销售点的电子设备在还车区等着一样。两次共计 15 分钟的额外等待就可以简化成 2 分钟的轻松取车了，4S 店的成本也降低了。

总体来说，"现状"消费流程图（见图 4-1）中所绘制的流程可以压缩成紧凑的精益流程，如图 4-2 所示（精益修车流程图）。并且按照"维修成绩表"（见表 4-1）中记录的，顾客花费的时间可以从 210 分钟缩短到 75 分钟，其中实际用来创造价值的部分占总时间的比例从 28% 提升至 71%。此外，那些麻烦都几乎消失了，因为顾客无须再排队等待，工作人员无须再匆忙记录顾客信息，不用在几个小时后打电话告知顾客维修费用增加的坏消息，而工作能够在承诺的时间内井然有序地完成。

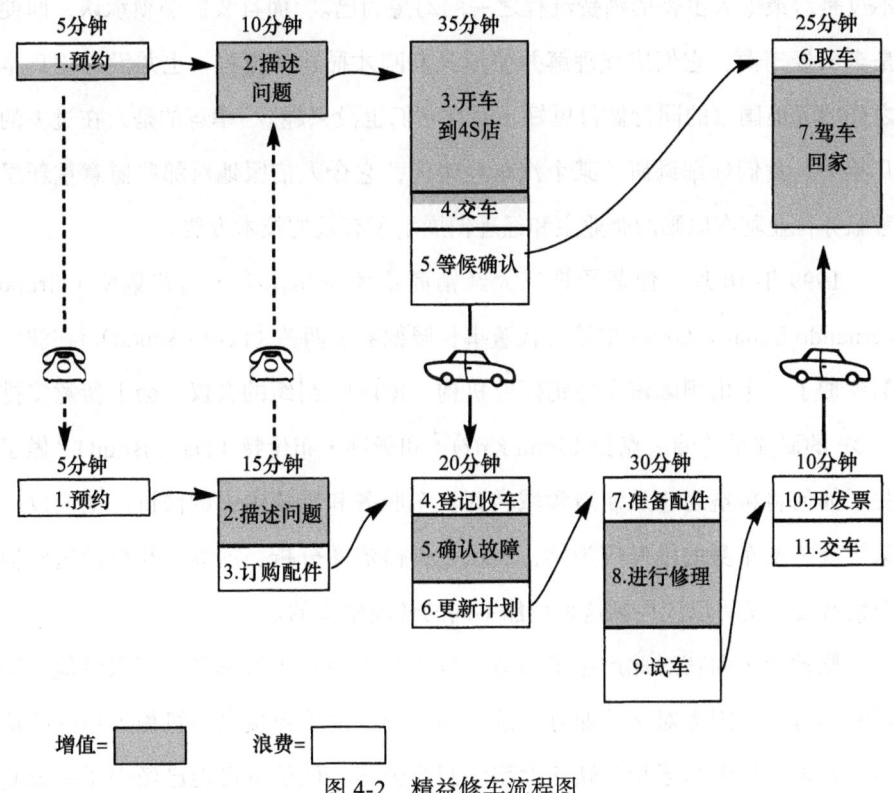

图 4-2　精益修车流程图

表 4-1 修车记录表

		采用精益方案前	采用精益方案后
顾客	总时间	210 分钟	75 分钟
	增值时间	58 分钟	53 分钟
	增值时间 / 总时间	28%	71%
提供商	总时间	220 分钟	80 分钟
	增值时间	35 分钟	35 分钟
	增值时间 / 总时间	16%	44%
工作人员	总时间	85 分钟	45 分钟
	增值时间	35 分钟	35 分钟
	增值时间 / 总时间	41%	78%

西芒：实施精益服务的案例研究

"但是，实际上没有'精益'汽车经销商，"我们想象你肯定会说，"这只不过是对最令人沮丧的消费流程之一的幻想而已。"而且我们必须承认，即便是丰田经销商，它们应该理解并使用我们刚才描述的流程，也并没有比日本之外的其他国家的同行做得更好，而且它们也没兴趣。[1]幸运的是，在过去的几年中，我们仔细调研了某个汽车经销商，它令人信服地对那些愿意重新思考服务行业基本原则的企业主和经理们展示了有效的技术方法。

1999 年 10 月，葡萄牙第三大经销商集团费尔南多·西芒集团（Grupo Fernando Simao，GFS）的第二代董事长佩德罗·西芒（Pedro Simao），在波尔图参加了一个由国际汽车经销研究机构（ICDP）组织的会议。会上特意安排 ICDP 的研究员约翰·克斐（John Kiff）[2]和戴维·布伦特（Dave Brunt）[3]做了关于如何将精益思想从制造领域转到汽车服务和维修中去的演讲。他们以一家维修碰撞车身的维修店为例，展示了价值流图分析、连续流和拉动这些标准精益技术是可以应用到这种截然不同的环境中去的。

佩德罗·西芒对此产生了兴趣，也许是因为对于汽车经销商来说他不同寻常的背景。因为对制造业有着浓厚的兴趣，他曾经接受过机械工程师的培训。如果不是葡萄牙相对缺乏大型的制造公司，他很有可能已经去了一家制造公司开始他的职业生涯。最终他接管了家族汽车生意，但他感到惊讶的是为什么标准的经销方式是如此的混乱而且低效。

在会议结束之时，佩德罗提议去英国多学一些约翰和戴维所建议的内容。在伦敦的一次会面上，约翰带他过了一遍自己在一篇 ICDP 文章《从猎取到耕种》(*From Hunting to Farming*)[4]中总结的精益经销商的完整概念，他解释说，经销商们应该超越当前基于价格以一次性交易为目的的顾客"猎取"方式。相反，为了增加业绩和利润，它们需要基于持续不断地为顾客解决多辆汽车生命周期中的问题，来建立可持续发展的关系（"耕种"）。约翰坚持认为应该从汽车服务着手，因为现在汽车一过保修期，大多数经销商就失去了其顾客。

2000 年年初，佩德罗又给戴维·布伦特打了电话，邀请他去自己的 17 家经销店中的一家专做碰撞车身维修的店看看，并请他为自己业务的精益转型提供具体建议。戴维在到达波尔图之后，按照标准的精益方法，建议他们一起沿着维修流程从头到尾做一次现场观察。这包括许多不同的区域：拆除损毁配件、矫正车身、焊接新面板、准备汽车喷漆、喷漆、重新安装在维修时卸下的完好配件，以及抛光。

在他们现场观察的时候，戴维开始捡起地上或者落在车内的封口胶带（喷漆时用，总共有 10 卷），一个简单的动作说明了流程已经完全失去控制。没有存放东西的标准位置，工具、配件和材料散落一地。戴维回忆说："这是一家典型的车身修理厂。到处都有'坏'车，停在那里等待着配件或维修技师。没有流动，也不知道是否超前或者落后计划，每一个活动就像一座孤岛进行着。与此同时，管理人员马不停蹄，按顾客要求重新安排工作顺序、做计划或者解决配件问题。

戴维向西芒的团队展示了如何绘制现状供应流程图，以及展示采用精益原则后工作流程的未来状态图。为了实现未来状态，他提了很多建议："从头到尾观察整个流程，而不是努力优化单个步骤。努力使得每一辆车在整个流程中平稳地流动起来。除非你已经对车辆做了全面诊断，并准备好了所需的工具和配件，不然就不要让车辆进入修理流程。将工作由简单到复杂分类，按照不同的途径处理。设立一个进程可视化管理板，以便每个工作人员都能一眼看到每项工作任务的状况。让每个工作区提前到上游工作区拉动下一个工作任务。"

他特别强调了要仔细测量"顾客满意"。这意味着要准确记录车辆是否第一次就修好并按时交给顾客。然后，无论何时出现了"未能满足顾客"的情况，一定要寻找问题根源并彻底清除它，这是非常重要的，因为这样供应流程才能进一步缩短和流畅起来。

戴维离开之后，没有想到再回来。"当时我遇到的几乎所有经销商都是猎人，我怀疑佩德罗是否能够真正地学做一个耕种者。"

大约一年之后，出乎戴维和约翰的意料，佩德罗和他的改善团队开始报告实质性的进展了。戴维收到了一封电子邮件，里面有一大批照片记录了17个经销店（不仅仅是车身维修店）出色的改变。这让他确信他需要回访。他对于这些新的实践十分惊讶："我看到的是一个非常棒的5S流程[5]，每件工具和每套配件都设置了精确的位置。进程可视化管理板的设置，可以让人清楚地看到每项工作任务的实际状况。现在配件都是成套配送——包含了每项工作任务需要的所有配件——由一个中央仓库供给所有的经销店。每个工作区都到上游工作区去取下一个工作任务。同时，只有下游区域发出信号，是时候开始了，那么新的工作才能开始。结果就是，工作任务完成得更快，顾客等待取车的时间也缩短了。"

西芒也已经开始将精益供应理念移植到他所有经销商维修店中去，这些维修与碰撞车身维修是不同的，属于我们在鲍勃·史考特的"检修发动机"问题中描述的那种业务类型。西芒很快就在他拥有900位员工、市值4亿美元的公司中，将精益供应实践运用到了各个角落。

今天，西芒集团在开始修理每一辆汽车之前都预先诊断问题。由于这是在汽车送达之前通过电话完成的，所以配件能够提前预订好。然而，不是所有问题都可以通过电话来确定，另外在葡萄牙，很多顾客都不会提前打电话，而是直接开车过来维修。

　　为了解决这些问题，西芒在每个经销店前面设置了一个诊断车间。顾客到达经销店之后，直接把汽车开进这个车间，停在一个抬升架上。在顾客等待区域，顾客和维修技师使用一张标准检查清单对车辆进行检查，确定所需的工作，包括一些顾客可能还没有意识到的问题。技师和顾客在这个时候就所有需要的工作、费用和完成时间达成一致。这样就避免了在顾客离开之后又给顾客打电话，也避免了顾客听到维修费用时令人不快的惊讶表情。

　　汽车被送到的时候立刻检修的主要好处是，大多数情况下维修能在顾客愿意等待的时间内完成，一般一个小时甚至更短。由于不需要再回到经销店取车，这样从整个维修流程来看节省了顾客的时间。由于不再需要借用车，也消除了车辆的多次移动以及占用的停车空间，这样也为经销店节省了成本。为了节省更多的时间，把汽车能更快地交还给顾客，西芒目前正在采用一种叫作"停车站"⊖的方法，也就是一旦车辆完成了诊断，多位维修技师同时对该车展开维修工作。

　　一旦维修性质被明确下来，维修技师就为所有需要的配件下单。这些配件是由一个中心配件部门通过定期的"循环取货"（Milk Runs）的方式成套地配送到多个经销店，在维修流程计划开始之前就送达到位（那些顾客等待时间内就能完成的简单维修工作所需的标准配件就存放在维修车间里，通过发给配件部门的简单拉动信号来频繁补货）。

　　精益原理的应用也使得西芒集团开创了一项新的业务，即维修那些即将卖给新顾客的旧车。通过将维修准备流程中的各个步骤有序紧凑地排列，工作标准化，以成套的方式订购配件，并维持平稳的工作节奏，汽车维修准备的成本减少了50%，所需的时间减少了70%。因此，目前西芒正在为很多非西芒集团的租赁公司实施这项改善。

　　⊖　F1赛车进站加油换胎。——译者注

尽管西芒的精益之旅还未结束，但公司已经将顾客平均花费时间缩短了近一半，同时西芒集团平均每次维修的总成本减少了30%。汽车二次返回修理的数量急剧减少，另外借用车的需求数量减少了75%，并且维修技师实际创造价值的时间几乎增加了一倍，这些是成本节省的主要原因。其他成本节省来自中央配件部门，将之前散落在经销店里的配件都回收上来，减少了西芒集团持有的总库存量；从供应商那里更频繁地小批量订购，提高了配件的可得性（我们将在第5章看到更多这个简单方法的有力证据）。

同时，第一次就能够正确地修好车辆，并在约定时间将车交付给顾客的可能性从约60%（维修行业的平均值）提高到80%以上。西芒意识到还有很长的路要走。但是发展至今的结果是，西芒集团已经登上许多品牌汽车厂商客户服务排行榜的榜首，同时也大幅度地提高了其销售的汽车在生命周期内维持维修业务的比例。通过节省每个人的时间，西芒集团为顾客、工作人员和企业主三方取得了精益的成功。

节省每个人时间的简单规则

我们刚刚在汽车维修案例中所看到的，可以很容易地被推广到任何需要安排计划和了解顾客的消费体验中去。以下有四条简单的规则可以遵循。

首先，从一开始就建立起与顾客的沟通对话，以全面地理解客户的问题，包括顾客自己可能还没意识到的方面。记住，顾客不会购买他们不了解的产品和服务，但在提供商的引导下，他们很容易就会选择有利于提供商的产品或服务，而这些对顾客自己来说并不是最适合的，这样其实是浪费双方的时间。

建立这种巧妙对话需要使用那些受过高度训练、能够提出深刻问题的工作人员，而不是那些既不会正确提问，又不会传达有用信息的不熟练的人员。公司还必须建立一个捕获这些信息的知识库，并建立途径将这种智慧传递给公司中那些能够发挥作用的人。

其次，在任何可能的情况下，花额外的时间预先诊断问题，了解解决问题可能需要用到的工具、配件、知识以及时间。这样就能在使用之前，准备好整套所有需要的物品，避免重复工作。为证实这种需求，你可以回顾一下，维修人员来修理你的电脑、空调系统或者排水系统的时候，是否经常过了几分钟就突然告诉你他等会儿再回来，他需要回去取工具、配件或者资料？

幸运的是，信息渠道和诊断技术的发展，使得我们的大部分个人数码电器很快就会拥有自我诊断系统，能够直接向提供商解释问题所在。并且医疗诊断设备的日益微型化，意味着病人能够向他们自己的医疗服务提供商报告关于他们健康状况的有用信息。

这是个好消息，但是进展速度还没有达到应有的水平。这主要是因为产品厂商和服务公司之间的相互联系没有实行标准化，而且很脆弱。但要记住给产品增加诊断程序会花费厂商的资金，也需要花费服务公司的资金来购买远程接收诊断信息的设备。除非几方共同合作，探索出全新的方式来使用这些信息，在为顾客更好地服务的同时，又降低成本并提高提供商收入，否则结果将欠佳。我们将在第10章继续讨论这个话题。

再次，尽可能均衡需求。如果所有的顾客同时出现，那么第一个问题应该是："为什么？"通常原因并非出于顾客自身需要，而是来自提供商的操作需要。例如，我们曾参观过一个世界著名的医疗公司的中心实验室，他们在早上7点采集所有的血样和其他检验样本以便在当天进行大批量分析（这个公司的领导是传统的大批量生产方式的思想者，相信大批量分析——例如，使用能盛放好几百个血样的大型离心机——可以将每次分析的成本最小化）。这就意味着需要建造一个很大的大厅来容纳这些清晨排队等待检验的上千号病人。然后，一天中其他时间，这些地方就都空着了。

与此相似，车主们在月末最后一天年检就要到期了，都来排队进行汽车排放和安全检查。为什么不能一年中每天都有同样数量的年检到期呢（当然也有人会争辩说，为了均衡玩具店的需求量，圣诞节应该每天有，因此这种概念的适用性是有限的）？

更进一步来说，如果可以在顾客和提供商之间建立起一种稳固的关系，为了进一步均衡需求量，对于那些不是特别紧急的活动，提供商可以提前联系顾客给他们建议合适的时间。与里程挂钩但与故障无关的常规保养，就很明显可以按照这种方式做。4S店可以粗略估算顾客行驶的里程数，并与他们保持信息分享的关系，向他们建议何时需要汽车保养。同样，医疗提供商可以在流感病人不多的时候，主动安排常规体检。这样可以使健康人群在最可能与传染性疾病接触的时候，远离医院，因此这种选择带来的健康收益就更加具有吸引力了。

最后就是也要节省服务顾客的工作人员的时间，他们要使用公司其他部门的投入。这要求在公司内部将工作以精益思考者所称的产品系列来分类，建立可预测的工作流。举例来说，把周期时间稳定的简单工作安排在一个工作流中；把需要复杂分析并且周期时间未知的工作放到另一个工作流中；最后把复杂但稳定的工作放到第三个工作流中。

这样做还需要为每项任务制定标准化工作，并提前将所需的工具、配件和资料信息成套打包。这些活动听起来好像只能在制造领域应用，其实不然，它们在工厂之外的地方甚至价值更大。它们几乎可以在任何环境中实现，并且工作人员可以看到成效并对这些方法进行公平的测试。

然后，随着工作进展越来越顺利，工作能在承诺的期限内完成的可能性会更大，顾客能在承诺的时间重新用上自己的家、汽车或者电脑（甚至是自己的身体）的可能性也更大，同时出现问题需要返工的风险也更低了。

消除医疗中的时间浪费："开放式就诊"的胜利

很多消费者会抱怨最让他们头痛的时间浪费发生在他们接受基础医疗的

时候。这种痛苦是以三种不同的形式感受到的。第一种是打电话给医生时的等待，以及等待医生回电解释清楚自己的病症并与医生预约。第二种是等待很多天甚至好几周才能约到自己的私人医生（另一种选择是去看急诊，让某个不了解自己身体情况的医生来看病）。第三种是按预约时间到达医院后，仍要在医生办公室门外等候。

1994年，美国西海岸的大型医疗保健机构凯萨永久（Kaiser Permanente）的家庭医生马克·穆雷（Mark Murray）博士揭露了一个事实：所有这些等待都是不必要的。[6]

穆雷被分配了一项新任务，他需要在不增加额外的人工和设施的情况下，重新思考运营方式，改善病人的服务。在对情况进行了分析之后，他发现所有的电话排队和等待医生回电预约，都是由于接电话的初级员工缺乏知识。他们需要将病人按紧急情况和可以等待的情况进行"分类"，但他们没能做好，部分原因是他们无法与忙碌的护士和医生迅速沟通，以便做出决定（复杂的计算机计划系统看上去只会把事情变得更糟）。只要病人能直接与他们的医生沟通或者至少在第一次打电话时就能预约好看病时间，那么这种麻烦就不复存在了。

他之后发现病人在见到他们的医生之前的等待间隔时间差不多固定在两个月。穆雷推断如果等待间隔时间是恒定的，那么原因就不会是服务能力问题。"要完成的工作量是一样的，"他说，"我们只是将它推迟了两个月。"

最后，他注意到在医生办公室的等待是由医疗保险公司要求的日程安排所造成的，作为控制成本的方式，他们只愿意支付医生15分钟的时间。由于一些患者需要的时间超过15分钟，这样的耽误就会在一天中慢慢堆积，医生们白天日程紧凑，无法完成的文书工作就只有留到晚上加班来做了。

根据当前简单的观察结果，穆雷想出了一个极其简单的解决方案，他称之为"开放式就诊"。

穆雷建议任何想要见自己医生的患者都在当天最合适的时间就过来，而不是让患者先打电话进来，然后等待一个更高级别的决策者回复电话。只需要拨打一个简单的电话就搞定了。穆雷仔细观察了患者看病需求的实际模式，相信只要医生加点班把积压的工作完成，那么每个患者当天就能见到他自己医生的机会是非常大的。穆雷说："排队除了给医生和行政管理人员安全感之外，实际上没有起到任何服务作用。他们最担心的是在实际工作中，最昂贵的资产——医生——没有得到充分利用，而排队就意味着医生永远不会空闲。"

穆雷还建议延长病人就诊的计划间隔时间，以便医生可以在这期间处理文书工作，而不用拖到每天下班后再做。从财务方面来说，每天登记预约的小时数增加了。但是医生们可以在最后一个患者看完病后立刻回家，而不是留下来几个小时记录患者的病例，而且事后很难回忆起这么多患者的详细情况。

穆雷相信实际上可以在预约的时间准时开始看病，消除传统方式中的第三种时间浪费，这对患者更为有利。这是因为计划预约时间比平均每个患者实际需要的时间要长。当患者实际所用时间比预约时间短时，医生就能利用剩下的时间完成文书工作或者直接回复患者电话。这又反过来说明为什么医生可以处理完最后一个患者之后就能马上回家了。

当穆雷第一次提出他的新系统的时候，大家对此持怀疑态度。于是他决定在加州罗斯维尔的一个由六名医生组成的医院里做一个简单的试验，这里与庞大的凯萨医疗体系的其他部分相对隔绝。由于这里的医生怀疑管理层的真实意图是想在保持工资不变的情况下提高他们的工作负荷和增加工作时间，所以非常重要的就是一开始就和医生们达成一致保证不增加他们的患者量。

当积压的工作逐步完成，医生们习惯了新方式的时候，他们发现自己和他们的患者都喜欢上了这种方式。正如穆雷所记录的："他们现在是当日事当日毕，并且发现工作量减少了很多。"医生们发现自己的生活变得更加轻松了，因为他们不会总是拖后，也不需要为此向患者道歉了，更不用每天下班后为了完成文书工作还继续加班到很晚。

对穆雷来说，作为一名医生，更重要的是患者的治疗效果更好了。事实上，现在每个患者都只与一位了解自己病史的医生打交道，而不是因为要等很久才能见到自己的医生就选择了急诊部门或者其他陌生的医生。误解少了，患者更愿意遵从治疗方案。糖尿病患者血糖降低了，心脏病患者胆固醇降低了，中风患者血压也降低了。显然，从长远来看，向开放式就诊计划迈进可以为患者提供更好的治疗，同时又能节省整个医疗体系的成本。

由于医疗体系根深蒂固的传统，以及很多医生质疑流程的事实，开放式就诊用了三年时间才在整个凯萨永久医疗体系中得到推广，而且用了更长的时间才在美国医疗行业普遍使用，这并不令人惊讶。事实上，我们在1999年第一次遇到穆雷时，他还不确定开放式就诊是否只是一个很好的试验。幸运的是，目前这种方式的采用率正以熟悉的"S"形曲线急剧上升。美国有将近50%的基础医疗机构报告其正在试用开放式就诊，可能大约25%的机构已经完全实施了这一体系。

开放式就诊之外：你真的需要去看医生吗

节省患者时间的最终飞跃可能是彻底消除花费时间的需要。俄勒冈州波特兰市的基础保健医生查尔斯·克罗（Charles Kilo）对基础保健的未来进行了思考，最近得出的结论是开放式就诊对于那些必须去看医生的人来说是一项非常棒的创新。但他怀疑有多少情况是真的需要如此。他注意到，传统医疗实践和医疗保险行业的规定导致90%~95%的患者采取与医生见面的方式来看病（目前，大部分保险公司只在医生实际看了患者后才会支付医疗费）。

此外他还注意到，越来越多的医疗集中在患者护理上。这是基础保健机构对患有像高血压、糖尿病和高胆固醇的那些慢性疾病患者的疏忽所致。随着婴儿潮出生的人群年龄增长，这种类型的护理可能会随着总医疗需求的增加而稳步增加。最后他注意到，价格适中的个人医疗技术正在快速发展，例如血压计、血糖检测仪，甚至还有血液分析仪。

因此，他在格林菲尔德健康（Greenfield Health）医疗公司开始了一项新的实践，在医疗标准已经提升的情况下，寻求如何减少患者与医生见面的需要。他采用了所有开放式就诊的技巧，所以任何需要见自己医生的患者都可以在当天预约就诊。但是，通过认真地建立每个患者准确的信息化病历，通过在家中配置合适的个人医疗仪器，通过电子邮件和电话建立与基础保健医生的直接联系，克罗发现每位患者每年来医院就诊的次数可以减少一半。甚至患者表示对基础保健关系更加满意，慢性疾病的保健指标也更好了。这其中部分归功于技术，但是更重要的是，取代了原来费时的门诊，医生对每个患者病史加深了解并通过电话或电子邮件沟通来评估患者身体状况，从而为患者提供医疗保健的指导和安慰。

只是保险行业如何适应这种创新方式还有待观察。但研究表明，通过在基础保健系统实施一整套的精益方法，总成本（不包括患者的时间）降低了 20%～30%，而且最重要的是有了更好的医疗效果，因此我们现在已经很清楚如何节省患者与医疗提供商工作人员的时间，以及每个人的费用了。可以肯定的是，要节省每个人的时间，只是早晚的问题。

少了一颗马蹄钉

我们已经用一系列例子展示了如何创建精益流程，节省顾客的无偿时间和提供商的有偿时间，让顾客和工作人员更开心。但要注意，提供商只有准备好了完成任务所需要的全部材料，才能节省顾客和工作人员的时间。比如，在我们修车的例子中，4S店在当天拿不到需要的配件，工作无法完成，所以大量时间就被浪费了。这是在很多类型的消费（包括医疗）中普遍存在的问题，以及我们第5章中要尝试解决的问题。简单地说，就是顾客想一次就得到他们真正想要的东西的过程中遇到的困难。

第 5 章 | Lean Solutions

给消费者真正想要的产品

让我们假设提供商学会了如何解决第 3 章描述的产品问题以及消除第 4 章检查出来的时间浪费,那么如果消费者由于在需要的时候无法得到特定的物品而仍然不能解决自己的问题,将会怎么样呢?作为消费者,我们经常在生活中会遇到这样的烦恼,但是当我们只寻找某一件物品的时候,最容易看到问题。让我们以鞋子为例。

人类脚的长度和宽度存在很大的差异,然而这些脚的主人们似乎想要为每一双长度和宽度不同的脚购买不同款式的鞋子。因此毫不奇怪的就是,当顾客去鞋店买鞋的时候,店员先了解清楚他们的尺寸,然后消失一会儿,到后面神秘的房间,在大量库存中寻找合适的款式和尺寸的鞋子。不幸的是,经常是消费者要的那双鞋没货了。

大多数人会好奇:超市为什么不多备一些库存,同时更好地预测销量呢?事实上,这些传统方法已经被超市使用几十年了,超市工作人员在持续努力改善他们的"服务水平",他们将"服务水平"定义为他们手上持有顾客需要的产品的概率。但是当我们看到供应流程实际是如何工作的,以及需求是多么难以预测的时候,就很容易理解为什么朝着这一目标努力的进展是如此有限了。

制鞋业的供应逻辑

几乎每个国家的鞋类市场都把注意力主要集中在流行款式上。对几乎所有的消费者来说，在我们脚底和道路之间垫上一层舒适的东西这一基本问题已经得到了解决，那么重要的问题就是款式了。因此，制鞋业每年有四个销售季节就不足为奇了，并且大概一半当前在售的鞋子只有一个销售季的产品寿命（大约是 3 个月）。

尽管科技不断发展，但制鞋业仍然属于劳动密集型产业，不同的工作所需要的劳动力比率在世界各地差异显著。由于这些原因以及鞋类贸易现今大幅度减免关税和配额，我们不难看到很多"运动类"的制鞋公司，如耐克、锐步和阿迪达斯，都已经决定把鞋类生产外包给亚洲劳动力成本低廉的几家代工厂。事实上，目前在北美和西欧销售的运动鞋中有 90% 产自中国、越南、印度尼西亚和泰国。

让我们来看看这对于那些努力为顾客服务的零售商来说意味着什么。整个流程从制鞋公司销售代表带着公司提供的新样鞋去拜访零售商开始（按照鞋类贸易的古怪惯例，他们带去的样鞋都是 9 号鞋，样鞋数量之大以至于耐克每年的样鞋数量比第四大运动鞋公司每年的销量还要多）。但这些款式并不是下一季的新款，我们可以比作北半球秋天的"返校"季。它们是为两个以后的销售季所设计的款式，这是因为从下订单到交付给零售商的交付周期超过 150 天。零售商非常清楚哪些款式是当季热卖，但对于下一季的流行趋势就没有把握了。因此，两个销售季以后的订单只能是个猜测，因为制鞋公司销售代表提供的样鞋，有一半是新款，还不知道消费者的接受程度。

因此，零售商为不同的款式按照可能的销量下订单，尽量把工作做好。并且这个初始订单一定要适当：由于交付周期长，一旦鞋子在三个月的销售季的初期上市，之后就没有时间为畅销款补货或为滞销款停止连续供货。

基于这一事实，大量的"缺货"(零售业术语称为 OOS, out-of-stocks 的缩写) 就无法避免，为了处理同样无法避免的过量存货，一个安全库存显得很有必要。

而当前的安全库存是为制鞋公司和零售商处理过量存货的,一般通过零售店降价促销、奥特莱斯品牌折扣店销售或者转移到廉价的二级渠道来处理。[1]

整个订购和销售流程采用最新的预测模型,能好好地管理安全库存。零售商、制鞋公司和代工合约商能获取销售店的实时电子信息。每个人都可以看到正在发生的情况。然而,到了销售季末尾,鞋类零售店发现,它们平均只有80%的时间刚好有顾客所需的款式和尺码(意味着流失了大量销售额),而且生产的鞋子有高达40%最后是以降价促销或送到奥特莱斯以及二级渠道处理掉的(意味着损失更多收入及额外的成本)。这是个经典案例,不需要的产品太多了,而需要的产品又不够,结果给消费者、零售商和制鞋公司都带来了痛苦。

为了尽可能地说清楚这件事,我们画了一张当前鞋子的供应流程图(见图 5-1)。

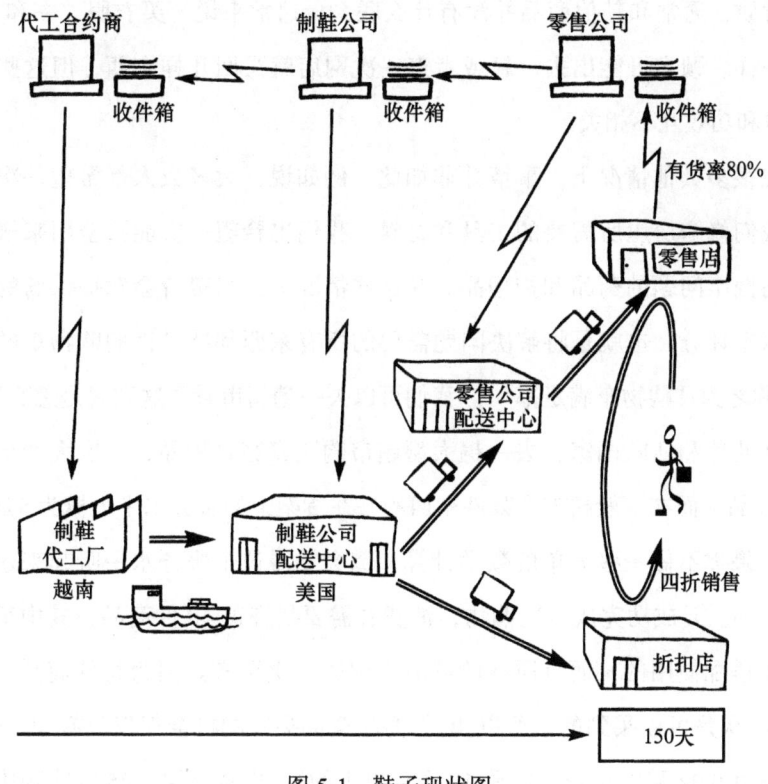

图 5-1 鞋子现状图

图 5-1 中的船和卡车代表鞋子的物理移动，箭头代表（以订单的形式）用来管理系统的信息流（丰田公司称之为物与情报流程图，而精益思考者一般称之为价值流图²）。请注意在任何时候，在制鞋代工厂、船上、制鞋公司的配送仓库、零售商的配送仓库以及鞋类零售店里，都有大量的鞋子库存。信息库存也以待处理订单的形式存在于零售商、制鞋公司以及代工合约商那里，如图 5-1 中"收件箱"所示。系统对顾客订单的反应存在很长时间的滞后。

"你找到你正在寻找的所有东西了吗？"

我们从鞋子开始是因为这是一个解决顾客问题的独立事项。顾客在购买鞋子的同时，可能也想买一顶帽子或者一件暖和的外套，但是当他们在逛鞋店的时候，通常和其他商品并没有什么联系。通常来说，买衣服、书和 DVD 也是一样。顾客可能出去一趟或者逛一次网店就买回几样东西，但这些东西的用途和功效互不相关。

在很多其他情况下，事情并非如此。例如说，大多数人都希望一次就能买齐我们修缮房屋所需要的工具和材料，我们也希望一次能买全用来解决我们当前健康问题的药品和护理品。在这些情况下，消费者会对提供商的综合服务水平评分，也就是将解决问题需要的所有东西都装进他们购物车的能力（我们称之为"购物车满足率"）。我们可以去一趟超市看看这到底是怎么回事。

在北美和西欧国家，去一趟大型超市购买家庭日用品，一次大约会采购 40 件商品。而在一般超市中某件东西刚好在货架上的服务水平大概为 92%。³

如果你不做一些简单的数学计算，倒会觉得这个服务水平听起来还是可以接受的。要成功完成一次购物，消费者需要找齐这 40 件商品，其中很多商品是要搭配使用的，而且所有的商品必须这一次买齐。因为每件商品 100 次中有 92 次是可以买到的，所以 40 件商品全部买齐的机会仅仅只有 4%（这个结果是由 0.92 乘以 0.92，共乘 40 次算出来的）。也就是说，25 次购物中会有

24 次令人沮丧。

在大型超市购物的一个好处就是，消费者总是能够找到他们真正想要的东西的替代品（的确，我们每周都不情愿地扮演着大型超市里的购物者，而且已经找到了寻找替代品的绝佳方法。我们总是拿起手机，给老婆打电话，请她们指示应该具体买什么替代品）。超市上架这么多类似的产品，其中一个原因就是为了帮助消费者寻找替代品。

但是即使有很多替代品，一直以来从调查数据中发现消费者对超市抱怨最多的一项就是缺货（这也是消费者更换超市的一个主要原因），购物者想要的商品缺货了。这种意识随着近年来网上购物送货上门的兴起而显著增强。现在超市的工作人员变成了顾客的购物代表，在超市还没有完全意识到的时候就向管理层报告顾客一直在用的产品的替代品缺货了。所以，超市现在更关注提升这个服务水平了。

幸好，有个方法能够解决缺货问题，我们之后很快会进行说明。但如果要完整描述这个问题，我们需要注意到，基本上在每个消费活动（也包括服务）中，无法买到消费者确切需求的东西这一现象是切实存在的。

鲍勃·史考特当天无法修好他的车是因为4S店发现一个配件缺货了，而且无法马上补货。有多少次你的管道修理工、电工或者电脑维修人员上门来为你解决问题，告诉你缺配件，他们过段时间再过来，但很有可能是很多天以后才来？在这些情况下，即使只是缺少一个配件，但很难找到替代品，服务水平直接降到了零。简而言之，无法买到他们确切想要的东西，这是消费者普遍面临的问题。

更重要的是，这不仅是终端消费者才会遇到的问题，也是供应价值流上所有层级的消费者都会遇到的问题。服务类公司，例如零售商和维修商，以及批发商、生产商，及其所有的供应商也都是对应供应价值流上一级的购买者。如果它们不能首先解决自己的问题，严格按照需求买到正确的东西，那么它们也不可能解决顾客的问题。

传统超市如何尽力提供给你想要的东西

提高服务水平的常规做法是，在配送网络和生产支持系统的各个层级都设置大量的库存。这些要从超市后面仓库里的货架开始——很多仓储式超市，例如家得宝和好市多，存货是垂直摆放在消费者购物货架的上层。库存还存在于超市的配送仓库、批发商的仓库（特别是数量少的物品）、厂商的成品库、生产线上，以及一直追溯到原材料的许多环节上（以半成品的形式）。于是为了避免缺货，超市和系统中的各个层级根据对未来需求的复杂预测及时下订单补货。但是它们也偏向于大批量少频次订购，因为它们相信这样可以减少订单处理和运输成本。

借助于条形码扫描系统（不久会使用无线射频识别系统，RFID），信息技术已经日益成为常规辅助手段。这样，供应价值流里的每一家超市都能够了解销售进展状况以及所有存货的位置。然而，由于系统整体长期趋于部分商品过多而另一部分商品又过少的状态，这些措施仍然无法提高服务水平。

要了解其背后的原因，我们需要为你从超市购买商品绘制一张供应流程现状图，追踪它们的路径，沿着每一个"购买流程"向上，经过生产流程直到原材料。

第一步是超市对每种商品的销售速度做出粗略的预估（根据销售点的数据很容易做到），可能每周按这个数量再订货一次，并提前按已知的销售淡旺季做出调整（例如，软饮料的销量在暑假的第一个周末肯定会有一次高峰）。

到目前为止一切顺利。

但是，接下来问题就开始出现了。超市并不是直接从供应商的工厂收到所需要的货物，而是从同时供应多家超市的零售公司配送仓库收货。同时，零售公司的配送仓库也不是从供应商的工厂收货，而是从供应商的配送仓库收货。至少有四个地方存在成品库存：超市、零售公司配送仓库、供应商的配送仓库以及供应商工厂的发货区域。[4]

那么谁将会来下订单呢？是由超市经理，基于销售点的数据加上培训得来的对未来需求的预测能力来下单？是由零售公司配送中心经理，基于针对多家超市的消耗率的一套计算方法来下单？还是由零售公司总部的采购员，综合了多个超市及配送中心的订单数量来下单？

另外，在供应商那里谁将来接受这个订单呢？在配送仓库？在工厂？还是在供应商总部？那里的计划人员正在努力为整个公司的生产和运输做计划。

那么促销又怎么办呢？假设零售公司采购员发现某种产品由于供应商生产了太多，是一个额外采购的大好机会吗？或者供应商在财政年末正努力达到"业绩指标"，希望客户能以优惠价格马上采购更多产品。谁来决定这笔生意是否可行，额外的库存应该放在哪里？谁将会跟踪库存以便知道再订货时间？

确实存在很多的问题。当我们把这些信息归纳到一张展示了供应流程的图中（见图5-2），我们总是发现同样的问题。有多个订货点，而且订单信息经常冲突。下单频率不高而且常常没有规律可循。送货只考虑物流公司的方便而忽略了客户的需要，是很低频次的，而且常常难以预测。另外，在订货流程中还存在许多促销活动及其他干扰因素。所有这些，意味着顾客的真正需求在混乱中被遗忘了。不仅如此，我们在系统中向上游离顾客越远，实际需求和了解到的对应环节上的操作情况之间的联系就越薄弱。

在这张供应流程图的每个库存点上方的折线图中，我们可以看到需求被一步步地放大。这些折线图记录了某种商品随着时间推移接收订单量的变化情况。订单量的波动随着供应流程向上在每个环节变得越来越大，就像从顾客需求这一震源扩散开来的零售海啸。然而在超市中顾客的需求几乎是平稳的，并没有消费需求地震促成这样的波动。那么为什么会出现这种现象呢？

需要注意的是，这个多重订单管理系统在每一个环节都争抢着下订单，甚至很多管理人员站在供应流程中的有利角度，会越过正式的自动化订单系统，去解决他们观察到的异常情况（他们的行为用图中代表信息流的电话图标和虚线表示)。结果,用信息技术专家的术语来说,就是"信噪比"很低(即有效信息与错误数据的比值低)。这导致了整个供应流程中库存过多(通常称为"备用"存货,以防万一),终端顾客的服务水平很低。这一伟大成就,每天都在世界各地重演[5]。

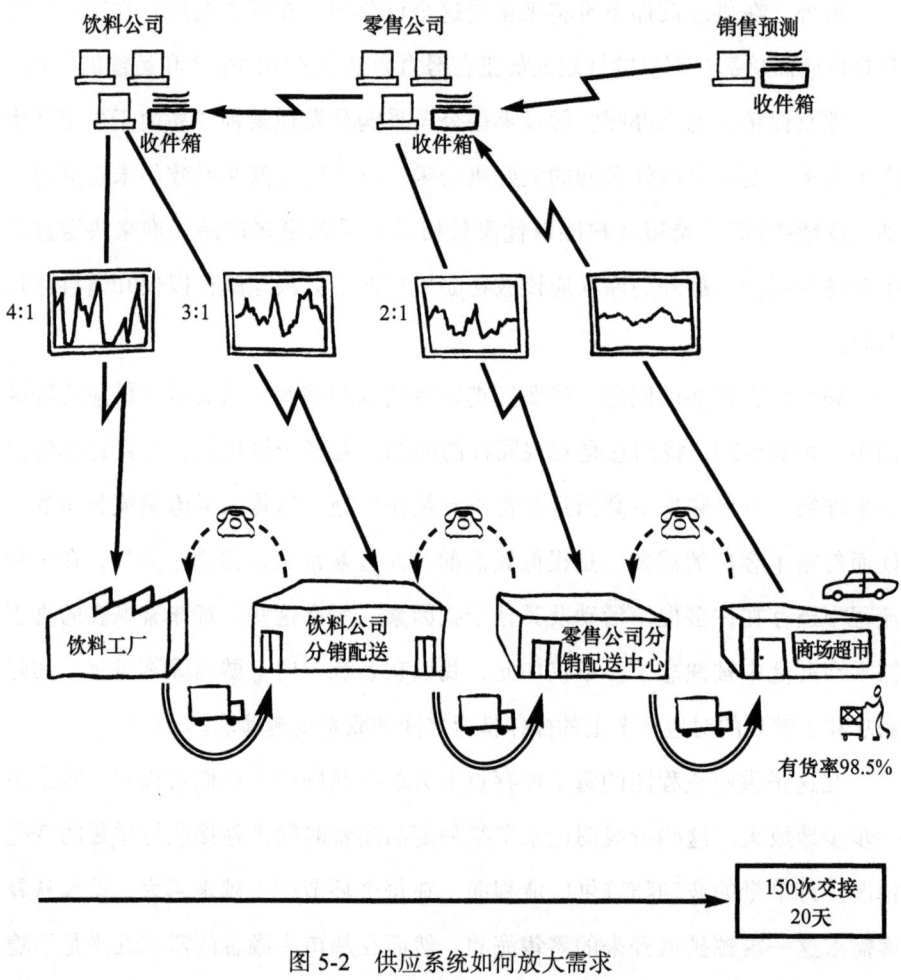

图 5-2 供应系统如何放大需求

精益供应如何以更低成本提供给你真正想要的东西

精益思想以颠覆传统逻辑的方式解决这个问题。诀窍就在于为供应流程设置唯一的计划点，并在每个点大大增加补货频次，正好补充刚刚卖出去的产品数量（除非一些特殊情况，提前知道消费需求结果），并且如果可能的话，压缩供应流程，使生产和配送活动离销售点更近。

这样做的话，精益思考者们利用"反射"而不是"认知"的信息管理系统，以顾客的拉动替代上游的推动。想象一下你把手指放在发烫的火炉上会发生什么？你的大脑会收到手指上的神经信号并做出如下反应吗："这是一个火炉，看起来是燃着的，我的手指在火炉上，它开始冒烟了，这应该会很痛，我也许应该把手指移开吧？"或许你的反射作用会更有效，不需要咨询你大脑中的中央处理器就能自动根据温度缩回手指。

很明显我们选择了后一种方式，并且很成功。然而，信息技术专家花了将近一个世纪（从20世纪20年代在卡片上打孔来计划进度开始）尝试设计出自动化的中央集成处理系统，收集系统中各个环节的信息。这就是我们超市案例中供应价值流的现状图。希望采用反馈循环获取当前状态的准确信息，以及借用复杂的算法来优化整个流程，使得中央大脑能够指导系统中每个环节的每个动作。

我们的精益公司模范，丰田汽车，它有着世界上最高质量和最可靠的生产与物流运营流程。同时，它拥有噪音最小、最精准的信息反馈流程。然而，很早之前我们就知道了中央集成式管理系统永远也达不到设计师们所预想的性能水平。少量的噪音日积月累，使系统性能逐渐降低。然后，随着发送到供应价值流每个环节的指令开始偏离实际需求，管理人员就开始手动干预系统的每个环节。这导致了整个系统的表现迅速恶化，降到一个非常低的水平。

一种方法是进一步向前推动，以更复杂的信息收集系统作为对策——其中采用无线射频识别系统（RFID）是下一步。还有一种更好的方法就是减少信息的需求量并简化决策的逻辑。理想情况下，信息只需要传输到紧邻的上游流程，上游流程只需要补给下游流程实际消耗的物品。

想要这个方法奏效，就必须依靠增加给上游流程下订单的频率以及向下游流程交付的频率。[6] 精益物流的引进，能够使得频繁补货成为可能（通常也包括附近供应商的信息补充），以及在时间和空间上压缩供应流程得以实现。[7]

为什么没有更多的提供商采用这个方法呢？一个关键原因是在典型供应价值流中各层级的公司只看"点成本"（从世界任何一个地方的供应商采购一件商品的成本）和"区域成本"（某个部门所有产品的采购成本），而不是每件产品的总成本。例如，一家制鞋公司的采购部门看着鞋子的单价，挑选了一家在越南的供应商。物流部门关注鞋子从工厂到零售商的运输单价，为所有鞋子选择少批次大批量的海运。销售部门根据行业规则建立了一个特殊的部门账户"销售成本"，只要剩余的产品成本没有超过总销售成本的10%，都是可以接受的。这样一来，公司基本上没有办法核算出流失顾客的成本以及因缺货导致的客户忠诚度下降的成本。

然而，为了在库存、缺货、滞销以及流失顾客方面节省更多的资金，提供商们在每件产品上多花点钱，常常会有更好的效果。如果这样做，它们实际上能够减少每件产品的总供应流程的成本，同时能够增加销售额与市场份额。

精益供应怎样通过快速补货发挥实际作用

我们并非在描述假想的好处。这里有个显著的案例可以说明我们能够取得什么样的成果，我们已经密切关注这家公司的进展有好几年了。在我们之前的一本书《精益思想》中，你可能还记得那个不起眼的可乐罐的例子以及它遍及全球的非凡之旅。它从原材料到被放在英国乐购超市（Tesco）的货架上，再被送到顾客手中，[8] 整个旅程耗时319天。

这个可乐罐仅仅从供应商的罐装厂到超市货架上就需要20天。其中包括了5个存放点、6个订货决策环节以及4∶1的需求放大比率（这就是说，供应商的罐装厂的需求波动是商店中顾客实际需求波动的4倍）。服务水平为98.5%，也就是说如果典型的家庭购物者的购物篮里的40件产品有这样的服务水平，则购物篮满足率为 55%（请注意，这已经远远高于当时的零售业服务水平了）。

我们在 1996 年准备好这个案例之后不久，乐购公司就开始在降低成本的同时提供更高水平的服务，着手确立自己在百货零售行业的领先地位。乐购的供应链总监格雷汉姆·布兹（Graham Booth）在卡迪夫大学商学院（Cardiff Business School）找到了丹尼尔·琼斯和他的研究小组，咨询乐购如何才能从丰田供应商的物流方法中受益来减少时间和精力的投入。按照惯例，丹尼尔建议现场观察一次典型的供应流程，这次他们选择了可乐。丹尼尔督促格雷汉姆邀请其他乐购职能部门的主管：零售、贸易（采购）、配送和财务，以及可乐供应商百维可公司（Britvic）的运营和供应链主管。

1997 年 1 月，一个寒冷的日子，这个团队出发了。他们沿着可乐的供应价值流逆向观察，从超市的收银台，到乐购区域配送中心、百维可公司的配送中心、百维可罐装厂的仓库、乐购专供可乐的装罐线以及百维可公司的可乐罐供应商的仓库。途中，丹尼尔和来自卡迪夫商学院的团队成员不停提出简单的问题："为什么货架上的产品缺货了？为什么销售助理需要把刚从区域配送中心的卡车上卸下的小推车中的产品重新分类？为什么超市后面的仓库、乐购区域配送中心和百维可区域配送中心都需要如此多库存？为什么罐装厂附近有堆满仓库的等待灌装的空可乐罐？"

这次现场观察让两个公司大开眼界。当乐购和百维可的人员分析他们之前现场观察时一起绘制的流程图时，他们在每一个环节都能够发现巨大的浪费，同时也有提高终端顾客满意度和节省成本的巨大机会。他们还意识到只有通过两个公司之间的合作以及在公司内部的跨职能部门合作，才能获得成本的节省与更高的服务水平。

提供顾客所需，需要什么条件

格雷汉姆·布兹看着这种情形，他意识到实际上乐购当前几乎所有从供应商处取货再放到货架上的做法都需要改变。改变的第一步就是将超市的销售点数据与乐购区域配送中心的配送决策直接挂钩。这使得收银台处的终端顾客成为了"定拍者",调节供应价值流并消除互相冲突的计划系统。

乐购之后增加了向零售超市送货的频率。这个方法试行几年之后,目前乐购的卡车每天每隔几个小时就从区域配送中心送货到每家超市,运送可乐的数量等于超市之前几个小时卖出去的数量。这节省了原来一至数日的补货时间,同时意味着这个系统实际上对真实的客户需求在做出实时反应。

在区域配送中心,目前供应商的罐装厂直接用小推车将可乐运送过来。这些推车被直接从供应商的卡车上推到给超市送货的卡车上。一旦送达超市,这些推车就被直接推到销售点,摆上常用的销售货架。这种创新的方法消除了数次"交接",之前员工需要将可乐从大托盘上搬到滚动物料箱中运到超市,最后搬到推车上送到货架前(在绘制最初的供应流程图时,乐购发现供应流程一半的运营成本花在超市货品摆放上架的人力上)。

此外,使用同一个推车,将可乐从区域配送中心的接收站送到发货站的新方法,消除了之前将装有可乐的大托盘存放到高层货架上的操作。可乐在高层货架上放置一段时间后,才被挪到地面上,打开托盘取出包装箱运送到各家超市(免去了将可乐搬进存储区,再从存储区搬出来,然后选取需要的数量发送到超市这些步骤,大大节省了人力)。

对于像可乐这样的快消品来说,乐购区域配送中心现在更像是个交叉转运站而不是普通仓库,供应商的货物从收货到发送到超市之间,只在这里停留几个小时。为了应对需求的突然增长,装满货物的推车作为缓冲库存,在旁边准备着。但由于货品补充频繁,这个缓冲库存量非常小。

同时,在可乐供应商那里,它发生的改变甚至更大。百维可公司改进了灌装线的正常运行时间和灵活性,现在可以根据顾客要求以较高的稳定性进行小批量生产。这就意味着在百维可的罐装厂几乎没有堆放着的成品等待发货。产品可以绕过百维可公司的配送仓库(配送仓库本来是为了应对下游订单的高峰和上游批量生产之间的问题而建)。现在,可乐直接在灌装线末端的推车上打包,这样它们就可以直接被推到乐购的卡车上,推车穿过乐购的区域配送中心,然后再被推到超市的销售点,货物存储和再包装大大减少。

物流的最后一步,是乐购的送货卡车一天多次将推车从区域配送中心按"送牛奶"循环送货的方式运送到一系列的乐购超市。在每家超市,卡车会收集空推车,然后将这些空的推车送回到多家供应商处。在每家供应商处,他们也会收取满载的推车,送到乐购区域配送中心,如此循环。这种方法听起来好像是增加了卡车行驶里程和物流成本,很多传统的管理人员,包括乐购和百维可的管理人员,之前都这么认为。但实际上,这些方法大幅度减少了卡车行驶总里程和运输成本,同时也减少了系统中的总库存[9]。

由于日常运营中只有唯一的订单触发点,整个流程运行得很流畅。这个触发点,也就是顾客将可乐罐从超市货架上取下来后拿到收银台,扫描条形码时在销售点(POS)数据中生成的实际订单。从这一步上溯到整个供应流程,每一个步骤仅仅是补充了下游步骤被取走的货品数量:假如顾客在四小时的时间段内,买了四推车的可乐,区域配送中心会收到信号,在下一趟卡车上放上四推车的罐装可乐。当这些可乐被扫描装上卡车,信号会自动传送到供应商,要求准备相应的罐装可乐数量,在卡车装着空推车从超市回来的时候,将可乐运往区域配送中心。

鼓吹这套系统完美无瑕也不对。正如丰田汽车很早以前就断言,长久来看,没有流程是完美的,问题总是会出现的。例如,顾客仍会寻找特价优惠,而供应商明知需求或供应上的激增会给物流系统造成冲击,还是会忍不住提供特价优惠。[10] 但是,这套系统在大多数时候都能运行良好,而且确实远比它所取代的传统系统要好。

通过用更简单但高度精练的精益技术代替在多个环节由复杂的中央信息管理系统控制的常规库存系统,乐购已经建立起一个极其简化的供应价值流,见未来状态图(新鲜可乐配送图),如图 5-3 所示。

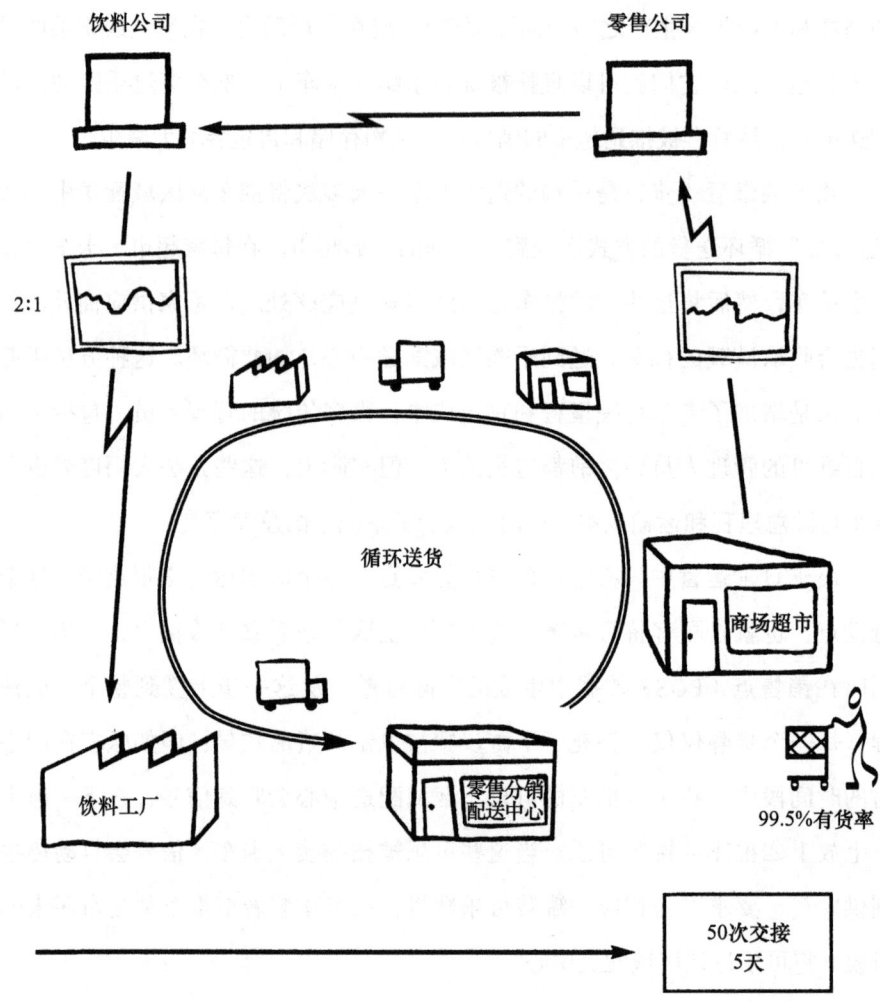

图 5-3　新鲜可乐配送图

就运行情况来看，效果是很显著的。产品的"交接"总次数（每一次交接都需要昂贵的人力）从 150 次减到 50 次。从供应商的装罐线到顾客购买可乐离开超市的供应价值流总通过时间从 20 天减少到 5 天。存货点的数量从 5 个降到 2 个（区域配送中心的小型缓冲区和超市里的移动货架），并且供应商为这些货物设立的配送中心已经取消了。需求放大率从 4∶1 减小到 2∶1，这种产品的服务水平由原来的 98.5%（在百货零售行业已经是非常高了）上升到 99.5%。

至今为止，乐购已经将这些技术应用到超过半数的快消品，以及圣诞节、复活节和暑假的季节性产品上。随着这些技术逐渐适用于每一种产品，顾客一次大采购的"购物篮满足率"从4%上升到82%。这意味着5次购物中只遇到1次失望，而非目前的行业平均水平：25次购物有24次遇到失望。乐购、供应商和顾客的总成本（记住要计算顾客在一次购物中就能买齐所有需要的物品从而节省的时间和麻烦）将会大幅降低。这是三赢的局面。

这个结果中具有讽刺意味的是，在百货零售行业，易变质产品总是迅速且频繁地补货，但用传统方法成本就高得多。有效地利用精益技术像对待易变质产品一样对待每一项产品，也包含顾客，实际上就能降低总成本。[11]

回过头来看，乐购采用的方法似乎是符合逻辑且直接的。的确，这种方法现在已经成为了新的"常识"。然而，任何想要实现这种飞跃的公司都需要卓越的领导力。乐购的案例中，在格雷汉姆·布兹的领导下，公司雇用了熟练的专业人才（根据对供应流程的联合评估）说服了各职能部门和供应商们，将排在价值流末尾的顾客利益放在狭隘的局部利益前面。坚持这种新方法在很多环节都需要CEO特里·莱希（Terry Leahy）爵士的大力支持，他坚持认为遇到了问题，乐购也绝对不能退缩。如我们将在第6章看到的，乐购坚持不懈地聚焦于优化它的供应价值流，学习在确切需要的地方提供顾客想要的产品的新方法，正标志着它成为全球快速消费品行业的领导者。

进一步压缩供应流程

近年来，商业书籍中流行的说法是距离已经消失，公司之间以及涉及顾客的商业活动的位置已经不再重要。[12]这种说法对于可以转化成数字形式并且以电子方式传送的产品可能是对的，例如书本，但即使是在这种情况下，可下载的电子书取代你捧在手里的老式纸质书的预期胜利也遥遥无期。

然而作为消费者，我们需要的绝大多数产品仍然以物理形式存在。我们的可乐和汽车必须经过供应流程中一系列的环节才能到达我们手中，并且如果我们期望获得自己真正想要的东西，供应流中的这些环节所处的位置是非常重要的。幸运的是，如果我们将上述方法应用到所有类型的行业中，比如我们在这一章开始研究的广泛分布的制鞋业，我们能够发现更多的机会空间。这其中的关键是要在距离和时间上压缩供应流程。

回到鞋子的例子，假设鞋子的零售商能够在鞋架上每种款式每种大小各摆放一双，然后让消费者来决定进哪些货，而不是给供应价值流最上端的合同厂商为每个销售季度下一个不可更改的订单。顾客只是简单地买了一双鞋，实质上他就成为了整个供应价值流中唯一的订货点。这个动作会自动产生一个重新进货的订单，通过多个补货流程最终到达工厂。

要想这个办法发挥作用，制鞋公司需要在北美和西欧建立一系列的配送中心，以便为这些地区的零售店频繁地直接送货。目前，大多数制鞋公司的生产地点都远离其服务的市场，在整个国家甚至像北美或者欧洲这样的地区只有单一的配送中心。在这里，把从亚洲的制鞋代工厂那里海运来的集装箱拆分，重新包装产品，再运给零售商。产品通常在运往零售店之前，都会经过零售商自己的配送中心，在这里，会被再次拆分和分类，耗费大量时间。

如果制鞋公司在卡车一天的行程范围内建立起一系列的配送中心，送货给所有零售店，那么零售商的配送中心就没有存在的必要了，就像百货零售业的乐购取消的一级配送中心一样。这将会带来时间和成本的节省。

制鞋公司的区域配送中心在人口密集地区可以实行"送牛奶循环送货"的方法，将每个配送中心直接与零售店联系起来，而在人口较为稀少的地区则可以采用像UPS这样的送货服务。如果某一种款式或者尺码的鞋子，零售店缺货了而顾客又马上需要，那么配送中心也可以直接向顾客发货，如果需要的话还可以次日送达。

回到配送中心，我们可以每种款式和尺寸都储备少量存货，可以连夜送往零售店或直接发货给顾客。在大城市，如果商店的某种款式的鞋突然卖得很好，那么配送中心也是可以在白天就为其补货的。7-11 便利店和丰田汽车在日本为快消品和备用配件已经采取这种做法很多年了。

同样重要的是，我们需要设计一个在配送中心和代工合约商之间运行的频繁补货系统。这个系统将会根据发货给零售商的产品和数量每天自动生成订单，从制鞋公司到多家代工厂的"送牛奶循环送货"卡车会来取货，与区域配送中心运送给零售商的商品保持一致。

在工厂里，我们需要有一个非常流畅运转的高度灵活的生产流程，设置少量的成品缓冲库存，使得在生产计划无须不停变化的情况下仍能保证每天所有订单的发货。[13] 最后，在制鞋代工厂后面的收货处，我们还需要一个对应的拉动系统，通常也是采用"送牛奶循环送货"的方式，从原材料供应商那里获得所需的材料。

我们已经在鞋子的未来状态图（见图 5-4）中绘制了整个系统，包括相关的交付周期、总库存数和服务水平。你可以将它（见图 5-4）与我们在本章前面绘制的鞋子的现状图（见图 5-1）来做个对比。

请注意从工厂到鞋店货架的总交付周期从 150 天缩短到 10 天，服务水平从 80% 升到 95%，而那些没人愿意以标准零售价格购买而导致的滞销或必须降价处理的商品比例从 40% 降到了 5%。另外还需要注意的是，当零售店没有合适的款式或者尺码时，鞋子能在两天内由公司配送中心直接发货到顾客家里，也就意味着只要顾客愿意等待 48 小时，就永远也不需要去购买他们并不真正喜欢的款式或者从店里空手而归。

但那些只是愿意考虑一下这种方法的传统思想者很快会发现一个问题。只有当鞋厂、配送中心和零售商在地理上靠得很近时，以顾客作为触发点的快速补货系统才能运转。否则，如果可能的话，每一轮快速补货的需求都只能靠昂贵的空运来满足了。然而，近些年，为了能够利用廉价劳动力，制鞋厂和很多类型的制造业工厂已经逐步转移到与消费者相对的世界另一端了，所以产品运输就只能依靠缓慢的海运了。那么，重新配置系统，将生产迁移到离消费者更近的地方，会更加经济高效吗？

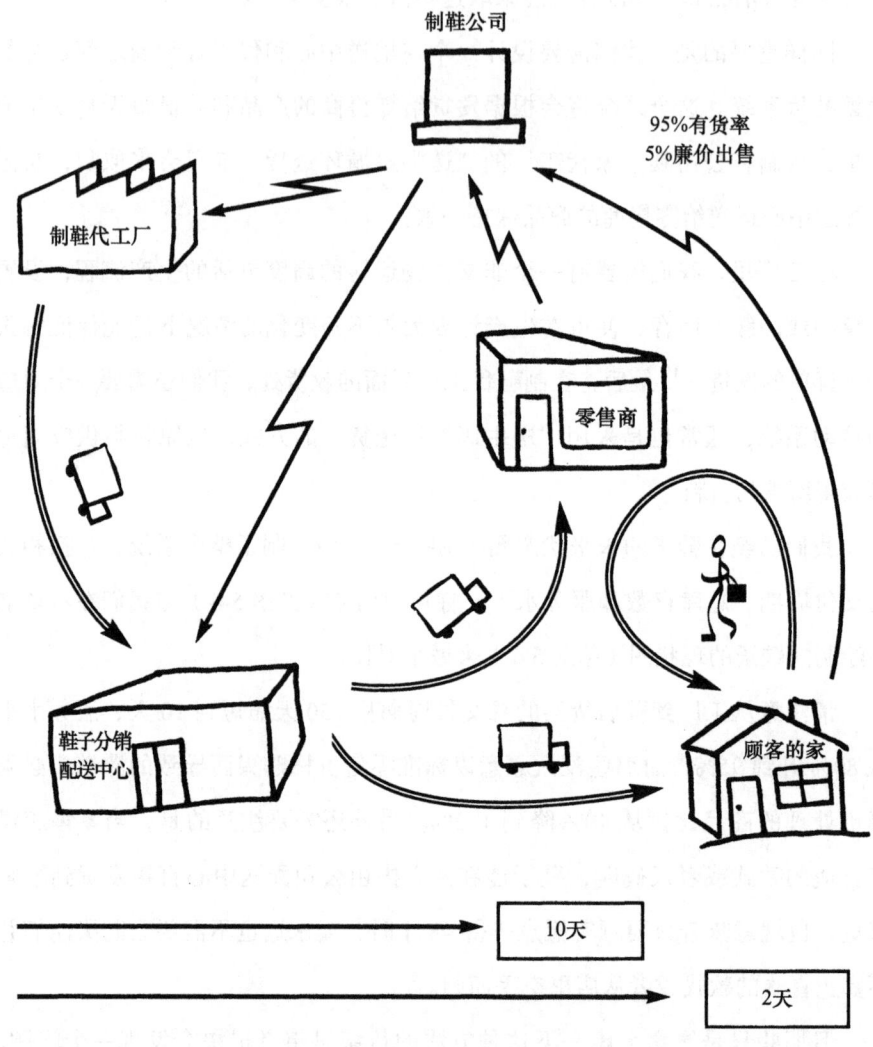

图 5-4 鞋子的未来状态图

答案就在于整个供应价值流交付产品的总成本计算，而不仅仅是一双鞋子的出厂价。鞋子的总成本应该包括鞋子的生产成本、将其运送到配送中心和零售商的物流成本、配送中心的运营成本、大量的库存成本、由缺货造成的销售损失成本、具有一定品牌风险的由过量库存导致的滞销以及通过特殊渠道处理的打折成本。此外，还有一些质量问题（质量不良几个月后才能被顾客发现）、复杂供应价值流管理，以及将生产地设置在远离销售点的地方带来的货币流通和国家的风险，这些因素都可能会导致显著的额外成本。

新的精益选址逻辑

我们最近花了不少时间在制鞋行业开展关于当前公司"选址逻辑"方法的访问，并计算为某个市场的消费者生产产品的总成本。[14]在那些专门供给北美和西欧的产品中，我们发现了以下"精益"选址逻辑：

使用了新技术的新上市产品，在技术成熟并且市场显示能够获得长期利益之前，最好还是在靠近美国或西欧的设计中心的地方进行生产。这能使得生产和交货问题最小化，同时最大程度地把生产和销售的情况反馈给产品开发团队（另外需要注意的是，新的工艺技术可能对生产地点的选择产生永久的影响。例如，如果有一种生产鞋面的新技术能够大大降低对传统针车劳动力的需求量，那么将大部分生产放在离销售市场中顾客近的地方，则可能使得总成本最小。

根据顾客订单定制（例如，通过 www.nikeid.com 这样的网站）并快速交货的产品，可能最好也是选在靠近公司技术中心的高工资地区生产。近来的经验表明顾客很乐意支付一笔额外的费用来定制鞋子的颜色、材料和商标——相当于得到与他们自己所想要之物精确相符的产品——不过他们希望鞋子很快就能交货，而且也不愿意支付因把鞋子从地球另一边空运过来产生的大笔运费。

耐克公司在自己 NikeiD 网站上提供的顾客定制的耐克包，就一直在追求这种理念。这些东西严格按照顾客订单，由加州奥克兰市的一家代工厂 NuSewCo 生产，NuSewCo 接收电子订单，然后依据各种模型（由客户上网选择）制作不同材质布料和颜色的包，并且绣上或印上顾客的姓名或特殊符号。

之后这些个人定制的包通过快递公司送到顾客手中，包括运费在内的总价钱只比零售店的标准包贵 10 美元。相对于中国鞋厂员工每小时 80 美分的成本，旧金山的劳动力成本，包括福利，为每小时 15 美元。然而，耐克公司算了一笔账，高价的美国劳动力加上快递服务的定制包的总成本，竟然比在亚洲为美国顾客制作并零售的标准包的总成本更低。[15] 怎么会这样呢？

这是有可能的，由于在销售市场接单并且只按订单生产，这使得耐克公司能在物流和销售流程中省去大量环节：

- 货品存放在中国工厂，直到装满集装箱才运往港口。
- 集装箱继续存放在港口，直到集装箱货船装满才开船。
- 进出口双边海关流程。
- 货品存放在美国西海岸的配送中心，等集装箱到齐送往零售店。
- 零售店的总成本。
- 无法避免的过量库存的成本。
- 缺货带来的销售损失成本。
- 降价销售损失的营业额。
- 基于对顾客的预测而生产的，结果却卖不出去的产品成本（有时意味着简单报废处理）。

正如耐克公司的成本分析所示，"一线劳动力"尽管属于劳动密集型，但实际上只占了产品生产和配送总成本中的很小一部分。[16] 在耐克公司，大部分成本都存在于各种各样的企业管理费用中，包括从世界另一边生产源头开始的许多交接的管理，许多环节存在的大量库存，零售商的管理成本，产品数量太少导致的营业额损失以及产品太多失去的价格优势。

顾客定制产品通常是限定在出厂价比较贵的款式，所以在零售店里以中等价格出售的采用成熟技术的标准款就是另外一回事了。我们计算出，由于它们的销售前景和数量（由于它们占了所有产品线的绝大部分）不确定，因此它们最适合在销售地理区域内生产成本最低的地方进行生产。在北美，很可能是墨西哥；在欧洲，可能是在罗马尼亚或土耳其；在亚洲，你可能已经猜到了，就是所有鞋子的来源地——中国。

把生产设置在销售区域内，制鞋公司可以从便宜但缓慢的长途船运或者昂贵而快速的空运（当生产进度落后时常常是有必要的），转换成非常便宜而且快速的陆运。例如，鞋子可以在 12~48 小时内，由墨西哥内陆（内陆比靠近边境地区工资要低很多）陆路运送到美国任何地方的配送中心。罗马尼亚和土耳其向西欧中心运送产品也是一样的情况，可能只是多一天的时间。

这将意味着顾客今天在一家美国零售店买了一双鞋，该动作触发生产，区域配送中心隔夜就会为零售店补货。而配送中心在两天内就能从鞋厂得到补货。鞋子从工厂到零售店，只需要不到一周的时间。相反，鞋子从亚洲海运到北美或者欧洲需 40 天以上，还只是到达区域配送中心。这个时间包括所有需要的时间，卡车运货到船运港口，通过海关，等待货船到达，等待装货，漂洋过海，卸货，再次通过海关然后送达仓库。

最后，那些技术成熟并能高度预测需求量的鞋子——像耐克的"空军1号"白色板鞋 25 年来基本没什么变化——在全球生产成本最低的地方有可能达到总成本最低。然而，即便这种结论不够明确，我们还是怀疑这种产品只占了总销量的一小部分，并且还在缩减。

通过与多家制鞋公司的讨论，我们相信按照我们的建议重新布局鞋子的生产、配送以及零售，能为公司增加 8%~10% 的利润，这在竞争激烈的制鞋业来说将是个巨大的成就。但我们也必须清楚地认识到冰冻三尺非一日之寒。将鞋子生产线从中国或者越南迁移到墨西哥或者土耳其最大的问题并不是生产本身。鞋子的生产只需要简单的工厂、简单的设备，外加适量的员工培训。真正的问题，在于供应基地。

鞋子需要很多不同的材料，很多都是该行业特有的，而这些材料的供应商目前不是在高薪国家和地区（那里通常有它们的技术中心），就是在中国台湾、韩国和中国大陆。另外，它们这些工厂的运行需要大量订单来支撑，压根不愿意在获得订单之前就在其他地区新建工厂。然而，供应基地和生产线的搬迁是创建快速响应系统的关键。否则，如果遥远的供应商提供的物料不可靠，将导致工厂堆积大量库存，那么系统响应速度会变得更加迟缓。

开始实施这一转型的一个简单方法就是在每个销售区域建立专门的制鞋工厂，负责在市场预测明显错误的时候，及时生产各种各样的鞋子。这些工厂能够大量储存各种原材料，因为它们根据市场需要可以几乎立刻切换生产的能力对制鞋公司来说是非常宝贵的。特别是，公司能够避免广告主打产品的缺货。然后，随着时间的推移，这些工厂会成长到一个点，能够证明就近建立供应基地的正确性。到那时，压缩了的供应价值流就出现了。

每种产品的精益选址逻辑

我们一直在描述的逻辑能够被应用到任何行业及该行业中的所有基本活动中——产品开发、生产以及客户支持与服务。对于在特定地点供应给特定顾客的每一种产品，都有一个总成本最低的地点，其中总成本包括产品设计、生产以及支持服务。而这个地点很可能比现在大多数公司领导预想的地点要离顾客近得多。当产品开发、生产和客户支持服务流程全都按照精益原理进行，消除浪费和伴随的多种类型的成本之后，设计、生产和支持服务的成本最低地点，可能会离顾客更近。

然而，工厂的选址还是不应该太远。我们过去几年在将精益知识传递到东欧、拉美以及亚洲地区[17]的过程中积累了丰富的经验。我们已经看到了令人信服的证据，在这些地区的工程师、生产经理、生产助理和客服经理都能快速掌握精益技术，即使工资水平开始上升也还是能大大降低总成本。因此，我们确信目标市场在大多数发达国家的产品，其设计和生产在发展中国家进行的比例会越来越大。但这仅仅指的是与这些发达国家处于同一个地区的发展中国家，而不是远在地球对面的国家。[18]

我们现在已经把精益供应的原理应用到了两类物品上——百货和鞋子——但是其实这个原理适用于任何产品，无论是汽车还是帐篷[19]。我们列出四条简单的规则，帮助各公司为每个人提供他们真正想要的东西：

- **建立单个订单输入点来控制整个供应价值流**。精益思想者通常把这个点称为"定拍点"。理想情况下，定拍点是购买东西所在地方的终端顾客。

- **使用低噪音的信息技术发送频繁补货的需求信号——越简单越好**。无论你采取哪种方法，都要消除物料需求计划（MRP）和企业资源计划（ERP）系统在供应价值流上多个环节的冲突。这些计划系统将矛盾的指令发送给系统中的各个不同部分，供应价值流上不同环节的管理人员只得无视这些指令，先解决他们眼前的问题，最后使得情况更加糟糕。

- **采用精益物流技术，从"定拍点"开始沿着供应价值流往上，小批量频繁补货**。通过低频次大批量地补货能够降低产品总成本——从原材料到顾客——的传统看法，就是错误的。这是另一个需要完全摒弃的大批量生产的想法。

- **将生产和配送地点设置在离消费者尽可能近的地方**。精益选址最简单的规则是：①对于尚未成熟或者是高度定制的产品，即使是在高薪地区，也要选择在靠近厂商技术中心的地方。②对于最标准化的、基本款和劳动力敏感型而且需求非常稳定的产品之外的所有产品，选择在销售区域内的成本低（如工资低）的位置。[20]确定在哪里生产什么产品不是感情用事，而是通过计算每件产品交付给顾客的总成本，包括直接生产成本、物流成本、库存占用成本、滞销成本以及缺货成本。

下一个挑战：节省消费者的时间并减少麻烦

我们现在已经解决了提供给消费者确实想要的产品的问题。显然，提供商学会计算供应总成本，并在最佳生产地点以拉动补货为基础重新设置供应系统之时，消费者们就很可能以更低的成本得到他们确实想要的产品。在激烈竞争的经济社会，这对消费者而言也应该意味着更低的价格。

但是，正如我们在很多环节注意到的，消费者的总成本超过了产品的价格。总成本必须包括消费者的时间价值以及在获得想要解决自己问题的产品时遇到的麻烦。因此，我们需要考虑消费者在哪里以及以何种供应模式获得他们所需的东西，这些因素是时间价值和问题的关键决定因素。

第 6 章 Lean Solutions

在消费者想要的地方提供价值

如果让你说出一个以最合适的价格买到你最称心如意的商品的地方，你可能会说"大卖场"。像百货、药物、个人护理用品，以及袜子和内衣这样的实用性衣物（零售商统称为"快消品"的商品），你可能会选择比如英国的大乐购或者是法国的家乐福这样的大型超市。如果是家居改良需要用的锤子、胶合板和钉子之类的物品，你可能会到美国的家得宝或劳氏。如果需要家具（成品和待组装品），你可能会去欧洲或美国的宜家购买。如果是家电（从平板电视到数码相机），你可能会去百思买或环城百货。或者假如你想在一家店就买齐所有东西，那么你可能会去北美的沃尔玛大型超市。那里有超过 15 万种（SKU 是 stock-keeping unit 的简称，产品库存单位，零售业术语[1]）各门各类的商品，它也是所有大卖场中最大的一家。

对于大部分消费者来说，奔向这些大型超市去购买物品是再正常不过的了，因为我们似乎天生就对规模大小有着固有的偏见。如果一个店规模比较大，那么由于"规模经济"，运营成本会较低；而因为商品进货量大，肯定也会以较低的进价从提供商那儿获得商品。同样，如果一个超市看上去像个仓库（如家得宝），货物都堆到天花板那么高，那么所有人都认为仓库就是"不需要经过中间商"的批发商，商品也就便宜了。另外，还有些商品是 24 个一包成包卖而不是单件卖的，像好市多和山姆会员店，那么因为额外的规模经济，这在包装和装卸货上，一定节省了一笔成本。[2]

假设所有"大卖场"都严格采取第 5 章所描述的建议，提升每件商品的服务水平到 99.5% 甚至更高。这样，以最低价格购买商品的同时，到大型快消品超市一次性购买所有商品的服务水平可以达到 85% 之上。你肯定会认为这是消费者所期望的结合低价格和多品种的最佳组合了。但是它真的提供了最低的消费总成本吗？

我们可以通过绘制一张消费者在大卖场购物路径的消费图来探讨这个问题。我们将仔细计算总的消费成本，其中包括消费者的时间，而非仅仅是商品的价格。

我们注意到的第一件事就是消费者要花相当多的时间和精力去这些大型超市，因为每个大城市只有几个这种大型超市，而且它们主要坐落在郊区，因为这样能够节省土地成本。[3] 比如说，一个典型的美国购买者要去折扣大卖场，就需要驱车 25 英里、耗时 50 分钟、花费 6 美元车费才能到达。当然除此之外还需要寻找停车位和穿过停车场进入巨大的建筑里。

在超市内，我们发现一个非常有趣的现象。根据近年来零售商收集到的会员卡数据——乐购在收集数据上做得尤其突出，因为超过 80% 的乐购购物者使用会员卡——我们发现典型的家庭一年内购买快消品不会超过 300 种（SKU），而且其中有很多是上述 300 种清单中一些商品缺货时所购买的替代品。

由于大乐购超市的商品品种超过 80 000 种（SKU）——其中一半是食品和饮料，一半是家庭用品、电器和服装——这意味着大卖场里（通常将自己的品种繁多作为广告的亮点来吹嘘）实际上有 99.6% 的商品与典型的消费者无关。[4] 消费者必须在数以万计的不同商品中挑出他们不需要的，并找到自己需要的几百种商品。

这种活动比较耗时，如果购物的人多的话还会让人有烦躁感。举例来说，尽管收银台结账效率已经很高了，越来越多的购物者能够自行扫描产品条形码，但消费者在大卖场内逗留仍至少超过一个小时。很多购买者都觉得在茫茫的大卖场里寻找自己所需的某种商品所在的位置让人有种挫败感。

最后，消费者还得穿过停车场，找到自己的车子开回家，这又需要再次驱车25英里、耗时50分钟、花费6美元车费。

整个购物旅程耗时超过3个小时，这对很多时间有限的消费者来说是相当大的时间成本。另外来回行程还需要一笔车费支出，这些都没有加在产品的售价中。因此，大卖场不一定能够提供最低的消费总成本。这得取决于消费者的收入、时间价值以及对品种多样性的要求。下面的消费图（买到物美价廉商品所付出的高成本）显示了所需的总时间和行程费用（见图6-1）。

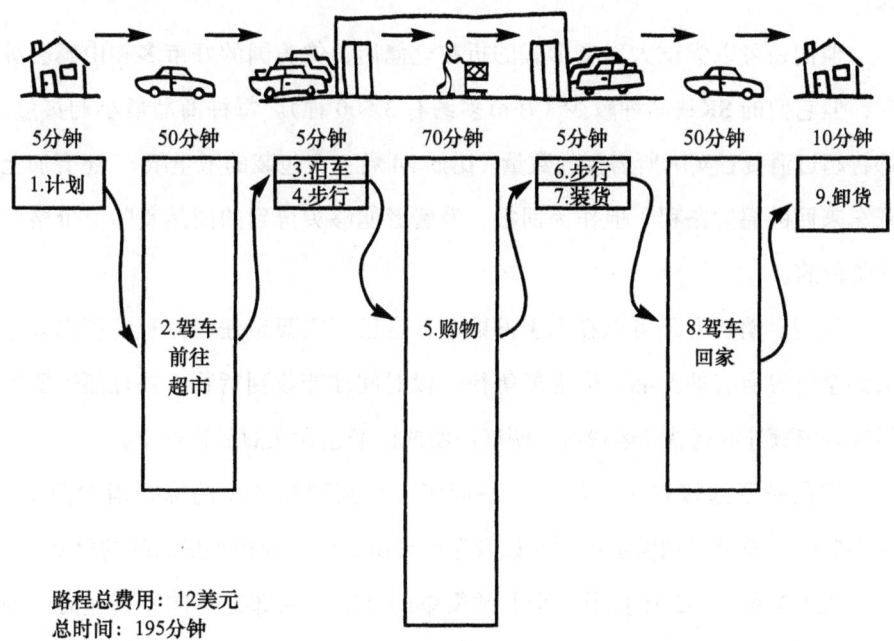

图6-1 买到物美价廉商品所付出的高成本

当然，还有其他几种选择。这些选择对每位消费者来说都不同，这主要取决于他们所寻找的商品以及他们住所离各大卖场的距离。我们鼓励读者自己列出选择的清单。事实上，消费者会在前往大卖场之前评估这些选择。

他们可以去离办公室或家很近的便利店，这些店里的商品种类有限，价格较高。像7-11这样的便利店，一般有1 500种（SKU）商品。

他们也可以去附近购物区的传统的社区超市，从更多选择中购买价格低一些的商品，只是路程稍远点，寻找时间稍长点。像美国零售中心的乔氏杂货和英国中心大街上的乐购城市店，一般拥有5 000到1万种（SKU）商品。

或者他们也可以选择标准大小的"超市"，那里提供更多选择，价格也较低，但路程更远，也需要更多寻找时间。美国和欧洲的超市，比如克罗格和森宝利，现在大约有4万种（SKU）商品，这个数量近年来还在稳步增长。

他们还可以尝试大卖场形式的折扣仓储店，像美国的好市多和山姆会员店，但它们的SKU品种较少（好市多约有3 500种）。每种商品最小购买量，都将超过消费者实际所需要的数量（比如24卷一个包装的卫生纸），还要加上开车来回的遥远路程。但作为回报，消费者能够买得到的商品实际上价格是非常低的。

最后，消费者还可以在家上网购物，自己不需要走任何路程就可以几乎买到全世界所有的商品，但需要等待一段时间才能收到货物，并且还需要支付零售商额外的运费（运费可能明确注明或已经包含在商品价格中）。

我们画了这张在不同零售业态商店中购买同样商品的综合消费图（见图6-2），并总结了消费者的时间以及车费支出，以及购物车里商品的价格。

表6-1和图6-2阐明了一个非常简单的事实：在选择不同零售业态的商店时，消费者必须权衡产品价格、产品种类以及个人时间和可能遇到的麻烦。最大的超市价格最低、种类最多，但也耗费消费者最多的时间；而最小的店，价格最高、种类有限，但是可以节省最多的时间。

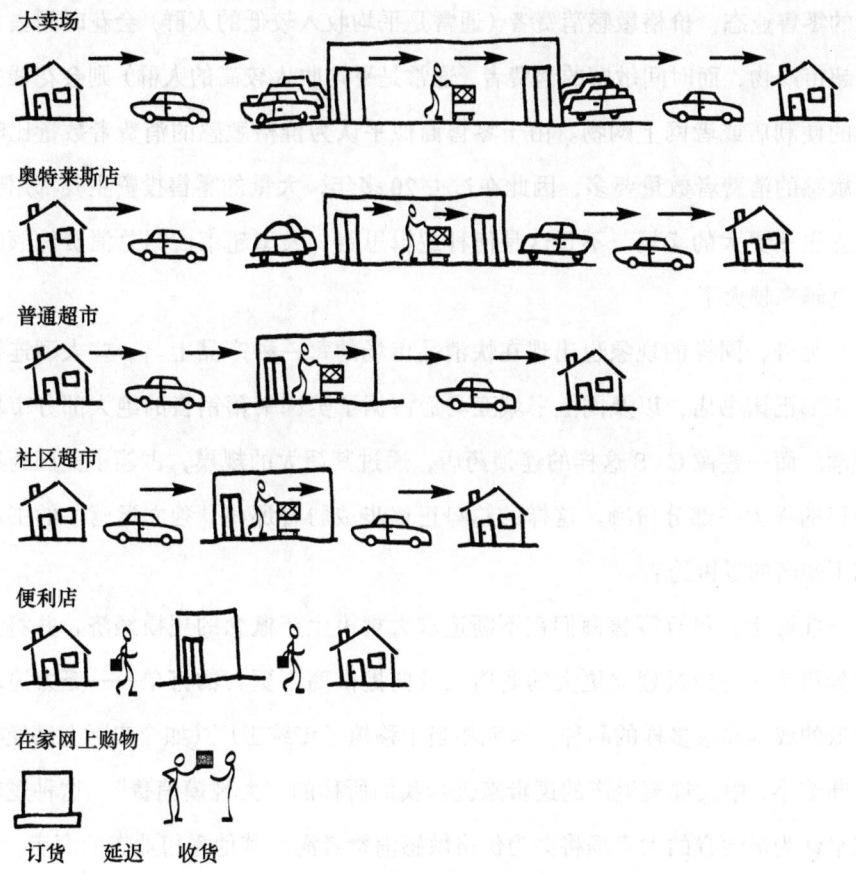

图 6-2　消费者购物的选择方案

表 6-1　消费者购物的选择方案

	总 时 间	路 费	商品价格
大卖场	195 分钟	12 美元	低
奥特莱斯店	160 分钟	12 美元	非常低
普通超市	95 分钟	5 美元	低
社区超市	50 分钟	4 美元	中等
便利店	15 分钟	—	高
在家网上购物	25 分钟 +延迟 +发货	—	低

现有的几种零售业态迫使消费者在时间—品种—价格上权衡利弊。大部分零售商都接受这一观念，并认为消费者们会为自己的购物需求固定一种常

用的零售业态：价格敏感消费者（通常是平均收入较低的人群）会花时间去大型超市购物，而时间敏感的消费者（通常是平均收入较高的人群）则会花钱去小的便利店或者网上购物。由于零售商似乎认为价格敏感的消费者数量比时间敏感的消费者数量要多，因此在过去 20 多年，大量的零售投资主要都用于建立更多更大的卖场。不管这是何种逻辑思路，大型超市占据总消费份额的比例越来越大了。

另外，同样的现象也出现在快消品市场的每一种产品上。一些大型连锁书店如巴诺书店，以及网上书城亚马逊占据了美国书籍销售的绝大部分市场份额。而一些像 CVS 这样的连锁药店，通过其超大的规模，占领了美国药店销售的很大一部分份额。这样的趋势正逐步威胁着那些"独立运营"的书店和不知名的零售药店。

实际上，最近零售商们在不断追求大规模生产概念的规模经济，并将其推到极致——通过建立更大的商店以及向提供商下更大的订单——努力追求最低的成本和最多样的品种。这就相当于移植了传统工厂（如今实际上已经在不断缩小）中大规模生产的逻辑来进行我们所称的"大规模消费"。这种逻辑似乎认为最便宜的大卖场将会为价格敏感消费者淘汰其他零售业态的商店（大卖场会取胜，那么我是去山姆会员店还是去好市多呢）。并且认为这种规模效益将会导致拥有这种大卖场零售业态的公司也不断减少（会只剩下沃尔玛吗）。结果就是大卖场零售业态的批评者和支持者都一致期待，"沃尔玛世界"的到来，一个真正集中、标准的大规模消费时代。反全球化的人把这种愿景理解为一种仅由少数几个大宗商品提供商一统世界零售市场的局面，然而这个愿景却被全球化了。[5]

令人好奇的是，尽管给这种大卖场提供商品的生产商们都转向精益生产方式了，但上述情景还是神奇地出现了。其实，使用结合了精益物流系统的小型工厂，能够可靠频繁地向许多商店提供小批量多品种的产品而不额外增加成本。

那么大规模消费的零售之路真的有必要吗,还是不那么令人向往?难道我们只有在一个地方才能够获得自己需要的东西吗?难道我们一定要在商品种类、成本和消耗时间之间权衡吗?大规模消费的逻辑会回答"是的",但精益消费的逻辑会回答"否"。让我们来看看为什么吧。

传统的供应布局

大多数公司是把客户按照人口特性来区分,从而确定产品的市场营销策略。[6]可支配收入是多少?一家有几口人?有多少宠物?教育程度如何?有了这些数据,就可以预测顾客们将会去哪里、以何种零售业态购物:价格敏感的购物者会选择沃尔玛,时间紧迫、收入较高的顾客在他们家或者办公室附近购物,等等。

精益消费方式截然不同。精益提供商关注顾客的需求情况,而非客户特性。[7]当顾客很匆忙时,他们需要节约时间;当他们大量采购时,他们想省钱;通常他们想要两者兼顾,但又很难找到合适的零售业态。因此,消费者购买杂货和生活用品,偶尔会去很远的好市多买一大堆东西;每周会去标准的超市购物;偶尔在回家路上,图个方便,会去便利店买急需的物品或准备做饭用的材料——在特别忙的时候,就通过网购送货到家。

客户的特性没有改变:收入不变,文化程度不变,一起就餐的孩子数量也不变。但他们的情况每周或者每天,甚至每小时都经常发生变化,这会使得他们去不同零售业态的商店购买同样的商品。只要顾客时间允许(他们的时间价值也随情况而变),通过利用多种零售业态,他们可以使总消费成本达到最低,也就是商品价格加上获得这些商品所付出的个人时间和精力价值的总和。

但是,真正的要点是,今天对于大部分消费者来说,时间才是制约因素。这就是我们通常所说的"看情况"。几乎所有的消费者都想能够以节省时间和减少麻烦的形式购买自己需要的东西,只要他们不被迫在时间、成本(由价格体现)和品种上做出权衡。这也是精益消费能够从根本上改变的地方——因为顾客实际上不需要被迫做出这些权衡就可以以最低的成本在各种不同的零售业态获得同种商品。让我们回过去看看乐购是如何做到这点的。

如何在你正需要的地方提供你正想要的商品

正如你所知道的,英国乐购在过去十多年来一直是精益供应的先锋。在20世纪90年代中期,当供应链主管格雷汉姆·布兹(现已退休)看到了精益物流出现给零售商带来的机会,他有了一个非常简单的发现:由顾客触发的快速补货系统在任何零售业态都是可以奏效的。而且,如果使用统一的补货系统、统一的提供商、交叉转运配送中心,以及服务多家店的货车,为各种零售业态服务的话,那么这种系统将会运行得更好。

实际上,格雷汉姆发现给不同的零售业态供应同一种商品的真正成本差距微乎其微。这是因为从提供商那儿购买物品的采购价格是为整个销售网络制定的,跟零售业态没有关系;同一辆给大卖场以送牛奶循环补货系统的货车也可以在小商店停留,共同分摊物流成本。这样微弱的提供商杠杆力度以及昂贵的物流费用给小商店带来的成本劣势会在很大程度上消失。

把这种想法付诸实践,乐购开始先在英国建立各式各样零售业态的商店,这样每个家庭可以根据自己的不同情况,从一整套包括各种零售业态的商店购买到快消品,同时仍然忠诚于乐购这个同一品牌。因此,就有了位于加油站和繁忙的市区十字路口的乐购便利店;坐落在人口密集的城区的乐购城市店(所有超市系列中最小的形式);在郊区和市区的传统的乐购超市(除了杂货以外,还有很多其他商品);建在城郊结合带的大乐购,与由沃尔玛旗下ASDA公司经营的沃尔玛形式的大卖场针锋相对;另外,还有在tesco.com的网上购物。

这一策略成效显著。乐购收购几家连锁便利店之后，惊动了整个便利店行业，现在乐购正在整合各种零售业态背后的补货系统。这使得乐购在全英国的零售业（包括 ASDA）确立了成本最低的地位，而利润日益增长，并在各种零售业态的销售份额中不断增长。现在乐购占据了英国家庭快消品支出的 20%，超过 25% 的英国家庭持有乐购会员卡。[8]

完成精益转型

但这仅仅是挖掘快消品精益消费潜力的第一步。通过向购物家庭在不同情况下，提供各种零售业态，并率先使用会员卡，给经常购物的顾客打折，乐购（以及其他采取同样方式的提供商）可以了解一个家庭每年在各种零售业态购买的所有商品，以及购买的地点和时间。实际上，80% 在乐购卖出去的商品都是持有会员卡的顾客购买的。这些忠实的顾客在各种乐购商店几乎能够买到 100% 他们所需的商品。

此外，在乐购会员卡中心注册的家庭会提供他们自己的一些简单信息——年龄、家庭规模和成员、地址、特殊的饮食要求、特别购物兴趣（婴儿、小孩、酒类、保健品等）。乐购现在已经能够建立一个客户在价格/品质/时间三者之间权衡的资料，通过这些信息，乐购可以考虑提供给客户其可能感兴趣的新产品。这是将顾客从茫茫市场的陌生人转变为精益供应的合作人的关键步骤，[9] 我们将在第 7 章和第 10 章来细谈这个话题。

采取不同的零售业态，并获取特定客户的具体信息，不断使得乐购和其他使用这种方法的提供商能够以最低的总成本给每个家庭以最便利的方式提供各种不同的商品。其中一种方法是为每一个小型商店配备附近居住的顾客实际需要的商品。在这种场景下，想一下把沃尔玛超级大卖场作为默认选择的话：超市里实际上一切皆有，因此每个购物者都能找到自己想要的东西，只要该商品不缺货。但是这样的商店规模就意味着需要一个庞大的客户群才能进行有效的运营，这样每一个地区仅能支持一个这样的商店。结果，普通顾客只有跑远路到大型超市去购物了。

现在大多数零售商都为某一类型的商店开发了一套标准的商品种类（SKU）。通常采用"平面示意图"的形式，展示每一件商品在何处存放，存放了多少以及卖出速度。零售商根据以往经验对每个商店做出一些调整（特别是将滞销商品下架），但一般更多的是依靠直觉而非实际数据。它们尤其缺少的是客户想要但商店没有备货的这些商品的信息。现在问题不是商品"缺货"，而是"本该备货的商品却没有备货"。

然而，收集每个家庭在附近便利店的购物数据并关注这些家庭在规模大一点的偏远超市买了什么，就能够根据每个家庭在商店购物的喜好调整在小型便利店的商品种类，这样一般每个家庭就能在便利店更方便地买到更多的商品了。

在便利店提供更多种类商品

小型便利店的挑战是需要找到一条途径，在不扩大门店规模的情况下能够提供更多种类的商品。因为这类便利店位于昂贵的市区地段，所以日本的7-11连锁便利店对这种问题非常重视就不足为奇了。7-11在其他国家也有连锁店（但好像很少采用自己的独特运营实践方法），已经运行精益物流和快速补货很长时间了，早在20世纪80年代，大野耐一（以及其副手铃村喜久雄）从丰田退休之后，就为这家公司带来了精益思想。[10]

多年来，日本7-11使用强大的拉动系统，通过卡车以送牛奶方式为多家便利店送货，每天每种商品补货四次或更多。这样为了保持低库存及高服务水平，顾客就成了计划员，触发每种刚购买的商品的补充。2004年，7-11的总库存销量比（OSS rates）是全日本最低的，年库存周转率为55。这也意味着每一种现有种类的商品的平均库存是非常小的，因此货架可以很浅。反过来也就是说，在商店原有的面积内可以存放更多种类的商品了。[11]

7-11 的这套快速补货流程也意味着他们可以提供在任何零售业态里可以买到的最新鲜的产品，因为像寿司这类易变质的食品需要在销售前几个小时内准备好，并很快直接送到店里。

近年来，7-11 做了进一步调整，每周每天定时给每一个便利店换货。同一辆货车每隔两个小时补货并移走另外一些商品，换上更应时的商品。这是根据简单的观察做出的及时反应。因为客户的情况发生变化，一天中某些时段某种客户会更频繁地购买某些商品。比如早上咖啡多一些，下午冰激凌多一些，晚上葡萄酒多一些，还有周末软饮料会多一些。

通过密切关注顾客模式——比如，售货员在售货的瞬间可以用特殊的按钮非常容易地将每位顾客的性别和年龄输入系统，然后立即将信息发送给总部——并且通过每周每天不断更换货架上的商品，就可以在有限的空间内提供更多种类的商品，也可以让顾客就近选择更多的商品。

建立理想的商店

下一步的飞跃，就是结合便利店的便利、奥特莱斯的便宜和大卖场的品种丰富等各种优势，当然要在不大幅增加成本的情况下。其实，这种想法就是为每个家庭建立理想的商店，最适合自己的商店。

每一个顾客的理想商店是什么样的呢？我们猜想商店应该靠近消费者使用商品的地方（有时候是办公室，但通常是在家里），并且商店里的商品都是消费者真正需要的。设想一下：附近一家只有 300 种商品的便利店就够供给普通家庭了，实际上这个数量可以更少，因为没有商品会缺货，所以并不需要替代品。另外，零售商会根据消费者当前的喜好选择一些很可能受他们欢迎的新产品。[12]

这在当今来讲显然并不现实，但有几条简单的途径能够帮助我们朝着这个目标前进。比如,本地的便利店可以在消费者到店的时候提供他们想要的商品,并包装好给顾客带走,甚至顾客都不需要下车。又或者便利店能够提供像遥远的大卖场一样价格的商品。

这是可能实现的,只要消费者能够在自己到店或者下班回家几小时前,在网络上下个订单稍作提示。从物流角度来说,诀窍其实就是从遥远的拥有更多品种的大卖场送货到小便利店来卖。这样顾客的商品就能够在附近的便利店打包好,等待顾客提取。

事实上,这就是乐购公司已经在英国开始运行的家庭购物的执行系统。在大多数刚进入网络购物行业的新成员 [比如美国的万维公司(Webvan)],斥资数十亿从零开始通过巨大的仓库打造高度自动化、专注的执行系统的时候,乐购已经在学习如何让自己的员工为在 tesco.com 下单的顾客挑选最近的标准乐购商店购物,并在这个流程中为乐购盈利。

省去了盖仓库所需的砖瓦,又可以在商店不太忙的时候让现有的员工提取网络订单的商品,这样服务成本大大降低。因此,乐购似乎成了世界上唯一一家从网络购物中真正赚钱,同时又保持网络商店的销售额比例稳定增长的百货商场,超过 4% 并且每年以 1% 的速度增长。

然而,由于一队队货车在每个小区穿梭,在各个站之间花了不少时间,网络购物仍然需要不可避免的成本开支。另外还有一个问题,在较长的运输时间内,购物者需要待在家里等着收货;如果没人在家,还需要另寻稳妥的方法来送货。像我们之前建议的方法,购物者可以到最近的便利店提取自己需要的货物,作为购物者日常出行的一部分。

便利店货架上没有的商品会从大超市的货架上提取。这些商品会被打包,然后通过如图 6-3 显示的循环送货卡车送到便利店。

在这种模式下,每种零售业态有两种功能:第一,对有时间和意愿去店里亲自挑选商品的消费者来说的直接购物渠道;第二,提供间接购物的大卖场,具有仓库的功能,员工从仓库走道中提货,然后交付给终端消费者。这种方式满足了那些时间特别宝贵或者对亲自购物有特殊喜好的购物者们的需求。

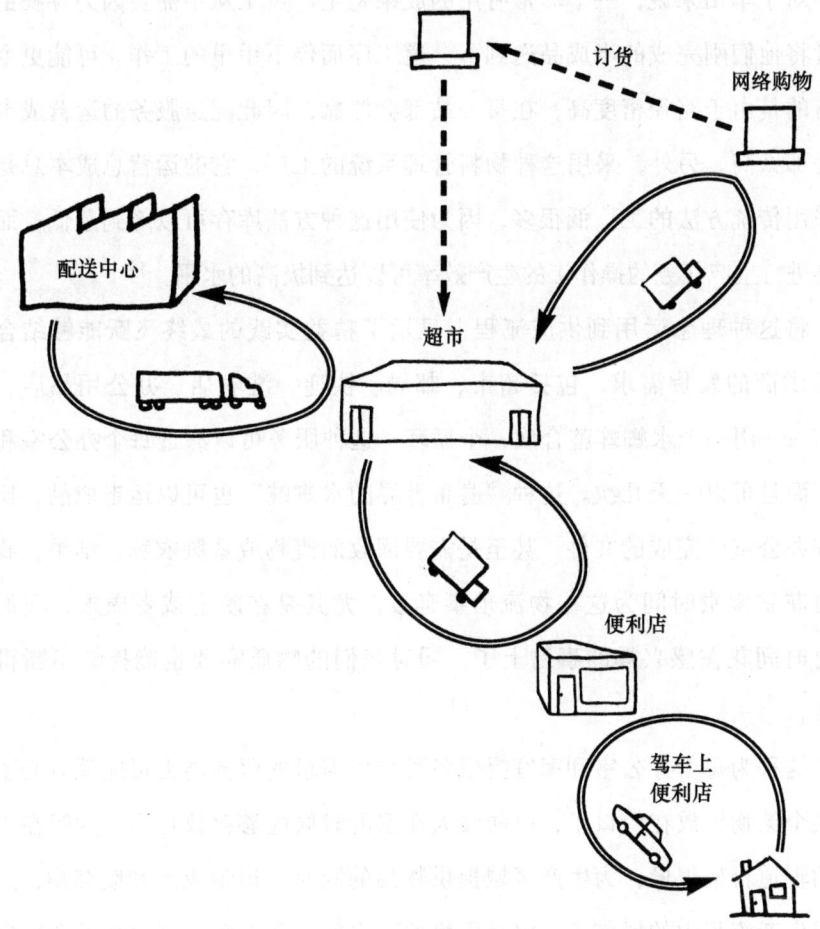

图 6-3　送牛奶方式循环送货卡车补货

遍布世界的"水蜘蛛"

我们的模范精益企业，丰田，在很多年前就为自己的工厂设计了一个复杂的物料搬运系统，将所有需要的部件和原材料运到每一个装配线的工位或者生产单元。这种配送每隔几分钟就开始运行，由一个员工完成，我们称之为"水蜘蛛"。¹³ 他们开着装满部件和原材料的小型拖车穿梭在工厂内。这些水蜘蛛会在每一个工位停留，补充所有需要的物料。

对于丰田来说，一个非常有用的成果是生产员工从不需要因为寻找部件或者将他们刚完成的半成品送到下一道工序而停下手里的工作。可能更令人惊讶的是由于路径密度高，在每一站都会停靠，因此配送服务的运营成本并不是那么高。另外，采用这种物料管理系统的工厂，它的运营总成本总是会比采用传统方法的工厂低很多，因为使用这种方法库存可以降到最低，而且直接进行生产任务的操作工的生产效率可以达到极高的水平。¹⁴

将这种理念运用到供应流程上显示了精益实践的最终飞跃能够结合众多提供商的发货需求，包括超市、邮局、快递、洗衣店、办公用品店、五金店——用一个水蜘蛛整合成一个循环。这种服务可以渗透每个办公室和住宅，而且可以一天几次。这种"遍布世界的水蜘蛛"也可以运走成品，比如家庭办公室已完成的文件，甚至是需要回收的废物或者脏衣物。结果，我们不再花费宝贵时间为这些物流琐事奔波，尤其是在晚上或者周末，我们可以将时间花在感兴趣的事物上了，同时我们的物质需要也能持续不断得到供给。

这种为每个办公室和家庭提供各种物质需求的服务能力可能就有必要花钱买个储物柜放在门口了，以便没人在家的时候能够存放物品，这跟在工厂用的辊道台架很像，为生产区域提供物品的同时，运走成品和废弃物，无须打扰生产流程中的操作工。路径网络的高密度，几乎每一趟送货都会在每一个住宅和办公室取送货物，就像精益工厂运营一样，可以减少每一件物品的成本。

我们并不清楚这些方法当前的实施情况。但随着能源价格上升、交通拥堵加剧、再生循环变得更加全方位，这种办法是不需要办公室工作人员或者住户花时间，就可以以低成本提供多种商品或者服务的最简单、最经济的方法。或许一些人愿意开办这样的公司来接受这个挑战。

机械式购物和体验式购物

当我们向读者呈现我们的逻辑思路的时候,我们经常发现一个担忧:我们对最低总成本供应的指示意味着只有大型零售商,比如那些能够建立全部零售业态并由复杂的精益执行系统支撑的零售商,才可能生存下来。换一种说法,其听到我们说沃尔玛、家得宝和百思买的最大问题并非它们在零售界举足轻重的地位,而是它们在我们大多数人想要不同形式的零售业态的时候(尽管它们也有能力提供各种零售业态),迫使消费者接受单一的大型零售业态,而这就是事实。

那么,那些跟我们很熟的小区书店怎么样呢?以及那些能够给我们帮助的路口药店呢?还有那些不同类型的小型独立商店呢?我们在那儿消费的意义并不仅仅是一个信用卡号。它们面临淘汰了吗?

我们的回答是,如果它们仅仅提供给我们机械式的购物需求,那么它们的未来发展将会非常局限。我们所说的机械式购物指的是我们希望以最小的总成本尤其是时间成本获得日常用品。比如像牙签、回形针、通俗小说、调味料这些东西,我们的目标通常就是不需要太多思考或者时间,以优惠的价格获得这些商品。

然而至于其他类型的商品,它们根本不是我们想要的。本书作者之一就有着特别的偏好,他喜欢住在离大型书店和小书店很近的地方,因为在小书店里经常可以很容易找到老板。尽管这种小书店的书价格会比前者高,但我们还是会经常在那里购买。这是为什么呢?如果我们急切想买到一本著名的书,又不想有任何麻烦的话,可以上网购买并支付运费。但如果我们在寻找那种特别点的,能让我们思考的书的时候,我们会想要被人"手售"(使用小书店的行话)一本书,要不然我们是没考虑要买这本书的。我们想要在一个熟悉和私人的环境中买书,在这里有人已经周到地选择出令人惊喜的几本书,这些书很有可能都会吸引我们。我们希望能够得到他们的建议,也希望能和其他有同样兴趣的购书者一起买书。简而言之，我们在意购物体验就如同我们在意最终购买到的东西一样。而且，我们愿意为之多付一点钱。同样的意愿使我们会去员工知识较丰富的精品小店买礼物，偶尔去别具一格的豪华餐厅吃晚饭。这些选择被称为"体验式"购物，这种购物体验和我们购买的东西一样重要。

我们不了解机械式购物和体验式购物的意愿是怎样在消费者中分布的。我们当中多少人愿意为特殊优待和真正愉快的购物支付额外的钱？许多消费者在回答调查问卷的时候，表示愿意多花钱，但他们的这种偏好可能仅停留在理论上。就像许多调查对象经常回答他们是环保主义者，因此很关心环境问题，但事实上他们还是会去购买大排量汽车并每天上班开车。

同样，我们也不知道会出现哪种类型的执行系统来降低独立商店里商品的成本。这些商店现在面临一个严重的价格劣势，它们从大型超市供应商品的提供商那儿采购标准商品，但由于小店采购量比较小，因此无法得到最低价的运费，也无法得到最大的商品折扣。但如我们所知，这些独立商店的优势永远都不是提供大型超市也有的标准商品。所以，真正的问题在于它们如何能够以最低的成本实现那些它们具有优势的商品，这样这些商品的标价就不需要过高了。

但我们确实了解的是精益执行系统应该减少我们每个人花在机械式购物上的时间。这能够为我们想要的体验式购物腾出更多时间，这种购物方式能给我们带来愉悦而非无偿工作。

精益供应格局的兴起

我们已经讨论过了，每件商品或一批商品的价格很大程度上取决于执行系统的卓越和规模，包括给客户发货的系统。同时我们也论证过了时间对于我们每个人来说都是越来越大的制约因素。接下来消费者采购日常物品的混合零售业态将会向便利型业态转变，同时新的配送系统也会兴起。但这并不意味着沃尔玛这种大型超市的结束。它意味着更大规模的零售业态混合，以及我们所需的商品将在空间上和时间上越来越靠近我们，这样可以节省我们的私人时间。

如果所有"沃尔玛"都能掌握这种逻辑，它们可以开发满足不同消费者情况的一系列零售业态，将消费者从陌生人变成合作伙伴，从而成为从大规模消费到精益消费转型的领先者。然而这种转变对于那些已经拥有大量固定资产基础的企业来说是非常困难的。在这种情况下，转变零售业态可能会从最贵的资产（大卖场）分流出去一部分客户，而快消品行业财务分析的最重要指标就是同一家商店的销售业绩的年增长。至少，有必要向财务分析员解释一下改变的必要性。

但是如果当前的大规模消费的公司高层不做出这种改变，我们相信他们极有可能被扩展经营范围的小型零售业态的经营者或者甚至被物流服务商所替代，比如联合包裹、联邦快递和DHL。就像大规模生产的创始人亨利·福特被精益生产者替代一样，这些大规模消费的提供商也将会被其他商家，那些对顾客的需求有独特和更好的了解的精益提供商取代。

我们什么时候需要我们想要的东西

迄今为止，我们的讨论建立在假设上，我们现在觉得有必要做出说明：我们一直假设消费者的需求是在他们想要的地点和时间获得他们想要的物品，时间总是指"马上"。如果这是真实情况，那么提供商必须总在系统的一些地方准备一些成品，才能真正马上满足消费者的需求。那么，各种类型的商品真的都需要成品吗？可能这里所说的成品指的是我们这一章讨论的许多快消品——它们大多是用来解决各种小问题的小商品，其根据消费者提示的购物需求提前"准备库存"。但很多情况下我们不认为需要成品，特别是我们解决更复杂问题所需的更复杂的大件商品（它们是按订单生产的）。我们将在第7章讨论这个问题。

| Lean
| Solutions 第7章

在消费者需要的时候解决问题

我们已经看到了精益供应方法为消费者在需要的地方提供他们想要的产品或服务的同时，也能为提供商节省总成本。我们还看到了普通订单执行系统支持的新供应模式是如何为提供商和消费者节省总成本的。但我们仍然需要一次飞跃。我们需要探索新的消费方式，消费者和提供商能够以合作方而非陌生人的形式一起努力，使双方总成本降到远比当前业界水平低得多的程度。

我们从询问"什么时候"来着手。大多数人习惯性地认为消费者在这一刻决定了自己想要的东西，下一刻就希望能马上到手。这当然是很多提供商吸引消费者的噱头："我们为您提供了一个非常划算的交易，但您需要马上做出决定。"他们要求你马上从货架上取下商品，而不是给你多一点时间来订购自己确切需要的商品。

这种即时反应总是消费者真正想要的吗？消费者的大多数消费决定都真的是一时冲动吗？让我们来想想我们大多数人在获取这些产品来满足需要的时候都会经历怎样的思维流程。

你上一次决定需要一辆新车是什么时候？是当你开车路过街上的4S店

时，看到一辆特别吸引你眼球的车型的时候吗？或者是你在广告中看到新款车上市的时候？也可能是在某个周六的早上，你终于有时间和精力去 4S 店里看看的时候。又或者是当你得知你喜欢的车型打折促销本周末就要结束的时候。简而言之，你的购买决定是很突然的，甚至是冲动的吗？同样重要的是，你需要马上收到这个产品吗？

或者你已经构想好了一个计划。如果通过和提供商在决定流程中的通力合作，能得到自己确切想要的产品的同时，你还能够减少你的总成本，但需要在将来某个确定的时间点才能收到产品，你也会同样感到满意吗？

在我们的案例中（可能比较典型），我们不会提前很久考虑那些日常用品，比如在前面的章节中讨论过的零售商售卖的产品。我们相信合适软硬和颜色的牙刷，无论何时，我们都能在商店里买到。

但我们大部分人都会提前很久为大件商品考虑，例如汽车、家用电器、个人电脑以及娱乐设备，更别说像房子这样的个人固定资产的维修和升级了。即使不是完全有意识的，如何做出决策的算盘还是一直在我们的脑海中盘旋，而且我们也能提前知道我们应该询问哪些问题。然而，在今天的消费流程中，直到某种产品以某一价格达成实际购买意向之前，消费者都是没有人可以询问的。相反，他们经常陷入铺天盖地的广告中，这些广告无一不是设计成让消费者在提供商最方便的时候，去购买或者维修或者升级产品。这个最方便的时候往往指的就是"立刻"，因为还在考虑中的这些产品已经被生产出来了，并且正在不停累加库存持有成本。

这种消费流程不是精益的。反过来设想一下，你走进一家汽车 4S 店，告诉他们一年以后你需要一辆特定颜色和配置的中型 SUV，因为一年后你现在的车会达到一个你担心其稳定性的车龄或里程了。再进一步设想一下，你马上做出购买承诺（在交货时间上做出一些让步，以便适应制造商的生产能力），作为回报你需要换得一个更大的折扣。你可以和谁讨论这个事情呢？你在被贴上"捣乱分子"的标签之后，保安会和你谈谈，但肯定不是销售员。目前，没有汽车经销商会和你谈论长期的事情。他们完全专注在用现有的或近期的产品，来完成眼前的这笔生意。

当你开始思考的时候，你可能会发现几乎所有你的大宗消费体验都是这样的情况。你在实际签订房屋装修合同之前可能已经想了好几年了，但只是在你准备施工的时候才和装修队谈。

你总是会提前考虑下一台电脑、手机、PDA（个人掌上电脑）、扫描仪、复印机、打印机或传真机应该是怎样的，但只有你上网订购的那一刻，提供商才知道你考虑的是什么。你已经关注一台超大液晶电视好长一段时间了，也设置了你很可能会入手的价格点，但没有提供商确切地知道你的心理价位。

这并不意味着我们总是会为大笔花销做计划。如果我们的车报废了或者房子结构突然出了问题，那么我们需要换一辆车或者立刻整修房子。所以我们会直接奔向4S店购买现成的车或者去找有能力马上整修房子的装修队。有那么一小部分人确实很喜欢心血来潮地做出决定，不想提前计划。当我们瞟到4S店漂亮的车型时，我们立马奔向那家4S店。如果运气好的话——别忘了第4章中在汽车4S店的等待——我们甚至可能直接开走。

考虑到以上实际情况，任何能够真正满足消费者需求的供应流程，必须能够根据消费者的情况变化而变化，在"提前计划"与"立刻需要"之间来回转变。精益消费的其中一条基本原则就是单一的消费方式并不适合所有消费者。实际上，连大部分消费者都永远适合不了。

当前供需关系的暂时偏离

如果我们大多数人在大部分时候都提前做好计划，那么为什么供应系统不和我们一样提前计划呢？为什么他们反而经常特价促销，使得我们成为想要立刻买产品的冲动型购物者呢？

这是一个特别有意思的问题，因为越来越多的消费者希望定制产品，同时除非提供商有很强的提前计划的能力，不然按订单生产快速响应的成本实际上是非常高的。要知道为什么，我们可以一起来看看戴尔。

戴尔采取向消费者直销的方式：完全摒弃零售商，通常在网上接到订单后一两天内，按照消费者的具体订单需求，提供给消费者产品。[1]但是实际中这样操作意味着下列两个条件中必须满足一个：要么是订单量非常稳定，型号选择具有很高的可预见性，这样戴尔才能够拥有足够的生产能力以及足够的配件来立刻开始工作；要么是为了妥善处理总需求量的高峰或顾客对型号选择趋势的突然转变，戴尔必须有非常灵活的供应商并持有大量过剩的生产能力。

在现实世界中，实际答案是两者都不可能满足。

戴尔的大公司客户的需求从某种程度上来说是可预见的。更重要的是，由于客户并不准备一次性收货和安装，所以订单都是按批次来的，并且通常给生产和配送预留了相当长一段时间。但戴尔的"零售"客户（像我们这种个人电脑用户和小公司）下单都是非常不均衡的，经常会出现高峰集中的现象。例如，我们可能在周末上网才有足够的时间下单，甚至更有可能在月末或者季度末，当我们自己或公司有一些现金结余时才下单。此外，零售客户喜欢跟风，突然很多人追买热卖品，同时也会在高配和低配产品之间反复摇摆。

戴尔将电脑、服务器和其他产品设在分销区域内组装，如美国的得克萨斯州、田纳西州，爱尔兰，巴西，马来西亚和中国。但是，大部分电子元器件来自中国台湾和新加坡的一小群独立厂商。使用廉价的海运意味着供应商需要花费数周的时间才能对突然变化的需求做出响应。实际上，快速响应的唯一可能就是使用昂贵的空运。更糟糕的是，供应商还同时为戴尔的竞争对手供货，多家客户可能同时遇到需求高峰，严重超出供应商的产能，即使通过空运，竭尽全力还是无法快速响应。

因此，戴尔要求供应商在由第三方物流公司管理的配送仓库为每种配件都存放相当数量的库存，这些仓库坐落在去戴尔总装工厂的必经之路上。[2]尽管有这样的安排，一部分的空运仍然不可避免，事实上，戴尔是空运的大量使用者。这些配送仓库送来的继续装配的大量配件，我们称之为"旋转器"。

戴尔确实维持着高于长期平均需求的组装能力。这对于实际组装单元来说倒是便宜的，但对于耗费了绝大部分组装时间和资金投入的检测单元来说就是很昂贵的了。因此戴尔只能承受维持小部分过剩产能，以适应消费者需求的变化。由于短期内需求高峰可能会是长期平均需求的好几倍，而过剩产能的成本又是巨大的，因此对于戴尔来说，为了快速响应市场的每一次变化而维持过剩的产能是没有实际意义的。

那么，戴尔是如何以合理的成本向按订单生产的客户做出快速响应的呢？答案是通过不断改变配置和整机的价格，延长或者缩短承诺的交付周期，来引导客户的需求。举个例子，我们最近在网上查询一台特定型号的戴尔电脑，发现各种配置的价格很不正常，我们询问了客服代表。客服代表好像强烈地感觉到我们真的需要更大的硬盘，并提醒我们看中的那款电脑的最大硬盘的配置正好有特价。

这看起来似乎是个奇妙的巧合——我们需要最大的硬盘，而戴尔正好有这款硬盘在做特价促销。所以，作为流程思考者，我们自然而然地会问客服代表另外一些问题：不考虑价格，那些产品真的是否有货。

结果表明，我们在网上看中的这款电脑的小号硬盘，戴尔已经缺货了，即使供应商有能力提供产品，也只能通过昂贵的空运来补货。[3] 对戴尔来说，更好的做法就是特价促销还有配件存货的商品。而且，经过短暂思考，我们就决定接受这种方案，毕竟这笔买卖总的来说还是很划算的。

但之后我们需要解决下一个问题，也就是交货时间比我们预期的"马上生产并发货"要久很多。经过更多询问了解到当前需求急剧上升，我们这款电脑需要等待。最终，我们以一个诱人的价格选择了比预期（或者是需要）更好的电脑，但对于戴尔来说是个损失，因为安装的大硬盘只比小硬盘稍微贵了一点。我们的新电脑还要比预期等待更久，这从某种形式上影响了我们的工作进度。戴尔应该立刻提供我们的电脑，但实际情况并非如此。

我们讲述这件事并非想要批评戴尔。在努力经济高效地提供顾客真正想要的产品方面，戴尔已经是世界上最好的公司了，也可能是历史上最好的公司。我们的重点是，在戴尔想要为它的客户做的事情和戴尔（或者处于同样情况的其他公司）实际上能够经济高效地做的事情之间（需求不断变化、产能有限且供应商广泛分布），存在一个逻辑上的分离。[4]

三天交车

即便存在我们说明的以上挑战，戴尔以及其他电子公司仍然在按客户要求定制产品上有着明显的优势。这源于它们产品模块化设计的特点。[5]拿最常见的电脑来说，电脑在标准机箱里会有标准的接口来安装硬盘、主板、光驱等。所有硬盘在机箱里占用的空间都一样，因此从组装的角度来说，提供不同容量的硬盘就很简单。但对于那些没有采用模块化设计的产品来说就不是这样了，它们面临的客户定制要求更高。让我们看看汽车的案例。

在过去几年，全球汽车行业进行了大量的讨论，一方面是如何摆脱大量整车库存，另一方面是如何避免特殊定制汽车的漫长且不定的等待。受戴尔宣称的完全按照客户需求的时间及具体型号来生产的启发，实际上每一个汽车制造商都已经开始启动了"三天交车"或者"五天交车"的项目，开始探究如何快速生产消费者真正需要的产品，并严格按承诺的日期交货。

汽车制造商得到的回报将体现在两方面：通过取消已经根据预测生产出来的销量不好的车型而普遍存在的折扣价，公司能够稳定实际成交价（客户愿意为汽车支付的价格）；同时它们可以省去在经销商那里新车存放60天的持有成本（目前成本超过600亿美元），尽管这早已是北美汽车行业80多年来的惯例。[6]

汽车制造商如何才能向客户证明自己的努力呢？非常有限。按当前的设计，汽车制造商必须为总装线上的每一辆汽车安装超过 1 000 个零部件（相反，戴尔在电脑机箱的总装线上只增加了 15 个主要配件）。另外，即使进入全球市场，汽车制造商同一款车型每年的销售量在持续萎缩。因此，汽车制造商发现在其很多总装线上必须要生产几款完全不同的车型才能实现规模经济。每一款车型都有几种不同的车身样式、不同的内饰，以及多种颜色选择。这样导致了每辆汽车在这 1 000 个装配点上存在大量的选择，极大地增加了在正确的时间、正确的装配站获取正确物料的复杂性。

结果，即使像丰田这样的精益生产者也发现，要使得总装流程能有效运转，必须在实际生产该车之前提前 10 天锁定生产计划。汽车制造商必须在通过经销商收到的客户订单后加上这个延误时间再整合进生产计划中去，[7] 这样通常会花费数周的时间。同时它们还必须将从工厂配送汽车到经销商需要的时间也加上去，高效经济地交付到客户手中也需要一周。简单计算一下可以得知，即使汽车是在销售区域内生产，现在也不可能向客户承诺其定制的汽车能在一个月内交付。如果汽车必须在不同区域之间调运，就需要再加上 2～4 周的时间。

由于丰田能够严格管理订单和生产流程，它们至少能够在承诺期限内交付汽车。相比之下，欧洲很多典型的豪华汽车厂商即便不是在生产区域之外提供客户定制汽车，也只有大约 20% 的时候能够将定制汽车在承诺期限当天或者之前交付给客户——一般是在订单之后 6～8 周。

在精简生产计划流程上我们还会继续取得进步，我们希望供应商能够逐步迁移到靠近总装厂的区域内。结果将是从客户下单到交货的总交付周期在未来几年肯定会缩短。但是，根据客户订单来生产每辆汽车并在三五天内交货（通常是客户不想以优惠价格从经销商购买不完全满意的汽车而愿意等待的时间），实际上在可预见的将来任何时候都不可能实现。

我们需要购买、保养、维修、升级和处置的大多数产品和服务都是同样的情况。我们毫无征兆地多变的需求将会持续成为产能有限、响应迟缓的供应系统所面临的主要挑战。

默认选择

不论是电脑还是汽车、家电或者其他复杂产品,我们在生产客户确切需要的产品并立刻交付方面取得的进展微乎其微,可以预料到这些产品的提供商将会继续采用惯常的策略,就是基于预测来生产或者是制定不切实际的交付计划。

所有这些系统的显著特点在于它们的过量生产(因为财务分析师说要保持固定资产在运转),之后通过打折来引导消费者购买其并不真正需要的产品,或者它们等待客户下订单然后做出不切实际或不可靠的交货承诺,指望客户在发现实际需要等待很久之后或者订购产品不能准时交付之后,仍然不取消订单。以上不论哪种情况,对消费者和提供商来说都是两败俱伤。客户在产品具体要求上做出让步换来降价,这对于提供商来说是一笔相当大的收入损失。另外一种情况是,客户接受长时间的等待,提供商则需要努力以更高的成本尽可能快地完成工作。[8]

幸运的是,还有一个更好的办法。前面所有的讨论为我们做了一个很好的铺垫。

从不景气行业得到的启发

航空业提供的是一种很简单的产品——乘客座位。但这个产品有两个不同寻常的属性:

第一,这种产品不能放在仓库里过段时间再销售。每次飞机离开登机坪,任何一个空座位都无法给航空公司带来收入了。噗的一下就飞走了。[9]

第二,乘飞机旅行的人大体分为两种类型。一种是更关心机票价格的乘客，但不那么关心具体的起飞时间或者总行程时间。实际上，为了得到一张便宜的价格，他们可能愿意提前很久预订。另一种是非常关心确切的起飞时间和总行程时间的乘客。由于他们会面的行程可能会变更，他们无法提前很久预订，但他们并不那么在意机票的价格。

有些人一直属于其中某一类。但我们大多数人根据自身情况，常常在这两种类型中来回转变。对于我们自己支付的任一旅程，我们通常选择价格便宜的航班，即使起飞时间不好，行程耗时很长，而且需要提前很久预订。对于商务出行，是公司或者客户出钱，或者我们希望旅行能转换成收入，我们通常会选择特别合适的起飞时间、最短的行程时间，而且在最后一分钟还能订购的航班，尽管这意味着票价很高。

航空公司在早期很仔细地考虑过空位的问题，以及如何根据购买时间来定价，以便全部座位售完利润达到最大。自从1979年美国航空管制解除之后，航空公司就能够利用迅速增长的计算机技术，开始设置座位的动态价格。几乎每家航空公司采取的方法都是不断根据市场情况调整票价以及以提前多久预订为依据来定价。这意味着给那些提前很久预订而且不能免费改签的航班，要提供便宜得多的价格。

大多数航空公司都采取梯度价格。它们为提前21天订票的人提供一种价格，给提前7天订票的人更高的价格，给在飞机起飞前才订票的人还要更高的价格。[10] 同时，它们频繁地调整所有票价，使自己的"每个有效座位收入"最大化。

最近，以欧洲易捷航空为首的新航空公司已经采用了真正的动态定价方式，航班在起飞前三个月开放预订时价格非常低（但不是一开始所有的价格都一样，考虑到工作日航班可能比周末航班的需要量更大，或者飞往三个月后将要举办大型会展会议的城市的航班，其预订量可能会很大，等等）。之后预订系统持续评估预订模式，票价也会随之增长。这样做的目的在于，在不低于边际成本（在航空业表示每个新增乘客的食物和燃油成本）的情况下尽可能填满每一个座位，使得每个航班的收益最大化。

常常不能提前订票的商务旅客有时候会批判这个系统。当我们自己最后一分钟才决定要购买机票而又找不到其他人来帮我们付款时，也会对其怨声载道。但这种方法确实解决了产品无法建立库存的实际问题，同时满足了在同一段旅程中处在两种不同处境的旅客的不同需求：价格敏感但能提前订票的和时间敏感但不能够提前订票的。通过提前了解他们的出行计划，价格敏感的旅客能够买到固定旅程的低价机票，而那些需要立刻出发的旅客，通常也能买到机票，只是价格较高一点儿。

由于航空公司的电脑能够比较准确地预测有多少旅客会在航班起飞前一分钟才订票，上述的后一种情况经常能遇到，因此，航空公司可以给这些座位设定足够高的价格，以便能够保留到飞机起飞前的一刻。这对于商务旅客来说很重要，他们可能因为及时见到客户从而获得很大的订单。同时如果这家航空公司的电脑系统能够将紧缺的座位优先分配给常旅客，就能够建立起商务旅客的忠诚度。

由于近几年航空公司的财务状况不甚乐观，以及普遍的无论何时预订同旅程同座等的机票价格应该相同的观点，[11]倡导航空公司开创的需求管理模式好像有点奇怪。然而，经过略微调整的航空公司模式，为很大范围产品的消费者和提供商面对的"提前计划"和"立刻需要"共存的问题提供了一种有趣的方法。

供需关系暂时偏离的彻底改变

我们看到了纯粹的"立刻需要"模式在可预见的未来无法适用于复杂的产品。那么，从饱受批评的航空业借鉴而来的、经过调整的即时票价模式，能起什么作用呢？这里的"起作用"指的是能够使消费者的总消费成本更低，生产者的利润更高，在合作中实现双赢。

让我们先来看看三个实际情况——适用于很多产品和服务的提供商。

第一，生产系统为紧急订单预留生产空间[12]，同时不超出生产总量的一定比例，生产系统能够处理少数"立刻需要"的订单需求。

第二，不论生产计划做得如何完美，将这些按订单生产的产品快速交付给客户需要花费提供商更高的成本。这是因为需要调整生产计划，加急缺失零部件的供应，以及加急成品交付给客户。

第三，根据订单生产所有产品，并慢慢交付给客户，将会花费提供商更少的成本，这是因为提供商能够仔细计划产出，并在恰当的时间安排供应商供货。

这使得提供商能够实践丰田所称的"均衡化"（Heijunka），在长期内平衡需求总数量和品种。结果就是，整个生产流程能够以一个稳定的节奏顺畅运行，而不是忙于应付需求总量和品种的突然变化。

不断改变总产量水平和产品组合，将会带来所有种类的成本攀升，包括加班、"以防万一"的库存、设备过度损耗（因没有时间做预防性保养），以及为了应对需求高峰而导致的平均产能过剩。通过简单的均衡化，这些成本大部分都是可以避免的。

让我们以汽车为例，在当前状况基础上做一步大的飞跃。

假设汽车经销商没有整车。除了提供的每种车型的"展示车"，以及少量的"借用车"（也许再加上一些代售的二手车）之外，一辆新的整车都没有。

假设经销商为客户提供了两种选择：

A：详细说明你想要的汽车，将来交付，而且你愿意越早计划价格就越低（就像航空公司的座位一样，你愿意越早计划机票就越便宜）。

B：详细说明你想要的汽车，尽可能快地交付，可能就在三五天之内，但是同一款汽车的价格要比提前计划的客户高出很多。此外，如果你连几天都不能等，那么在你的汽车交货之前（可能你现有的车已经完全报废），先使用借用车。

按这样操作，两种订单类型的交付日期都能提前确定（可能三天，可能六个月），价格根据你设定的交付日期提前的天数来确定。正如我们指出过的，只要新汽车在承诺期限内到达，或者经销商能够在客户汽车出故障时提供借用车，提前计划的能力就会给汽车提供商带来很大一部分成本节省，而且不会给客户造成不便。

同样重要的是，这种分类系统——提前计划和立刻交付订单共享同一个供应系统——使得提供商能够同时满足"立刻需要"和"提前计划"的客户。提供商能够运行这套系统，而不需要通过引导顾客、特价促销、不切实际的交付日期以及像戴尔一样只提供给顾客一种选择，来加速"立刻需要"订单的满足。这种系统使提供商通过均衡化生产计划和无须加急处理零部件节省大量成本，同时能够根据客户的订单制造每一件产品。这解决了戴尔目前运营中长期面临的两大问题，以及汽车公司生产客户定制产品也将会遇到的问题。

这种我们正在调整的航空业实践方法，包括了设置固定的交付日期（也就是你出行的日期）和根据你告知航空公司的提前天数来确定机票价格。对于其他大多数产品，根据产品价格来变动交付日期（你愿意等待的时间）显得更加有意义。但基本的理念是相同的：消费者提前告知提供商自己的消费计划，换得更低的价格。

如果这种方法在汽车行业得到全面实施，所有的车都会按订单生产，整车库存（价值 600 亿美元）也将不复存在。那些没人要的汽车的打折促销也不复存在。更令人振奋的是，可能再也没有强势的销售员企图说服你，你想买的车并不是你真正需要的，而你真正需要的就是你现在不想买的这辆车（经销商停车场上现有的汽车）。[13]

这种方法在其他大多数产品上的效果将是相同的：鞋店不再有库存，仅仅展示款式，根据不同的价格接受订单，明天送货到家的价格和几周后送货的更低价格有所不同。大件电器零售商不再有 DVD、液晶电视、笔记本电脑等商品的库存，只是展示样品，根据你的时间价值有不同报价。厨房装修承包商根据你的计划范围提供报价，一种是按照典型的现价使用一些预留的时间段可以马上开工，或者在将来有更多服务能力的时候以更低的价格来做同样的装修。甚至医疗中心可以选择以一定的价格立刻手术，或者帮助你以更低的价格预约手术。

建立不同类型供应价值流的渠道

当你思考这个概念的时候，你将毫无疑问发现一些问题。但正如我们看到的，主要问题不在于顾客。那么以某个价格（等于或低于现价）立刻提供或者以更低的价格在将来提供顾客真正想要的产品，这样的系统会有什么问题呢？

如果这家公司属于传统零售商或是传统产品和服务提供商，问题就在于提供商。具体的问题是供应价值流中的传统工作分工和人员利用。

当前的零售商把自己的角色看作，把圆的说成方的，说服顾客从那些基于预测的采购方式转变为在库存中直接购买他们可能不想要的产品，同时赚取足够的利润。这意味着它们会强调"成交"的销售技巧，以及通过广告和特价开展的大量的促销活动。

当前的产品和服务提供商把自己的角色看作尽最大能力猜测消费者实际想要的产品和服务，然后充分利用生产设备来生产产品和提供服务，并且把供需协调推到处在它们和消费者之间的零售商身上。这意味着提供商内部会强调达成销售预测目标，通常会给销售公司提供特别奖励，或者给零售商提供特价。

然而在精益消费的世界中，这些事情都不再需要了。对于大件商品，零售商那里不会再有任何成品库存，而提供商将提前以多种方式调整定价来管理需求。这样一来，不论是零售商还是生产商都必须改变自己的思维和行为。

实际上，它们必须和终端客户一同合作。

想知道这如何才能实行，我们再次回到汽车经销商那里，它们现在已经转变了做生意的方式。本章前面提到的销售员起初不愿意和顾客讨论关于一年后购买新的 SUV 车的事情，现在突然愿意倾听顾客的想法了。但这个对话非常简单，因为销售员所有常规的动机都不起作用了。

顾客只想要简单试驾一下展示车，来确保汽车符合他们的要求。然后他们需要具体说明自己想要的配置，咨询制造商的价格清单（不由经销商控制），并签约登记取车日期。这应该只需要几分钟时间，并且应该是一次非常友好的经历。顾客和经销商现在拥有共同利益，因为这样做所花费的时间和佣金已经不再依赖于客服代表（不再是"销售员"）来引导客户的需求。

但是要证明这些并非我们假设精益的经销商接受这种新方法，还可能是一个问题。在新的做法中，销售员并没有太多事情可做，经销商也并不需要去做大部分传统工作：整理库存，对过量积压的车型提供特价，通过说服你确实需要这种车型和额外的配置（比如传说中的底盘护甲）来获得最大的利润。[14]

那么经销商应该做什么呢？一种方式就是摆脱现有的做法，接受事实：零售商在将来只会有更少的员工、更少的场地、更少的投资，主要时间就是简单地接受订单及转卖二手车。当前经销商的转型，需要一次性调整人员和资产配置，这样可能会有一大笔现金能用于其他方面的投资。从某种角度来说，所有的改变都是痛苦的，而这个改变更加痛苦，但一旦完成，消费者将从中受益，那些传统零售商将会发现机会来更合理地利用时间，其资产也将以更好的方式重新配置。整个社会将是最大的受益者。

另外一种方式可能对于现有的经销商来说要容易很多，按精益服务的流程重新布置资产，如第 4 章中描述的一样，那将使得大部分客户在产品使用寿命内与 4S 店紧密联系在一起，而不是像现在经常发生的情况，客户跑到独立修理厂去修车。这样合作双方间就能建立长期的合作关系，这也能大大增加客户在同一家 4S 店购买后续车辆的可能性。更重要的是，将同样的精益服务流程运用到认证、升级和转卖二手车（就像 GSF 公司那样），新的汽车 4S 店在汽车使用寿命内，就算汽车易主了，还可以继续与很多车保持联系。

向消费者提供他们真正想要的产品

我们已经证明了即使提供商的状况和员工的工作条件变好，消费者还是能够在他们需要的地点、需要的时间买到需要的产品。当然所有前提是管理人员在真实的业务流程中去实现它。所以，我们现在需要将注意力从精益消费和精益供应的原则上转移到应对建立精益供应价值流的挑战上来。尤其我们需要看看在建立顺畅流动的价值流中，提供商和消费者共同需要怎样的管理人员和战略决策者。

第 8 章

精益供应的挑战
管理人员的角色

假设我们作为提供商，真心诚意地想为消费者办好事。也就是说，我们想要为消费者在他们需要的时候，在需要的地点提供他们需要的东西，以此彻底解决他们的问题，又不浪费他们的时间。让我们进一步假设，这样做之后，我们的业务将取得成功，并获得丰厚利润回报以及不断增长的市场份额。唯一需要我们做的事情就是建立与顺畅的供应价值流完美匹配的顺畅的消费价值流。这些价值流不仅能为消费者在不同方面创造更多的价值，同时也能够在每个环节为提供商节约成本。

但我们如何去实现上述目标呢？

流程思维是战略思维和财务思维的必要补充

尽管关于采用跨职能团队和矩阵管理解决客户问题的讨论已经有很多了，但大多数公司现在还是专注在公司内部，在实际运营中也还是高度职能化。它们通过紧密联系的部门，比如销售、市场、产品开发、财务、人事、运营、IT、质量等部门，来管理知识、资产和职业发展。这些部门以首席执行官和首席运营官为首,在组织架构中垂直分布。

与之相反,倾听客户和交付客户价值所需的流程却是跨职能部门水平分布的。这些流程往往超出单个公司范围,跨越多个独立运营的公司。其中快消品行业包括零售商、批发商和制造商;医疗行业包括基础护理、专业治疗的大型医疗中心,以及医疗器械和药品的供应商;长途运输业包括航空公司、外包的维修公司、机场运营商、飞机制造商和汽车租赁公司。正如我们所知,要想各部门和各公司与消费者站在同一水平线通力合作来真正解决问题是非常困难的。

当我们看到如今创造价值的公司的管理人员时,我们就不难明白为何在解决这个问题上没有取得多少进展了。作为我们研究的一部分,近年来我们接触了很多首席执行官和首席运营官,我们发现大部分高级管理人员通常在公司内部要么扮演战略规划者的角色,要么扮演财务分析者的角色。他们觉得这两种角色最容易从公司的角度发现问题。

作为战略思考者,高级管理人员考虑如何运用公司当前的资产、知识以及地理位置,服务消费者并获取利益。他们常常把大部分时间花在出售被认为不再有价值的资产上,包括管理人员和业务部门。或者他们购买将来可能会用到的资产,包括新的管理人员和业务部门。而对于公司用于解决客户问题实际创造价值的流程,他们通常当作让职能部门自己去解决的具体细节问题。

另外,作为财务思考者,高级管理人员考虑公司资源如何在事业部和部门之间取得最合理的配置。近年来,建立确保资源能够得到合理利用的绩效考核成了首要大事。但是,消费者价值和实际创造价值的流程的准确定义还是被认为是职能部门专家的职责。高级管理人员认为只要建立一个计分板,证明每项资产都得到了合理利用,他们的任务就完成了。

在我们访问公司的过程中,我们经常询问,更好的考核指标怎样才能够帮助建立更好的价值创造流程。比如说,代表流动的库存周转率和代表产品质量问题的客户投诉是如何改善业绩的?尤其是,当员工无法看到消费者(中间间隔一个或数个公司），无法看到消费和供应流程（跨多个职能部门），而且没有指导改善的原则的时候，这些指标如何能够提高绩效？我们很少得到满意的答案。

简而言之，大部分公司缺少的是一位"首席流程官"（Chief Process Officer）——一个来自高层的管理者，能够运用流程的思维承担起明确和不断改善主要增值流程的职责。这意味着从消费者完整的价值需求开始往前倒推，这通常涉及重新思考许多公司所做的工作。

当我们这样对高级管理人员说的时候，我们通常会先听到他们说，非常谢谢你，我们公司已经有流程改善的职能部门了。这个部门通常被称为"质量部或者流程改善办公室"。它们负责开展 ISO 流程、六西格玛或者精益活动，最近还有精益六西格玛。然后我们观察这些公司实际做了什么。结果发现它们只在孤立的流程步骤出现明显错误时，对某一点进行改善。它们通常会用节约下来的钱和花出去的钱的比值来评估绩效。它们几乎不会从终端消费者和整个供应流程的角度来看待消费价值流程。相反，它们只在有错误的流程步骤中开展局部改善。通常这种做法的结果甚微，甚至对于终端消费者和整个公司来说是完全没有回报的，如果有收获，也无法得以维持。

我们在全世界许多公司都见过上述情况，这使得我们需要提出一种不同的思路。

精益转型所需的精益领导力

简而言之，一个公司的核心供应流程的明确和维护是非常重要的，不能随意委派人员来管理。因此，在最高级管理层中需要有一个人能够担任领导的角色，确保整个流程得到明确、维持和稳步改善。那么这个人会是谁呢？

可能是首席执行官。我们确实希望未来的 CEO 能够有更好的思考流程的能力。但他们通常非常繁忙。他们要思考许多方面的战略，要应对董事会和股东，还要考虑继任者和执行团队培养计划。我们也见过一些能够直接负责这些任务的CEO，比如保罗·奥尼尔（Paul O'Neill）在美国铝业公司工作的时候。但对典型的CEO来说，兼任首席流程官（CPO）一职基本上是不可能的。

首席运营官（COO）大概更有希望一些，因为"运营"和"流程"应该是一回事。我们真切希望将来的COO能够学会观察自己公司的每一个价值创造流程，能够提出正确的问题，并对管理行为给予正确的激励。然而，通常COO都是大忙人。他们必须考虑在一个事业部架构的公司内如何建立强大的事业部，在一个集中职能部门架构的公司内如何建立强大的职能部门。不管是何种类型的公司，其都必须关注事业部之间以及不同职能部门之间的关系。虽说COO通常是最适合引导公司向关注流程的方向转型的人，但是他也通常需要引入新的管理人员和变革机制来帮忙。

我们相信对于想要获得支持精益消费的精益供应的企业来说，最有效的办法是建立一个精干的特攻项目组。这个项目组应该由直接汇报给CEO和COO的具有巨大潜力并表现出有流程思维能力的高管来领导。这位精益高管将会从客户的角度，评价公司的核心价值创造流程，思考如何使得消费和供应得到顺畅对接。需要注意的是，想要得到正确的答案，这位精益高管必须仔细倾听客户的声音。另外，至少在一开始，他必须先摒弃原来所知的该公司如何运作的知识。与供应价值流下游的每一级外部零售商和服务公司、上游的供应商之间的关系，以及对于执行内部程序的传统方法，都可能需要提出质疑。

这是一个具有高度战略意义的任务，因为精益高管的结论可能是公司的结构和在整个供应价值流的位置都必须改变。我们将阿尔弗雷德·钱德勒（Alfred D. Chandler）的名言"战略先于组织架构"[1]稍作修改，变成精益世界中的"战略先于流程，流程先于组织架构"。换句话说，首先明确价值，然后明确提供所需价值的流程，最后建立能够运营这种流程的公司。

举个具体的例子，回想一下乐购如何使用我们所描述的精干专职团队，开始反思客户在所需的时间和地点获得他们所需商品的核心流程。然后乐购很快决定需要重组公司内部结构，建立完整的零售业态并整合供应系统来支持所有零售业态。这个决定所带来的结果就是收购大量便利店以填补零售业态的空缺，建立中等大小的特易购来构建一套完整零售业态系列，并尝试用网购的方式来取得成本效益。这个决定也意味着改变乐购和供应商的关系。供应商需要在乐购的顾客直接下单之后，几乎同一时间立即生产出满足客户需求的产品。

那么承担这个任务的精益高管，是如何开始的呢？[2]

首先，他需要一些员工，但是只是很少的员工。当看到负责战略的CEO和COO以及副总裁们雇用一大帮咨询师来开展复杂的战略实践的时候，我们总是感到震惊。与之相反，一个能够与高层管理团队直接沟通的强大的精益高管和一个有流程思维能力又不循规蹈矩的项目组，一定能够很快地清楚了解当前状况并想出可行的解决方案。

其次，在公司里，不同产品或者不同类型的消费者对应着不同的供应价值流，精益转型高管可能需要为每一条供应价值流指派一位负责人。在我们所看到的大多数成功案例中，这些人也是非常有潜力的经理，他们比精益高管低一级，同时还承担职能部门的工作。他们或者是在做自己目前工作的同时又额外承担起领导流程评估项目组的职责，或者是短期内承担起领导项目组进行分析的特别任务。让承担这个任务的人知道这是非常重要的职业生涯考验，并必须要达到目标，这一点很重要。这可以让公司高层和其他人员都清楚这项任务是非常重要的。

精益转型方法

那么，精益高管在一个小项目组的支持下如何完成这项工作呢？很关键的一步就是绘制当前实际运行的流程图——包括消费流程图和供应流程图。

唯一能够完成这项任务的方法是沿着整个流程走一遍，与消费者以及与流程相关的每个岗位、部门、公司的人交谈。我们在之前几个章节提到过，最有效的观察就是所有岗位、事业部和外部公司中接触到供应流程的管理人员从开始到最后都一起参与的现场观察。

那么这个流程是怎样的呢？虽然不同的案例可能会有细微的差别，但它们有一些共同的基本特点：

- **清楚地说明流程的目的**。目的是让客户得到他们期望的价值，企业得到生存和兴盛所需要的投资回报。为了得到持续发展，每一种供应流程都必须实现以上两点目的。

- **制定绩效衡量指标来看这种目的是否达到**。比如说，衡量当前流程在客户需要的时候提供他们所需之物的能力——如客户所需商品在货架上的概率。又或是衡量流程解决问题是否彻底：客服中心接了多少电话以及需要多少客服电话才能让客户得到想要的价值？又或是衡量为了达到某一级别的服务水平，流程中需要的总生产时间和库存。这些都能很好地衡量出员工浪费的时间和流程的总成本。最终，衡量流程成本和顾客支付意愿的吻合程度，然后注意可接受绩效和不可接受绩效之间的差距。

- **从开始到最后记录流程的每一步，包括消费流程和供应流程**。这里的诀窍是根据直接观察，记录实际上发生的事情而不是记录应该发生的事情。在每个公司里，理想流程和实际流程之间都会存在差距。但通常这个差距是非常大的，且具有极大的启发性。如果只记下应该发生的，而不是实际发生的，对于重新思考流程毫无意义。

- **评估每个流程步骤，确定是否真正为消费者和提供商创造了价值**。将发现的结果，总结出数据：流程中增值时间和总时间之比、增值工作和总工作之比、增值支出和总支出之比等。

简要写下流程的目的，设计几个考核当前业绩能否满足消费者和提供商需求的简单指标，绘制出一个简单的流程图，让每个人都可以对流程的现状一目了然，这些都是第一步一定要做的。而这些活动的真正目的是从根本上改善流程，而不是仅仅描述它。问题是如何做到这一点。

为了这个目的，我们需要考虑另外一个维度，那就是作为目的和流程的补充：人员。如何努力改变公司运营流程必然有一段历史可以追溯，而最出名的时代是在美国发起的公司流程再造运动（BPR）时期。[3] 但再回顾起来，20 世纪 90 年代那场运动几乎是全盘失败。实际上几乎没有流程得到再造，那些再造的流程，一旦流程改善项目组离开了，就又很快地回到了原先的业绩水平。

大部分流程改善活动的问题都很简单。只有以下三个条件达到的时候，在流程中操作增值步骤的人才能很好地完成任务：当他们能够看到整个流程，当他们理解整个流程的逻辑和改变的需要，以及当他们相信新流程能够带来好处的时候。想要达到以上三种条件的唯一途径就是让实际接触流程的人参与当前流程的分析及更优流程的设计。

但通常这并不容易办到。尽管基本的流程框架得到保留，但通常流程中的很多步骤都需要剔除掉。同样常见的是，贯穿许多公司的整个流程，需要进行根本性的改革以真正满足客户需求。对于任何一种情况来说，流程改革都会打破现有工作和组织界限。

为了处理这些问题，管理人员必须在一开始就做出简要而深刻的决定：多余的人员如何处置？工作如何得到重新考虑和解释？公司变革如何实施和解释？

虽然每个高级管理团队都需要在这些问题上做出自己的决定，但我们相信任何公司和团队都最好采取以下做法：

- 尽可能使用节省出来的成本和人力增长业绩，以便吸收多余的资源。

比如，当我们观察一家美国人寿保险公司杰斐逊－皮洛特（Jefferson-Pilot）重新考虑其客户理赔和指定代理商的流程所做的努力时，我们发现响应客户要求的改善带来了相当大的新业务——每年达到70%。销售额的增长意味着新的更高效的流程吸收了之前为低效流程工作的所有员工。[4]

- **如果这种方法不可行，并且公司的存活取决于快速降低成本，那么在一开始就告知真相。** 在任何情况下，都不要说谎。不要陷入流程改善一次，就解雇一些员工的困局，仿佛每次改善的最后一步都是裁员。员工对于这种方法会采取暗地破坏的态度，这会逐步减弱新流程的效率。我们总是会想起连环漫画《呆伯特》（Dilbert）里边的人物，冷漠并逃避所有责任，这个漫画在20世纪90年代早期美国进行流程再造运动时，很快从无人所知变得风靡全球。一个公司的老板和员工如果都是《呆伯特》里边那样的人物，即使有卓越的流程，也无法持久地成功满足客户需求。

- **其他在同一个价值流上的公司也需要采取类似方法。** 有可能可以让每个人都留在现有的岗位上工作。现有的公司可能虽然继续执行当前的任务，但能做得更好。这样当然很好。但如果价值流分析证明有许多好的方法能够消除大量人力甚至是整个部门（我们将在最后一章看到许多鲜明的例子），也必须接受这样的事实。

解决了目的、流程和人员问题，我们现在需要重新考虑提供商以更低的成本提供客户真正所需物品的价值流了。那么如何实现呢？显然需要参考精益消费的原则，并结合我们所熟悉的精益生产的原则。[5]

- 彻底解决消费者的问题。

- 最小化消费者的总成本（包括时间和带来的麻烦以及价格）和提供商的总成本。

- 提供确切所需的东西。
- 在需要的地点提供所需的价值。
- 在需要的时间提供所需的价值。

通过以下几点来实现：

- 识别提供价值的价值流并消除所有浪费的步骤。
- 将剩下的步骤创建连续流。
- 客户因此能够从系统中拉动价值。
- 同时追求尽善尽美。

简单来说，目标在于评估整体流程是否达到上述目标，根据需要重新构建流程。

将精益转型方法应用在供应价值流中的示例

让我们具体描述精益转型项目组是如何采用这种方法的。我们虚拟一个家居行业的快消品公司，我们叫它为"大盒子"公司。这家公司就像美国的劳氏公司或者家得宝或者英国的百安居公司。但请理解这只是一个用来展示精益转型方法的示例，而不是为某家公司设计的真实方法。

经历数年的稳步成功后，"大盒子"公司突然开始丧失市场份额，同时盈利也开始下降。公司首席执行官和首席运营官得出结论：公司已经到达当前业务模式的极限，并决定重新开始思考公司的运营方式。首先，将最有潜力的副总裁调离原职位，给他三个月期限的任务，分析公司的消费和供应价值流。

这位"价值流高管"和他的项目组要做的第一步是通过购物，真正地体验消费流程。所以他们进行了实地考察。他们在公司的超市里购买了消费者经常购买的典型商品，也在竞争对手的超市里购买了同样的商品。之后，他们去小型社区商店（比如五金店等）购物，这是在大型超市诞生之前的主要零售业态。他们也在"大盒子"公司和其所有竞争对手的网站上购物。除此之外，项目组询问了商店销售人员的意见，又打电话咨询客服热线看看他们能否真正帮得上忙。

然后，项目组与各种不同零售业态里的消费者们聊天，包括竞争对手的每一种零售业态里的消费者，询问他们需要解决什么问题以及某个公司和不同零售业态如何满足其需求。

不出意料，项目组发现同一位消费者会在不同时间里有不同的情形。在社区五金店的购物者通常在购物的时候更重视时间，而非价格，在需要解决具体问题的时候，他们会询问店主并获得帮助。网上购物的消费者在购物时更加重视时间。与之对比，驱车到大型超市的购物者更注重商品价格，且对于自己需要的商品也更熟悉，倾向于在每次购物的时候采购更多的商品。

我们之前说过，这些情形并不是发生在不同类型的消费者身上——高收入和低收入，个体户和上班族，年轻人和老人。通常是同种类型的消费者处于不同的情形下——放松的、匆忙的，又或者是着急的。结果显示，大多数购物者至少使用三种零售业态。

同样不足为奇的是每家公司都不清楚某种类型商品的消费者的全部购物习惯，因为大部分公司只有一种类型的零售业态（小型商店或者大型超市）。即便一家公司尝试了不同的零售业态，经常使用购物卡的购物者一般为特定的一群人，他们基本上都是经常光顾同一家商店的装修承包商，购买那一天或者那一周的工作所需物资。总而言之，当前状况大体上就是一群陌生人从另外一群陌生人手中购买东西。

项目组已经清楚地了解了消费者在不同情况下所需要的价值，其可以轻松地确定提供商的目的了。这就是提高市场份额，同时不断增加利润，而不是像现在这样市场份额变小，利润不断下降。

总结了消费者和提供商目的之后，接下来绘制出每种零售业态的当前消费和供应流程图，并衡量出各种零售业态满足消费者愿望的效果。项目组选择了一个简单的绘图方法，从左到右地横向记录每种零售业态的步骤（见图 8-1）。

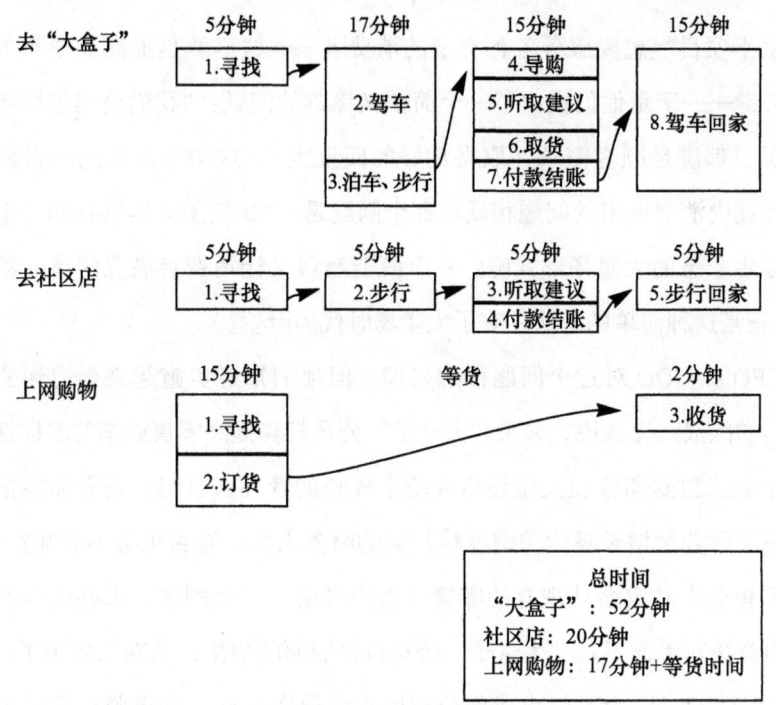

图 8-1　家居消费选择

表 8-1 是 3 种零售业态消费过程的优缺点对比。

表 8-1　家居消费表

	总时间	总成本	有货率	种　类	导购意见
"大盒子"	52 分钟	45 美元	80%	6 万	差
社区店	20 分钟	55 美元	90%	1 万	好
上网购物	17 分钟 + 等货时间	45 美元 +5 美元	85%	6 万	好

从表 8-1 不难看出，购置一套家居用品，上网购物花费的时间是最少的，而且可以收集有用的信息，但是不能立即收到货。与此相反，去"大盒子"购物花钱最少但用时最长，在导购意见和有货率（不缺货率）这两项得分很低，但在种类一项得分很高。最后，小型社区店在价格方面最高，总时间、有货率（不缺货率）以及导购意见这几项得分最高，但种类是短板。

实现精益消费的飞跃

由于项目组想要服务各种类型的消费者——这显然是提高业绩和市场份额的关键——于是他们提出了一个简单又深刻的问题:"我们公司怎样能在任何情况下都满足顾客需求并取得良好的回报呢?"这与前面谈到的自助购物行业大规模消费提出的问题相反。那个问题是:"我们怎么能够找到一个消灭其他零售业态的大卖场形式呢?一个既能赚钱又让消费者满意的单一零售业态?"正是这种简单的想法才有了大卖场时代的诞生。

CEO 和 COO 对这个问题很感兴趣,但他们知道实施起来会遭到公司许多部门的怨恨。比如说,如果"大盒子"公司打算提高零售业态的多样性,这难道不会威胁到那些在大型超市环境中成长的管理人员吗?还有那些把单个店面每年营业额增长视为关键业绩指标的财务人员,是否也会不满呢?毕竟,新的零售业态必定会从现有的零售业态中吸引走一批顾客。那些认为新顾客只来自竞争对手而不是"大盒子"公司自己店面的想法,实在太乐观了。

CEO 和 COO 为了解决成熟公司固有的保守特性,决定脱离日常工作先进行独立的分析,直到得出全部方案。他们指导项目组具体细化每种顾客情况的方案以及从提供商的角度评价这些方案。需要回答的问题是:"公司如何提供每位顾客所期望的价值,同时提高整体业绩和利润?"

在"大盒子"公司实施精益

当项目组根据消费流程图的发现,研究价格敏感的顾客对"大盒子"公司当前零售业态的看法时,很明显可以看出这些顾客想要在不涨价的情况下获得更多建议以及更高的在库服务水平。那么,供应价值流应该如何改善,才能使之成为可能呢?

当项目组绘制简单的供应流程图(见图 8-2),研究现在提供给顾客正确的建议和正确的商品所需的工作时，他们有了一些简单的想法。

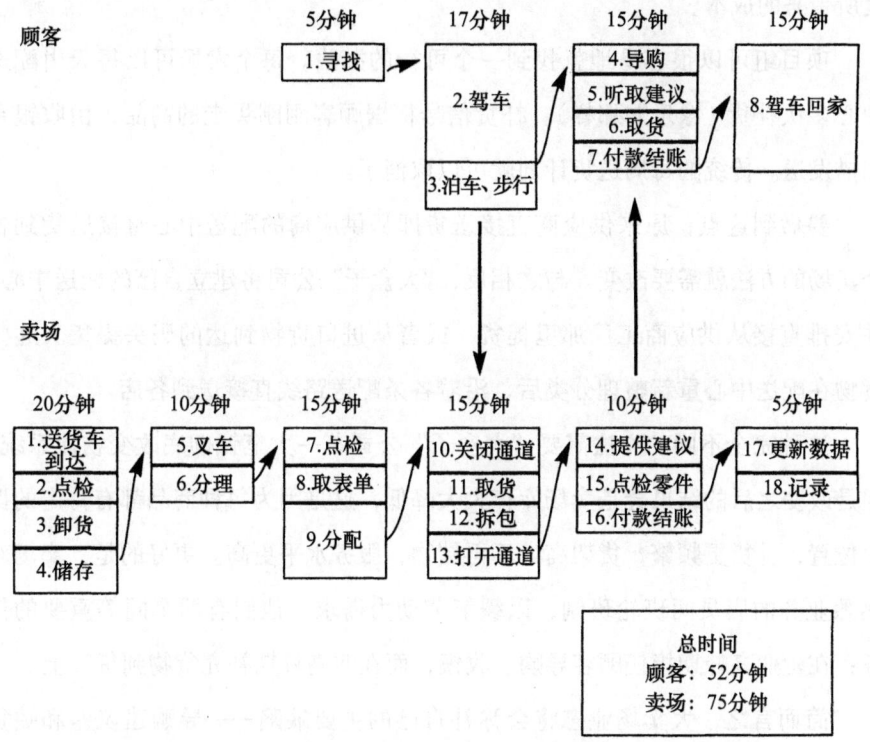

图 8-2　去"大盒子"公司购物

首先，卖场从供应商那里每隔两周进一次货的方法意味着每种商品需要有大量的库存，放在高于购物者的货架上方。也同时意味着刚到货的商品需要连夜储存好，以免库存掉落，砸到购物者。此外，卖场把货物堆到货架高处意味着很多所谓缺货的产品，实际上还有库存，只是难以找到。因此，店员们在营业时间内花了大量时间在找东西上，而没能给顾客提供导购建议。

其次，每日购物者的购物节拍也不均衡——80%的消费集中在2个时段：一个是早晨，另一个是傍晚。为了解决利润下滑问题，卖场经理最近削减人力成本，停止使用全职工作的业务熟练且产品知识丰富的退休老店员。现在店员多为兼职人员，通常是年轻且没有太多产品知识的人，他们每次工作几个小时，来缓解需求高峰。这意味着卖场在节约人力成本的同时，需要考虑许多购物者因为没有得到有用的购物建议重新思考对"大盒子"公司的忠诚度所带来的成本。

项目组可以很容易地就找到一个可行的办法。每个卖场可以每天由配送中心多次补货（像乐购那样）。补货信号根据顾客刚刚买走的商品，由收银台扫描发送。传统的每周送货计划就可以取消了。

要做到这点，原来供应商直接送货即从供应商的配送中心直接送货到各个卖场的方法就需要改变。与之相反，"大盒子"公司将建立自己的配送中心，并安排直接从供应商工厂那里提货，或者从进口货物到达的码头提货。这些货物在配送中心重新整理分类后，沿着各条配送路线直接送到各店。

这种完全不同的方法需要"大盒子"公司花一大笔钱彻底改变物流系统。但是改变之后的结果会是卖场库存大大降低，这是因为每种商品都有特定的摆放位置，补货更频繁，货架高处不再储物，服务水平更高。更好的是，卖场对熟悉业务的店员两班轮班制，以缓解劳动力需求。他们有两个同等重要的任务：在营业高峰期担任顾客导购、收银，而在非高峰期补充货物到货架上。

简而言之，大卖场业态将会弥补自己的主要缺陷——导购建议差和缺货率高。大幅度降低库存量及其持有成本所节省的资金可以用来雇用更熟练的店员和建立新的配送中心。"大盒子"公司目前每年的库存周转率为5，以160亿美元库存支持800亿美元的销售额。在将来，有可能将年库存周转率增加到24，这样就能腾出120亿美元的资金，利用这笔资金建立区域配送中心是完全足够的，可能还会有一些剩余。

在社区店实施精益

这样的做法是大有希望的，但这还不是给时间敏感客户的答案。大卖场业态固有的特点是位置较偏远，因为需要占用大量土地以适应其规模。这意味着大部分购物者需要驱车很长一段路，也暗示着便利店和社区店存在的必要性。然而，按照传统方式运营，这些社区店面临两大问题。它们的成本较高（意味着卖价高），而且商品种类有限，甚至有时候不能满足顾客的需求。项目组需要解决的下一个问题是：如何对小型商店的供应价值流实施精益，以合理的价格满足时间敏感客户的需求呢？

项目组绘制了一个典型社区便利店的供应流程图（见图8-3），包括其补货价值流。从这张图上我们可以看到还有很多创新值得去研究。

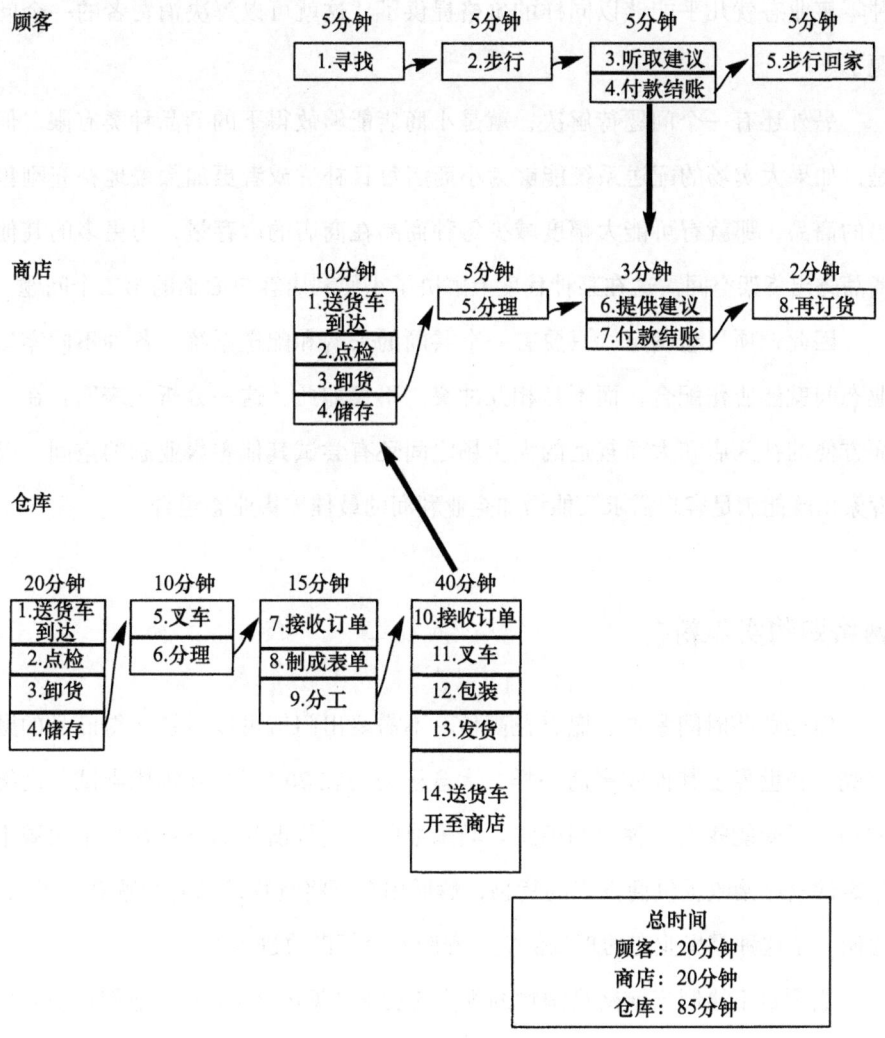

图 8-3　去社区店购物

最重要的一点是社区店和大卖场的成本区别主要在于商品的采购和物流配送成本。虽然因为地价高和劳动力使用效率低，市区商店每平方米的运营成本要略高，但成本差异最主要的原因是大卖场具有很强的议价能力以及较低的物流成本。

这意味着如果共用一个配送系统，大卖场的议价能力和低成本物流就可以让社区店以较低的成本获得商品，这样对于小商店有空间储存的商品，两种零售业态就几乎能够以同样的价格提供了。这就可以解决消费者的一个问题了。

另外还有一个问题待解决，就是小商店能够放得下的商品种类有限。但是，如果大卖场的配送系统能够为小商店每日补货或者更加频繁地补充刚售出的商品，那就有可能大幅度减少每种商品在商店的库存量，为更多的其他商品腾出货架空间。这在某种程度上解决了小便利店客户面临的第二个问题。

因此，项目组确定，只要有一个共同的采购和配送系统，各种不同零售业态间就能协作配合，而不是相互冲突。不仅如此，这一分析还表明，在小而方便的社区店和大而较远的大卖场之间还有尝试其他零售业态的空间，以探索出既能满足客户需求又能增加企业利润的最佳零售业态组合。

网络购物实施精益

但是那些时间紧迫、愿意花高价、不需要出门就可以尽快获得商品的顾客呢？和世界上其他零售商一样，大盒子公司在20世纪90年代尝试了网络购物，但未能找到一种盈利模式。其采取的供应价值流如下：在每个大城市指定的仓库接收提供商发来的货物，然后用车辆将货物发给各个顾客。那么，绘制一个这种零售业态的现状供应流程图能否帮助改进呢？

当项目组绘制当前网络购物的供应流程图（见图8-4）时，他们很快发现最大的问题是仓库和每个顾客之间的距离太远（采用这种方法时，"购物密度"

不能保证配送效率，因而无法达到预期盈利）。这种长距离的为分散的顾客配送的方式消耗了太多资源，而仓库本身也因为有很多的存储和提货的操作而产生大量成本。

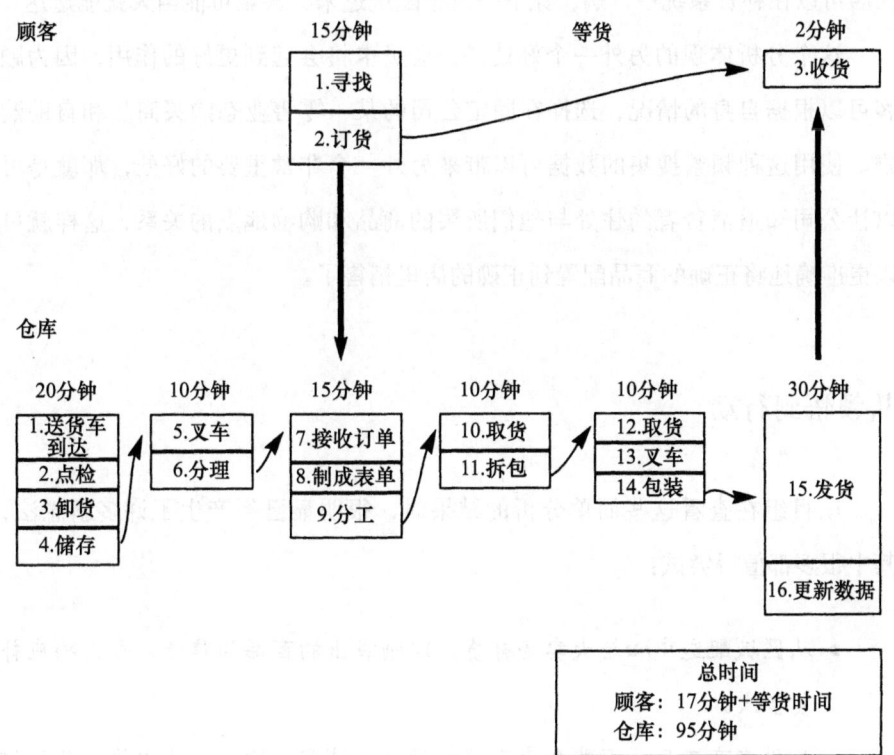

图 8-4　网络购物

项目组在研究了大卖场、社区店和网络购物的供应流程图后，产生了一个可以让三种零售业态都获利的想法（见表 8-2）。

表 8-2　家装快消品成绩表

	总时间	总成本	有货率	总库存	再订购周期
"大盒子"公司	75 分钟	25 美元	90%	2 个月	2 周
社区店加仓库	20 分钟 85 分钟	35 美元 —	95% 95%	1 个月 1 个月	1 周 2 周
网络购物	95 分钟	25 美元	90%	2 个月	2 周

为什么不在购物需求低的时候,从大卖场补货给社区店呢?为什么不给网络购物者多一种选择,在前一天订货,次日从社区店取货,而且免运费呢?同样,如果购物者发现社区店没有自己想要的产品或者缺货了,那么社区店可以在补货系统中订购,让下一趟车配送过来,甚至可能当天就能送达。

这个分析体现的另外一个好处是,会员卡将会起到更好的作用,因为顾客可以根据自身的情况,选择在固定公司的某一零售业态购买商品和自助购物。使用这种频繁搜集的数据可以带来另外一个非常重要的好处,那就是可以让公司知道消费者的住处与他们所买的商品和购物地点的关系,这样就可以更准确地将正确的商品配置到正确的店里销售了。

从领悟到行动

项目组在查看这些简单分析的结果时,很明显已经产生了许多新想法,其中很多都值得尝试:

- 从区域配送中心给大卖场补货,以刚售出的商品为信号,每天响应补货多次。
- 从供应商工厂,而非仓库直接补货给区域配送中心,其中许多是按订单生产的。
- 取消大卖场的高货架和随机库位,使用低层储物架和固定库位。
- 雇用固定的、对业务更熟悉的店员来理货、导购和收银,并根据需求水平调换任务。
- 收购或者建立社区店,给消费者提供更多样的零售业态。
- 在非营业时间从大卖场给社区店补货。
- 网络购物订单由大卖场负责在非高峰期进行配送,省去单独的仓储空间和人员成本。

- 如社区店没有订单上的货物,那么大卖场负责用配送货车(给小商店补货专用的车)补货。
- 改善常客项目,鼓励顾客在同一个公司进行所有的购物活动,建立问题解决的合作关系,而非陌路人。

然而,如果把这些销售和盈利的回报作为坐标轴的一边,以实行难易为另外一条轴,那么很明显这些想法一共可以分为四类(见图8-5)。一些回报最高的方法也是最难实施的,而一些回报尚可的方法似乎看起来更容易实施。

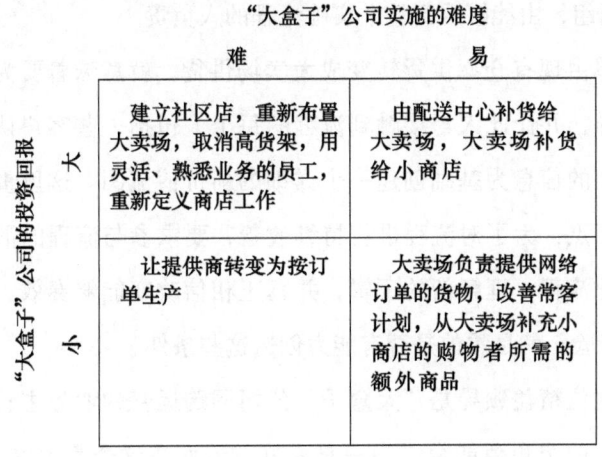

图8-5 精益转型实施难度 VS.回报矩阵图

根据我们的经验,大多数公司在从大规模消费向精益转型过程中,会面临一系列困难的决策,因此需要确定优先级。总体来说,我们认为当一个公司刚开始转型时,取得一些可见的成果比起成果本身更为重要。所以,一般最好是从公司中不会强烈抵触的一些改变开始,以展示这种新思路的好处。然后就可以逐步推行那些更富有挑战而且回报也丰厚的转型项目。

同样,在自己公司内开展的转型一般要比需要其他公司改变习惯的转型更容易一些。因此,"大盒子"公司项目组决定让供应商按订单生产,并直接发货到配送中心,而不是从供应商仓库偶尔补货给商店,这将会是一个很大的挑战，尤其是考虑到"大盒子"公司与其供应商在过去的关系中未曾建立起足够的信任。事实上这种转型是所有转型中最难实现的，要留到最后才能做。

创建精益消费价值流

当分析结束后，是"大盒子"公司项目组付诸实践的时候了。那么，这些从消费和供应流程图产生的想法如何实现呢？最好的方法就是建立一个不同类型的项目组，由能够看到整个实施流程的人负责。

网络订单由现有仓库供货转变成大卖场供货，就意味着要为网购方案指定一位新领导，并让此人与接触到流程的每个人包括一些客户认真沟通，以这些沟通得到的信息为基础创建一个详细的新价值流图。这里重复一下我们提过几次的要点：为了对流程进行持续改善，要求参与流程的消费者和提供商都能看到此流程，理解新的逻辑，并真正相信改变能够奏效。对一个精益领导的真正考验，就是看他是否有能力创造这些条件。

请注意这位精益领导是"大盒子"公司网购运营的业务主管，也是首席流程策划师。两个角色能合二为一是最好的，而在这个简单的网购业务中，确实能够做到。然而，你可能会发现在自己的公司因为业务本身太复杂，很难让一位领导同时戴着业务主管和流程策划师两顶帽子。这是关于判断的问题，你需要清楚谁在戴着哪顶帽子。

幸运的是，"大盒子"公司的网购业务转型非常成功，为进一步推广精益消费思想提供了动力。逻辑上讲，下一步，也是更具挑战的一步，是转变大型超市业态的运营。这要求转型领导更认真地准备消费和供应的流程图。这种情况下，需要的是流程策划师而不是业务上的领导。这大概需要两年多的实施过程。

取得初步胜利后，再扩充零售业态种类，重新构建一个支持所有零售业态的幕后运营系统，包括在社区店和郊区大卖场之间建立一个新的"城市店"的零售业态，这些方面就会在"大盒子"公司获得广泛的支持。这是精益转型的最后一步飞跃。从最初的分析开始，完成整个转型大概需要 4 年时间。

维持精益领导力

我们已经看到了将精益消费引入大规模消费行业过程中的巨大变革。这就相当于《精益思想》一书中所谈到的生产系统转型中的突破性改善（革命）阶段，它会让消费者和提供商双方都感到非常满意。

然而，生活中的改变大多数都是渐进演变，而不是彻底革命。遗憾的是大多数消费价值流和供应价值流在渐进演变过程中，会很快退化为原先的大规模消费水平。其原因不难发现：没有人对持续维持和改善每条消费和供应价值流的这些琐碎但非常重要的工作负责或操心。

为了应对这一自然趋势，除了流程分析项目组和转型项目组外，我们还需要另外一个新角色。这就是要为每条重要的消费价值流和供应价值流的持续改善负责的精益企业经理。这个职位最理想的人是该产品的业务主管，流程改善部门提供技术支持。或者也可以是流程改善部门的人，关注每条价值流的持续改善。

不论是哪种情况，基本任务都是不断观察消费价值流和供应价值流，记录不断变化的消费者需求，更新并公布现状图，衡量和公布绩效表现，定期领导一个由所有接触此流程的人员组成的流程评估项目组。这个项目组的任务是把价值流恢复到原有水平，或提高到更高水平。简言之，需要有人来负责维持"每一个流程规划"的工作。

能够帮助实现这一点的一个重要的工具就是 A3 报告，这是多年前由丰田首创的，指的是管理项目组先进行现场观察并通过了解大家的想法绘制出现状图，然后确定供应和消费价值流所面对的最主要的问题。其主要内容是：

阐述问题、引起问题的供应流程的现状图，能够消除问题的未来状态图，实施改变过程中每个人所分配到的具体任务，以及这些任务开始和完成的准确日期。把所有信息汇总到一张 A3 纸上，并公布出来，让所有接触到此流程的人都能看到。

下面我们以第 4 章所述汽车售后服务为例，制作 A3 报告（见图 8-6）。

当然，这就是一个可视化版本的戴明的著名 PDCA 循环（计划、实施、检查、行动）[6]，丰田稍加修改改为"分析、实施、思考、调整"。然而，关键的区别是：现状和改善计划并不是某个质量和流程专家的独有知识，相反，这是所有人共同的知识，因为它是大家一起观察现状后绘制的，而改善计划也是参与的每个人一起确定的，并且在改善过程中这些计划也同样可以让每个人都看到。

从简单问题到复杂问题

我们已经讨论过精益经理的角色。他的任务就是倾听消费者的声音，挖掘他们真正需要的价值，然后建立能够提供所需价值的新消费价值流和供应价值流。虽然在大多数情况下需要强大的意志力和承诺，但在一个公司内，问题相对简单，所以还是比较容易的。

但是对于那些涉及多个公司的复杂价值流中的复杂问题，又由谁来挑起重任呢？在这些情况下，资产都是由单独的公司控制管理的，可能是在错误的地方做着错误的事情。当现有的方案无法真正解决客户的问题的时候，谁将给消费者提供全新的，且可能会涉及新的业务模式的解决方案呢？我们将在第 9 章中寻找答案。

精益售后服务价值流改善

背景：
- 售后服务，交付维修好的汽车给客户的能力（首次准时准确率）当前较低，为55%，用户感到不便，公司以通过引进精益思想，增加利润——改善整体售后服务价值流，节省50%客户时间的同时节省4S店30%的成本

当前状态：
- 客户满意度=55%（质量=85%，准时交付=65%）
- 完成工作所需时间：50%当天完成，25%需要两天以上
- 效率（工时/工作时间，以车间平均值计）=88%
- 工时=15 000小时

目标：
- 改善售后服务首次准时准确率，以提高售后服务利润
- 用户满意度=90%（质量=100%，准时交付=90%）
- 生产率（以工时计）：直接服务0～2小时，140%；小时，110%；修理/故障，95%
- 工时=20 000小时

建议：
- 通过改进的预订流程，改善当前预先诊断已知工作内容
- 在汽车进入车间之前预先诊断
- 实行0～2小时作业节拍，根据用户需求确定作业速度
- 建立配件拉动系统并及时供货以避免维修技师等候误工现象
- 杜绝开票中的错误，保证交车顺利进行
- 改进停车场的布局，提高可视化和流动性

现状图

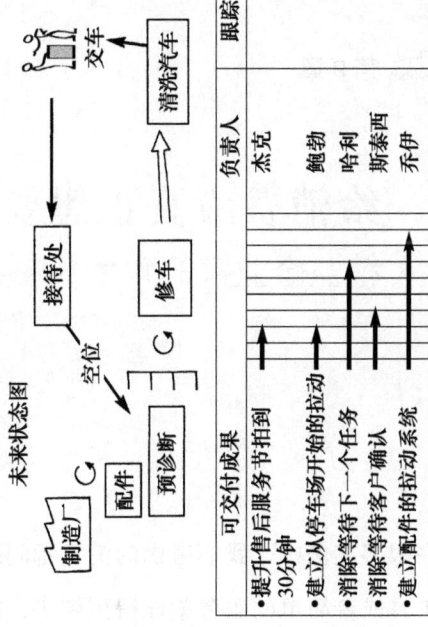

分析：
- 客户诊断流程糟糕，客户在收车和取车处等待
- 预计完工时间很少能够达到，导致用户在作业流程中不断询问维修人员
- 现场停车困难（没有流程号致空间不足）
- 50%汽车需要额外工作，而维修需要得到用户授权，因而阻碍了汽车在车间的流动
- 车间调度员向每个维修技师分配任务——维修技师等待配件和用户授权才能开展下一道工序的工作

未来状态图

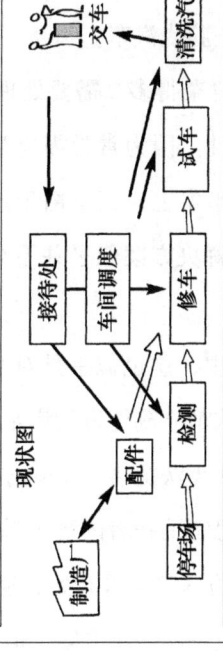

可交付成果
- 提升售后服务节拍到30分钟
- 建立从停车场开始的拉动
- 消除等待下一个任务
- 消除等待客户确认
- 建立配件的拉动系统

跟踪

	负责人
	杰克
	鲍勃
	哈利
	斯泰西
	乔伊

图 8-6 A3 报告

Lean Solutions 第9章

给消费者真正想要的解决方案
精益企业家的角色

在很多案例中，我们考虑的消费者问题都是很直接的。这些问题借助于一些工具或者简单的服务就能得到解决：在合适的时间、合适的地点买到一双合适的鞋，去超市买到所有想买的东西，没那么麻烦就能修好汽车，当你需要的时候能买到新的电脑或汽车。

但是许多问题都要复杂得多，需要处理一大堆事情才能得以解决。因此，这些问题往往更具挑战性。因为常常需要整合分布在不同公司的许多资源才能满足消费者的要求。事实上，正是由于这些问题更具有挑战性，所以我们常常看到消费者寻求的解决方案似乎并不存在。没有任何人站出来提供我们真正需要的选择。

在高度活跃的经济中，这也似乎是对当今世界市场经济的合理描述，我们希望消费者只要有需求就立刻能得到满足。然而我们每天看到的情况却并非如此。所有提供商都往往无法提供一整套方案来解决常见问题。所以，我们设计了一套方法来系统地思考消费者的真正需求，称为解决方案矩阵，稍后将对其详细说明。从消费者的真实需求开始，逆向创建一个供应流程来服务他们，这样总有可能找到一个更好的解决方案。但是，谁将按这种思路行事呢？

在前面的章节中，我们把这项任务分派给了提供商管理人员。他们能做的最有帮助的事情之一，就是仔细倾听消费者的需求，然后建立一个更好的流程来服务他们。但是当遇到更复杂的问题，这些问题涉及多家公司和部门，而这些公司和部门又未处在一个解决问题的合适位置时，该怎么办呢？

更糟糕的是，现有的部门领导并没有直面挑战，而是采取相反的态度，为了维护自己的部门利益，实际上阻挠了消费者需求的满足，这时又该怎么办呢？例如，我们看到，汽车经销商使用政治手段为现有的经销系统（其实很糟糕）获得法律保护（就像在所有发达国家中实际已经实施的那样）。尽管消费者和汽车制造商都在抱怨，但在目前的僵局下找到出路是一个艰难的挑战。

事实上，真正的解决方案可能需要一个新的参与者来开拓新途径。当然，最需要的就是企业家，他们最显著有效的特点就是对阻碍进程的现有部门无所畏惧。事实上，企业家们喜欢奥地利经济学家约瑟夫·熊彼特所说的"破坏性创新风暴"，卷走在错误的地方做着错事的部门。精益企业家需要做的是思考如何在不满意的消费者和现存部门之间寻求机会空间。正如第8章关注精益管理者一样，本章为精益企业家提供指导。

解决方案矩阵

为了明白精益企业家为了企业家本身、供应流程中的工作人员和消费者的利益如何实施精益服务解决方案，我们回顾一下精益消费原则：

- 彻底解决我的问题。
- 不要浪费我的时间。
- 给我真正想要的产品。
- 在我需要的时候提供价值。
- 在我需要的地方提供价值。
- 减少我需要解决的问题数量。

我们把以上各项写在解决方案矩阵的首行中，然后沿左边写下现有的选择方案，看一看各项选择对应每项原则的表现（见图9-1）。

	彻底解决我的问题	不要浪费我的时间	给我提供			简化方案	成本
			需要的东西	需要的地点	需要的时间		
当前方案A							
当前方案B							
当前方案C							

图9-1　解决方案矩阵

如果某个现有方案全部都得高分，那么我们就可以终止这项研究了。当管理人员能够使流程非常完美，可以提供最好的解决方案时，企业家就无事可做了。然而，我们经常发现，现有的选择中没有任何一个能够做得很好。那么，是时候放开所有常见的限制，如现有部门、现有组织架构、现有市场格局，来考虑新的选择了。解放思想，寻找全新的解决方案往往会发现令人震惊的机会。企业家可以抓住这些机会，使消费者和提供商达到双赢。

为了把我们的想法更好地呈现出来，最好的办法就是举几个例子，看看现有的方案，再研究一下更好的选择。让我们从商务旅行尤其是乘飞机过程中令人烦恼的问题着手吧。

长途旅行问题

假定我们在两个中等规模的城市比如锡拉（Scylla）和赛巴第斯（Charybdis）之间出差，这是荷马在《奥德赛》中描写的神秘而危险的地方，然而却是我们许多人觉得应该去参观的地方。[1]

我们提炼出对于这个问题的精益消费原则如下：

- 能够彻底解决我的问题，意味着我们和行李一起安全、准时地到达目的地。

- 不要浪费我的时间，适用于旅行准备时间和总旅行时间，而不仅仅是飞机的飞行时间。
- 给我我想要的，意味着在座位和其他设施都合适的情况下完成我的旅行。
- 在需要的时候，意味着航班的选择很多，理想的状况是恰好满足我精确的时刻要求。
- 在需要的地方，意味着起飞机场靠近我的出发点，降落机场恰好靠近我的目的地。
- 简化我的决策，意味着将包括订机票、租车、酒店所有旅行安排打包成一个服务方案。

当这些原则被提炼出来后，该看看涉及的公司和部门了。这是一张令人惊叹的清单：一个或几个航空公司（包括地勤人员和维修公司）、几个机场运营商、一个保安系统、一个空中管制系统、一个或几个飞机制造商、地面辅助旅行提供商（如租赁车），假如你不愿意亲自做这些事，那么还有几种类型的代理商来把旅行中的所有事务打包成一整套服务。但要指出的是，当今世界这些资产非常庞大和昂贵，而且由许多独立的公司不同的管理人员控制着。毫不奇怪，他们联合起来一起努力，也常常解决不了问题。

那么，现在的空中旅行系统为旅客们提供的选择是什么呢？

辐射式空运系统

对我们大多数人来说，默认的选择都是采用传统的辐射式空运系统的航空公司：美国的美航（American）、美联航（United）、西北航空（Northwest）、达美航空（Delta）、大陆航空（Continental）、全美航空（US Airways），以及欧洲的航空公司，如英国航空（British Airways）。

辐射式空运系统的逻辑与大规模生产和大规模消费思想是相一致的。主要航空公司的大型飞机从较小城市（锡拉和赛巴第斯）的民用机场起飞，航班约两小时起飞一次，飞往一个庞大的航空分流中心（一般是大城市的中心机场）。在那里，大批的旅客换乘、货物转运，然后辐射运输出去到达网络边缘的目的地城市。[2]

在美国1979年航空管制末期开拓这种概念时，公认的理由是这种运输方式能使飞机利用率最高，每英里的旅行费用最低。这种方法就是使用成本效益高的大飞机，同时增加从小城市起飞航班的频次。"航空枢纽"（如达拉斯、辛辛那提、亚特兰大和其他十几个城市）以及同时开发出来的新的收益管理系统（在萨布尔与阿波罗率先运行），允许每家航空公司在每个航空枢纽附近建立一个稳定的影响范围。随着市场得到控制，在这种无管制的环境下不断会有新加入者想要在最赚钱航线中分一杯羹，面对这种威胁的航空公司希望在这种情况下仍然能够赚钱。[3]

辐射式空运系统最突出的问题是实际上资产利用率很低（原因稍后会解释），而提供商的成本却很高。另外，由于要乘坐两次飞机才能到达目的地（第一次到航空枢纽，第二次到辐射终点），对旅客来说，通常总共要花费很长的旅行时间。这还使得每次旅行中发生航班延误、行李丢失和其他麻烦事情的机会成倍增多。

当我们写下经由辐射式空运系统从锡拉到赛巴第斯的这趟旅行的流程步骤时（见表9-1），不难看出，在旅客们在痛苦中挣扎的同时，按照这种理念运作的"传统的"或"网络的"航空公司是如何亏本的。

表9-1　旅客的消费步骤和时间　　　　　　　（单位：分钟）

步　　骤	消耗时间
1. 开车到锡拉机场	15
2. 在大型停车场停车	5
3. 步行至航站楼	5
4. 在航站楼完成登机流程	30
5. 安检处等待（因无法在办理登机手续时完成安检，需要额外时间）	20

（续）

步骤	消耗时间
6. 登上大型飞机，等待乘客到齐	20
7. 飞机在滑行道滑行	5
8. 在跑道出发点等待	5
9. 飞到廷巴克图（Timbuktu）航空枢纽机场	45
10. 飞机滑行到航站楼	5
11. 从大型飞机下机	10
12. 穿越航站楼到登机口	10
13. 等待登机	20
14. 登上大型飞机，等待乘客到齐	20
15. 飞机在滑行道滑行	5
16. 在跑道出发点等待	5
17. 飞往塞巴蒂斯	45
18. 飞机滑行到航站楼	5
19. 从大型飞机下机	10
20. 步行至行李提取处	5
21. 取行李	10
22. 步行至租车柜台	5
23. 坐车到远处的租车停车场	5
24. 取走租车	5
25. 开车到最终目的地	15
总旅行时间	5 小时 40 分钟

我们可以把步骤列表转化为一张消费流程图（见图 9-2，辐射式空运系统的漫长折磨）。请注意，实际增值时间（你到达某地真正所需时间）被涂上了阴影，其总时间不超过总旅行时间的一半。

在航空枢纽"转机"包括：着陆后滑行、到港旅客下机、在旅客换乘间隙清扫飞机及上餐饮等服务、出港旅客登机、滑行、在跑道端排队等候，总共需要超过一个小时。这是因为辐射式空运系统的逻辑，要求所有飞机大致在同一时间到达和起飞，这导致在航班起降间隔时间，机场门可罗雀，而在高峰时间，则门庭若市。

结果，在每天的五次航班高峰期间，平均每架飞机在航空枢纽机场地面上要耗费 5 个多小时。然而，只有重新配置那些要从 A 地到 B 地而且必须中途停靠 C 地的旅客，第二航段才是有意义的。这些伴生的弊端严重地减少了昂贵飞机的利用率,而实际上也减少了真正盈利的机会。由于整天需求量的高峰变化明显,这意味着航空枢纽员工的平均使用率也很低。

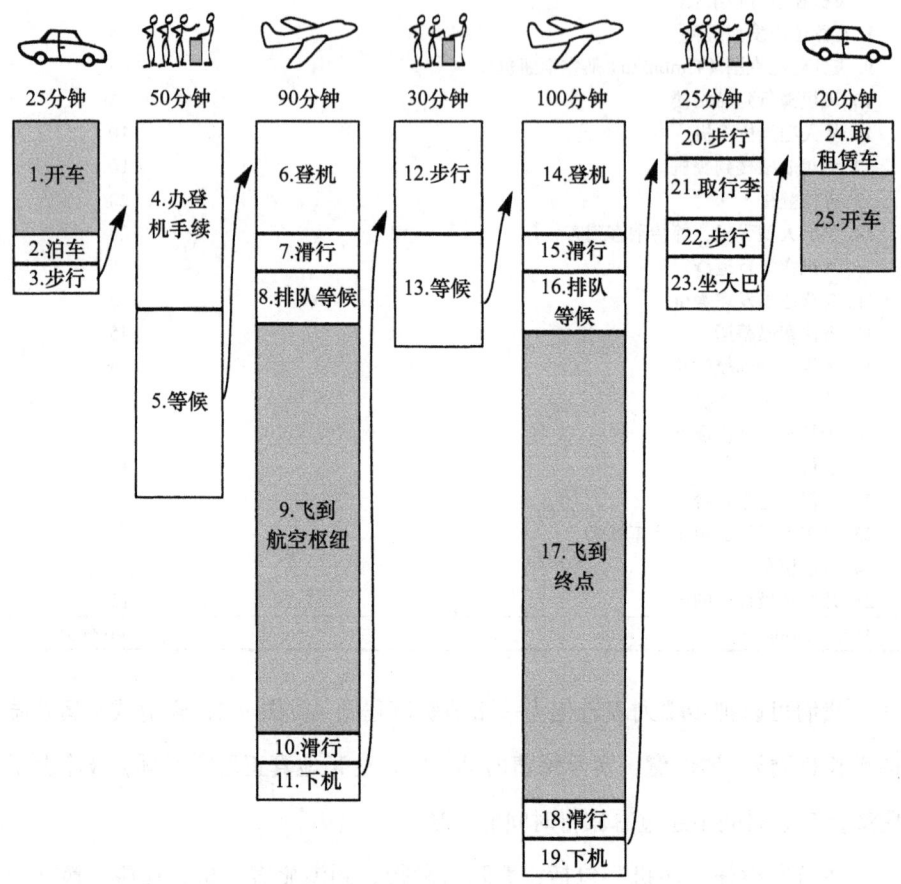

图9-2 辐射式空运系统的漫长折磨

但是对于旅客来说,辐射式空运系统最大的问题并不在于成本这一方面,而是在价格和服务这一方面。事实是这些系统把两种完全不同情况的旅客搅和在一起了。一般认为钱比时间重要的普通旅客和一般认为时间比钱重要的商务旅客,实际上使用的是航空公司提供的同样的服务。航空公司试图用一些办法来解决商务旅客的问题,例如航空公司对常旅客给予多种优惠(包括升级到头等舱)等,但事实是他们对两种不同情况的旅客的服务几乎是完全一样的。这样的情况真是够糟糕的了,然而现有的收益管理系统针对商务旅客来说已经算是很高效了。商务旅客往往在靠近起飞日期时才订机票,又不能在出差地过周末,但是他们为所得服务付了高额费用却不能解决他们最重视的时间价值问题。[4]

让我们把这个选择写入解决方案矩阵,对其表现打分(见图9-3)。

	彻底解决我的问题	不要浪费我的时间	给我提供			简化方案	成本
			需要的东西	需要的地点	需要的时间		
辐射式空运系统							

图 9-3 解决方案矩阵

从这个评分表中可以毫无疑问地看出,辐射式空运系统从一开始就不受商务旅客的欢迎。然而,成熟航空业中全国范围内的连通性很重要,挤入这个行业的高成本意味着即使航空枢纽的运营商数量稳步下降了(有一些为了追求更高的效率进行了合并),但是仍然迟迟没有企业家提出新的旅行方案来挑战现有的模式。

点到点支线航空

点到点支线航空是必然会出现的方案,以西南航空公司为例,由企业家赫伯·凯勒尔(Herb Kelleher)在1971年创建了西南航空。多年来其稳定的业绩使许多航空公司都加入进来,例如在美国有捷蓝航空、穿越航空、西部航空、边疆航空,以及在欧洲的易捷、瑞安航空。这些航空公司把它们大部分旅客都按点到点飞行运送,而这些公司大部分仍然与其创始人有联系。[5]如表9-2的步骤列表,同样从锡拉飞往赛巴第斯,可以看出它们确实为商务旅客节省了一些时间。

表 9-2 旅客的消费步骤和时间 （单位：分钟）

步　　骤	消耗时间
1. 开车到锡拉机场	45
2. 在大型停车场停车	5
3. 步行至航站楼	5
4. 在航站楼完成登机流程	30
5. 安检处等待（因无法在办理登机手续时完成案件，需要额外时间）	20
6. 登上大型飞机，等待乘客到齐	20
7. 飞机在滑行道滑行	5
8. 在跑道出发点等待	5
9. 直飞卡律布狄斯	60
10. 飞机滑行到航站楼	5
11. 从大型飞机下机	10
12. 穿越航站楼到登机口	5
13. 取行李	10
14. 步行至行李提取处	5
15. 坐车到远处的租车停车场	5
16. 取走租车	5
17. 开车到最终目的地	45
总旅行时间	4 小时 45 分钟

　　我们也能为这个旅程绘制一张消费流程图（见图 9-4）。要注意的是，总的旅程时间缩短近一个小时，其中增值时间占旅行总时间的比例也提高了很多。然而，现有的点到点支线航空，很难成为商务旅客的最佳选择。由于航空公司一直沿袭着大规模生产方式的逻辑，以每英里每个座位的成本作为最重要的考虑因素，它们已经把机群标准化为 150 座的窄体飞机——著名的波音 737 系列和空客 A320 系列。同时，因为它们还知道航班频次对于商务旅客来说是非常重要的，所以只有当两个城市之间客源充足，每天飞行 4～5 次能够填满这种 150 座的飞机时，它们才会开通航线。

　　这些决定综合在一起意味着适合这种类型服务的城市组的数目是很有限的。甚至当这种服务概念已经充分展开，辐射式空运系统运送的旅客量占空中旅行总旅客量的比例小了很多的时候，旅客们仍然要使用辐射式空运系统运营商们的服务在许多城市之间往返，或者为了他们的旅行，需要开车很远才能到达提供点到点服务的机场。最后，由于它们关注的是价格敏感型旅客，现有点到点支线航空运营商为了降低费用，尽可能减少向旅客提供舒适设施（特别是缩小前后排座位间的距离），以及在有大型航站楼的传统机场里运营。

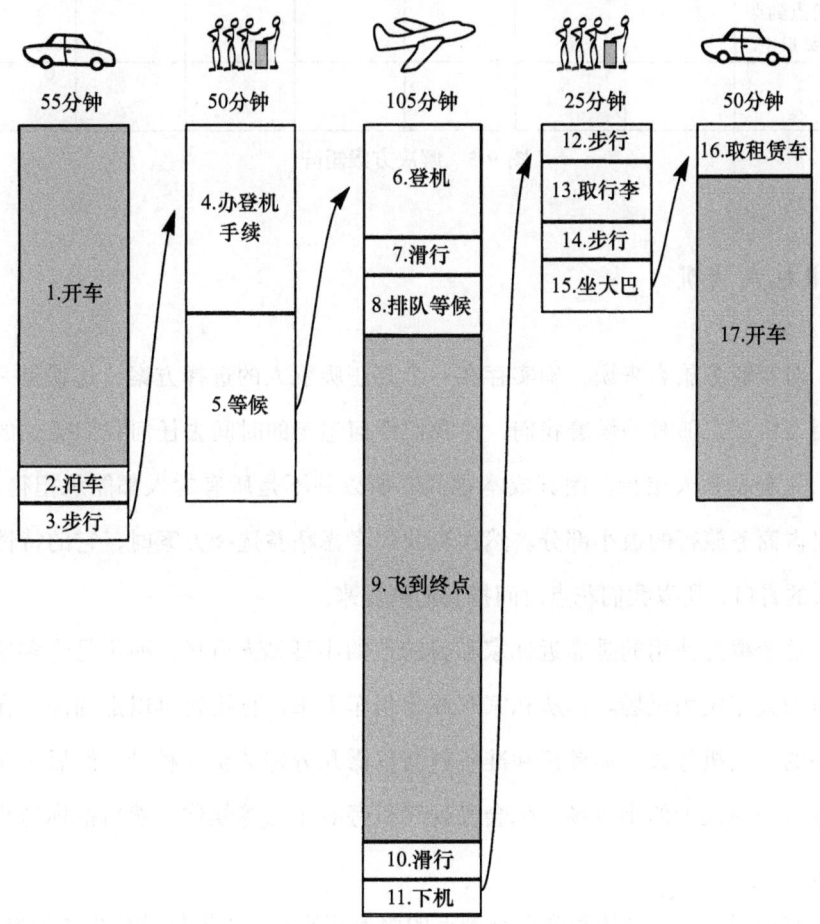

图9-4 到达目的地：点到点支线航空的更佳旅行

这意味着商务旅客的环境太艰苦了。[6] 此外，随着点到点支线航空公司的不断发展，它们在航站楼和滑行道上的延误越来越多，同时也影响了它们竞争对手辐射式空运系统的设备利用率和旅行时间。

图 9-5 为解决方案矩阵。

	彻底解决我的问题	不要浪费我的时间	给我提供			简化方案	成本
			需要的东西	需要的地点	需要的时间		
辐射式空运系统							
廉价点到点支线航空							

图 9-5　解决方案矩阵

专用私人飞机

对于商务旅客来说，确实存在一个真正吸引人的选择方案，这就是一架专用飞机，它随时等候着我们，在我们任何想走的时间去任何我们想去的地方，完全是私人旅行。因其成本很高，所以并不是所有的人都能承担得起，它仅占商务旅行的极小部分。然而当我们考虑精益选择方案时，它的特性吊足人的胃口，所以我们花点时间把它们列出来。

这个概念使用的是靠近你家和目的地的小型私人机场，而不是许多城市周边的大型民用机场。你从私家车或出租车下来，直接就可以走到停泊在几米外的小飞机旁边。你登机和准备就绪仅需几分钟甚至几秒钟，然后直飞到离你目的地最近的小机场。你会发现飞机旁有车在等候你，然后把你送到目的地。

与辐射式空运系统和商业点到点的服务相比较，以同样的旅程作为例子，只花费了 30%～40% 的总时间（见表 9-3），而且大大地节省了精力，避免了麻烦。要注意的是，我们所用飞机的飞行速度是一样的，不同之处在于省去了辐射式空运系统方案中的第二段的飞行时间，以及前两个方案中的地面旅行时间和机场等候时间。

表 9-3 旅客的消费步骤和时间 （单位：分钟）

步　　骤	消耗时间
1. 开车到锡拉的私人机场	15
2. 在靠近飞机的停车场停车	5
3. 穿过小型停机坪到达飞机前	5
4. 登机	3
5. 在滑行道滑行	3
6. 直飞卡律布狄斯	60
7. 飞机滑行到小型停机坪	3
8. 下机	3
9. 坐上飞机旁边等候的汽车	2
10. 开车到目的地	15
总旅行时间	1 小时 54 分钟

我们可以把这种方案绘制成消费流程图（见图 9-6）。请注意，现在增值时间占总旅行时间的 3/4。

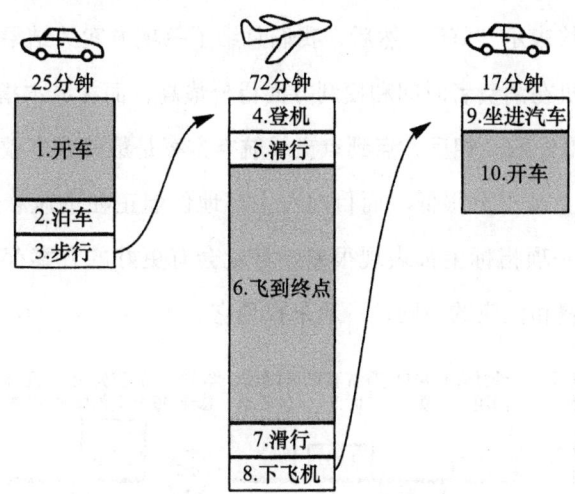

图 9-6　高价的专用飞机：昂贵但近乎完美的旅行

这种方案正是我们大多数人想要的服务。当然，问题就在于其费用。涉及的小机场和小候机室的运营费用是便宜的，但是，一般的飞机标价数百万美元，而每年仅飞行 300 小时左右，因而其每座位每英里的资金成本是非常高的。而且，飞机需要有经验的机组人员和地勤人员，其人数常常比旅客还多，在旅行间隔期间，这些人员的利用率非常低。虽然对大多数旅客来说专用飞机这个方案并不是一个实际的选择，但为了作为参考，我们还是把它列入解决方案矩阵，并增加旅行成本一项（见图 9-7）（注：成本由流程种类和流程中投入的每一项成本决定，价格则是由市场决定）。

	彻底解决我的问题	不要浪费我的时间	给我提供			简化方案	成本
			需要的东西	需要的地点	需要的时间		
辐射式空运系统							
廉价点到点支线航空							
专用私人飞机							

图 9-7 解决方案矩阵

在图 9-8 中，我们给每一条指标一个分值。横线以下的条块表示"不好"，横线以上的条块表示"好"。然后，我们总结了每项方案的结果。简单的结论是专用私人飞机在消费者时间和便利方面得分最高，而在成本指标上（客户的费用）却惊人得失败。相反，点到点支线航空方案是最具成本效率的，但在其他每一项指标上都得分很低。而目前占主导地位但正在迅速衰退的辐射式空运系统，在每一项指标上都表现很差。肯定会有更好的方案存在，让我们通过审视精益消费和供应的原则，一起来找到它。

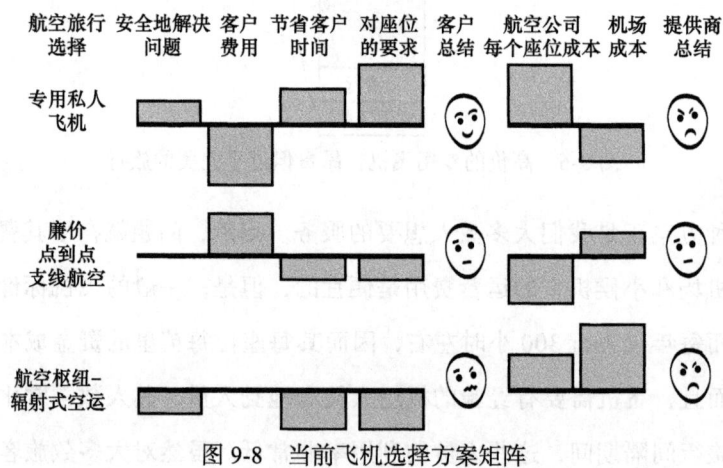

图 9-8 当前飞机选择方案矩阵

想象精益航空旅行

什么样的方案可以更好地解决旅客的问题,既要最安全、最快速、最便捷地从锡拉飞到赛巴第斯,又要在给运营商留足恰当的投资回报的情况下以高成本效率来做这件事?我们总是先询问在目前方案的供应流程中,是否能够将那些浪费时间、引起麻烦的高成本步骤去除掉。如果现有公司中有精益思想的管理者们,通过流程改善能做好这项工作,那么我们就用不着去找企业家了。

增强型辐射式空运系统

在研究辐射式空运系统时,我们明白无论如何改进,这个系统对商务旅客也永远做不到较好的时间效益,因为它总是需要一个中转站来进行旅客分流。由于飞机、机场、工作人员的利用率很低,这个系统对运营商来说同样不能做到良好的资产效益。最近的航空公司危机表明,该系统在投资方面是极其粗笨的。航空枢纽是巨额的固定资产,它们对旅客运送量的损失极为敏感,也无法有力应对这种情况。事实上,很快,这种类型的服务最可能的"革新"将是"直飞"破产,股东们将几乎损失他们的全部投资,同时其员工将被迫接受降薪。

然而,仍然需要有一个"网络"航空公司来提供中小型城市之间的连通,这些城市无法产生足够的客流量来支撑点到点的直飞服务。很难想象有任何一种航空旅行能够提供在缅因州的波特兰和俄勒冈州的波特兰之间或者是英国的亚伯丁和希腊雅典之间的频繁直飞服务,更不用说提供从波特兰(缅因州或俄勒冈州)和亚伯丁或雅典之间的直飞航班了。最好的可操作解决方案可能是将更小的但是航程更长的飞机换入小型航空枢纽,来进行更频繁的飞行,同时加速在这些航空枢纽的中转,例如理顺飞行时间、从飞机前门登机、后门下机等。这对于精益经理来说是个艰巨的任务,我们希望他们一切成功。

增强型点到点支线航空

正在快速扩张的点到点支线航空的现有形式的主要局限性是需要许多旅客在地面上行驶很长的距离,才能到达有点对点支线航空的城市(这个城市有足够客流量)。另外一个问题就是需要和航线双边大型机场预约和谈判,这让旅客的负担和麻烦日益增多。

进一步的做法是采用比现在 150 座型号更小的飞机,以使点到点航空能在更多的城市之间展开。[7] 例如,35 ~ 90 座的支线飞机,现在每两小时一个航班从较小城市飞往航空枢纽,可以改为以同样的航班频次在较小城市间直飞,省去绕道航空枢纽的时间并加速旅程两端的运转时间。这种方法对于已有航空公司内部的有精益头脑的管理人员来说是很容易实施的,因为它不要求资产转移,不需要重新考虑飞机设计,也不改变机场的运营。点到点支线航空运营商如捷蓝航空最近订购了比一直沿用的标准 150 座客机更小的飞机,我们预感这种做法将会广泛传播。[8]

商务点到点支线航空

即使有了这些改进,但是对于商务旅客来说,这两种主流的方案仍不是最佳选择。这些方案在大型航站楼的处理时间很长,这比旅客从起点到终点的飞行时间还要长。而且它们仍然偶尔使用大型飞机来运营,这使得登机和下机都很慢。结果是其总旅行时间是那些专用私人飞机的两倍以上,而且专用私人飞机可以在你任何需要的时候提供舒适的设施,特别是在处理行李和座位方面。点到点支线航空的大多数空中飞人感到恼火的是:在机舱里没有放手提行李的充足空间、托运行李长时间的等待、座位窄小没有伸腿的空间、被各种不同旅行目的的旅客（大多年轻而喧闹）包围。总之，他们仍然把不同情况的旅客混合在一起，提供同样的服务。精益思想怎样带来飞跃呢？

一个方法是停止在大型机场里浪费商务旅客的时间。为什么不使用遍布美国和欧洲的那些成百上千个小机场呢？它们通常比那些现在大部分空置的大型民用机场更靠近居民区和商务区。为什么不使用在这些机场现成的机场运营商（即在你开车到航站楼时经过的路边的小机库）来为飞行服务？为什么不只承载那些经过了背景调查的已经加入航空公司俱乐部的常旅客？这样就可以处理预订和安检的问题了（没有起飞前的安检就运送旅客是不可接受的，但是搭乘背景清楚的"伙伴"而不是陌生人，会使得安全检查工作更快更容易）。

这些方法是针对高成本、浪费时间的机场的，那么对于作为航空运输业中另一项大成本的飞机又怎么办呢？为什么不使用适合于更小机场的、配置了适当设施的小型飞机呢？目前为 35～50 位旅客设计的支线飞机，很容易改装成为适用于 20～35 位旅客的公务舱，在舱内保留足够大的空间存放行李。下一代会有更佳的设计，例如在每个座位下设有放行李的箱子，以及增加舱门使机舱两端同时能登机，这种飞机只需要少量的地勤人员就能加快周转，这样就能在提高昂贵飞机的利用率的同时减少对人力的需求。[9]

如果从降落到再次起飞的周转时间能降低到 15 分钟（对比航空枢纽运营商的 1 小时和现在点到点支线运营商的至少 30 分钟），如果大部分旅客从起点到终点都不需要经停，如果传统航站楼的资本需求量能减少，那么应该有可能把成本降到目前经济舱全价票的价格之下，也应该有可能在大部分商务旅客能接受的票价下，覆盖更多的城市组（减少地面旅行的时间），提供更多的航班。

最后，为什么不简化飞机的运营方式，不再需要机舱内的服务，两个机组人员就能又驾驶飞机又处理地面事务呢？如果旅客们自己搬运行李，在登机门附近的餐车上自取所需的饮料和食物、刷身份证件和登机牌快速通过安检,那么航站楼的员工就只需要一名保安了。如果飞机被设计成快速起飞前检查和快速加油(和你在加油站给你的汽车加油一样),当机长在为下一个航段做准备工作时,副机长就可以做飞行前准备了。[10]

我们可以列出这种方案的步骤,然后很容易就看出该方案的总飞行时间与专用私人飞机的相差无几,但是前者成本只是后者的很小一部分(见表9-4)。

表9-4 旅客的消费步骤和时间　　　　　　(单位:分钟)

步骤	消耗时间
1. 开车到锡拉的私人机场	15
2. 在靠近飞机附近的停车场停车	5
3. 穿过固定机库,到达飞机	5
4. 登机	5
5. 在滑行道滑行	3
6. 直飞卡律布狄斯	60
7. 飞机滑行到固定机库	3
8. 下机	3
9. 步行到飞机附近租车停车场	2
10. 拿到租赁车	3
11. 开车到目的地	15
总旅行时间	1小时59分钟

通过绘制消费流程图9-9,我们也可以看到现在的增值时间占总旅行时间的比例非常高。在除开使用超音速飞机来做中短距离旅行,或用直升机把旅客从他家门前的草坪上直接送到会场楼顶的情况下,从技术上来讲在可预见的未来,这种方案是近乎完美的,而它本来可以更接近完美。近期有不少飞机制造商已经宣布计划推出轻型喷气飞机(VLJ),它能搭载5～9名旅客,其所需资金和每座位每英里的运营成本都比传统的飞机要低很多。至今已经发布了四个项目计划,其他的项目也可能出现。[11]这些飞机可以和其他大飞机一样用作专用飞机,而且其相当低的资金成本也意味着大部分公司高管能够拥有自己的飞机或者与其他人共享这架飞机。

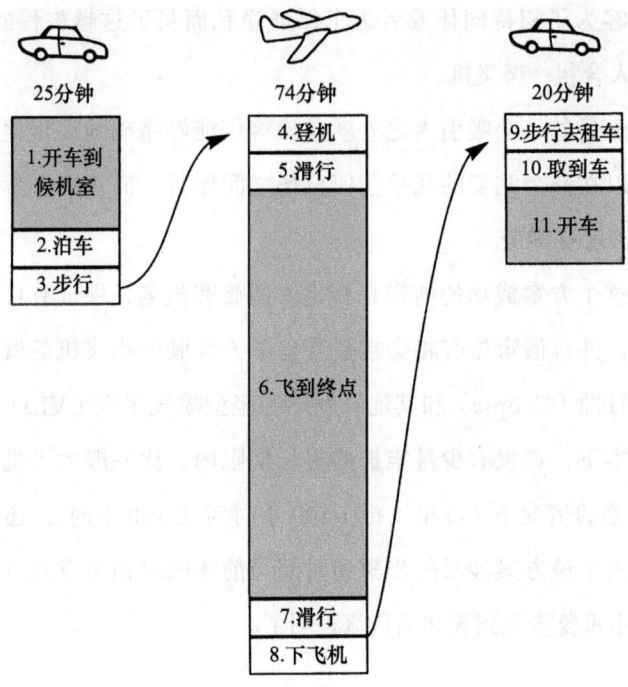

图 9-9 让我无浪费地飞行：商务点到点支线航空

更有趣的是，几个潜在的运营商正在计划用轻型喷气飞机（VLJ）向商务旅客推出点到点的"空中出租车"服务。例如，天天航空（DayJet）打算在 2008 年年底前部署一个由 309 架日蚀 500（Eclipse 500）飞机组成的网络。第二个加入者是罗伯特·克兰达尔（Robert Crandall），此人是美航公司退休的董事长。他在 20 世纪 70 年代末创立了辐射式空运系统的概念（从达拉斯到沃斯堡和芝加哥）、收益管理系统（萨布尔）、飞行常旅客计划，以及让痛苦的旅客迷上航空公司的低度麻醉剂。克兰达尔和他的伙伴唐·伯尔（Don Burr，人民捷运的前董事长），正在计划用几百架 5 座的亚当 A700 飞机组建波固（Pogo）空中出租车公司。

这个概念让旅客在网上发表自己要在某个特定时间、在某两个地方之间做一次直飞旅行的意愿，然后将消费者的意愿与提供商的服务能力进行最佳匹配。飞机的运营可以使用我们建议的商务点到点支线航空相同的小型机场。

除非某个旅客为了招待同伴或者为了保证隐私而买下这趟旅程的全部座位，一般是几个人合租一架飞机。

这个概念另外一个吸引人之处就是旅客们能够精确地设定他们希望的旅行时间，可以在整个北美的几乎任何机场之间旅行，而不用去考虑这些地方之间的航班密度有多低。

当然，这个方案成功的前提是有足够的旅客报名，保证有可接受的承载率和利用率，并且假定旅客将会接受乘坐单人驾驶的小飞机的概念。其他无法估量的是日蚀（Eclipse）和其他开发中的轻型喷气飞机（VLJ）在他们计划的每小时成本下，在仅有少量维护的更长期限内，比一般大飞机公司的飞机飞行环境更差的情况下（每年飞行1 500小时对比300小时），还能够安全可靠地运行。由于该方案涉及的步骤和时间与前述的增强型点到点方案是一样的，我们就不重复步骤列表和消费流程图了。

完成解决方案矩阵

我们现在可以在已有的三种选择的解决方案矩阵中加入两种新的选择（见图9-10）。一看就知道，这两种新的方案比现有的两种主流方案要好得多，这是值得旅客和企业家认真考虑的。

这些就是全部可能的方案了吗？当然不是。另外的选择可能是采用轻型喷气飞机按计划安排的方式，而不是基于需求的空中出租车服务。不过当然还有很多其他的选择。

我们是在预言哪些方案将会胜出，而且企业家在为商务旅客做好事的同时也对他们自己有利吗？绝对不是。这不是我们做这个练习的重点。我们是在展示一种思考未来选择的方法，这些是严格根据精益消费和精益供应的原则构造出来的。我们尽量保持建设性和引导性，而不是提出预言。

有一点很清楚的是，为消费者的问题创建一个快速、省力、省心、经济高效、安全可靠的解决方案的同时，需要重新考虑资产（机场和飞机）、运作方式（航空公司工作人员）与运营系统（安检和空中交通管制）。问题的复杂性和整合现有资产的必要性，给了精益企业家一个清晰的任务，即把所有的碎片整合在一起，包括航空公司从来没有直接控制过的那些部分，来提供服务。[12]

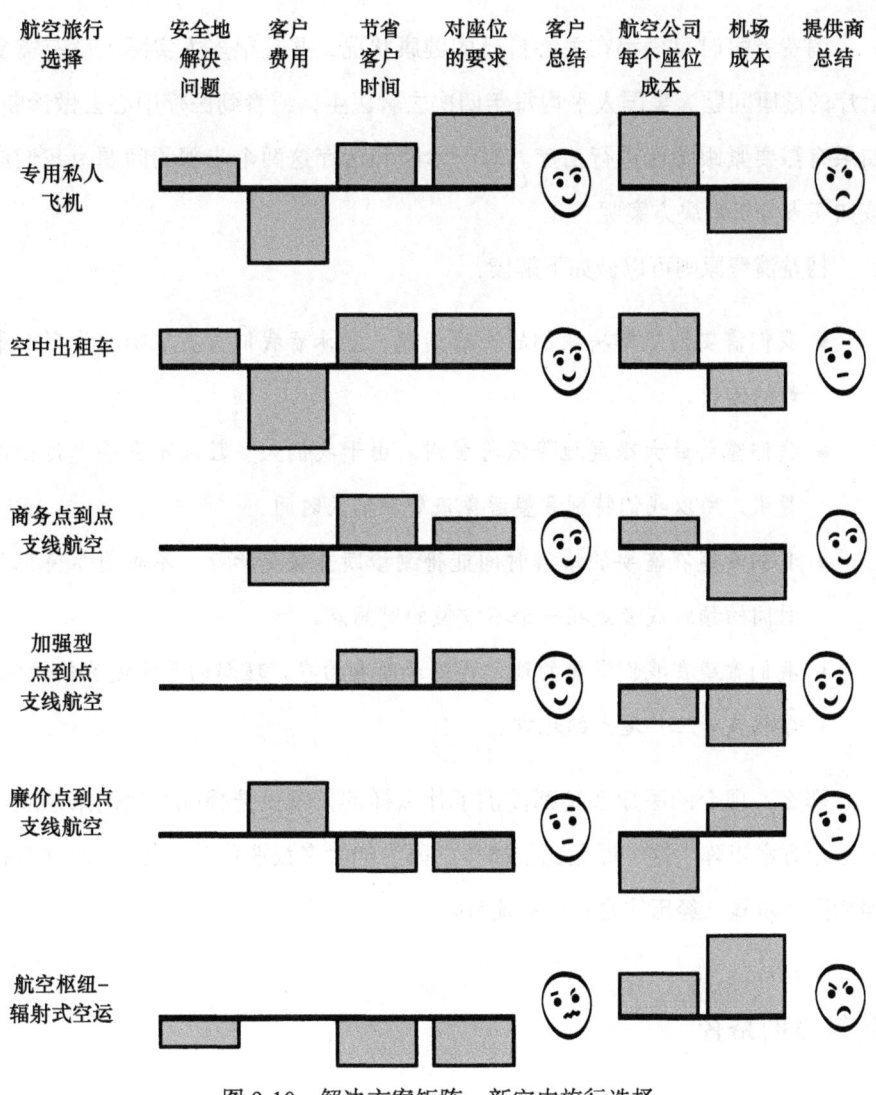

图9-10　解决方案矩阵：新空中旅行选择

这就是一个案例，这个方法能否帮助企业家洞察如何处理广泛存在的消费者问题呢？我们认为是可以的。让我们通过另一个常见的问题，典型情况的诊断和治疗，来检验这个假设。

迈向精益医疗

消费者每时每刻都在关心自己的健康状况，并且很多人实际上就有需要治疗的健康问题。美国人平均每年四次去看医生，或者到医疗中心去做诊断，如果有需要紧跟着就进行治疗。对于诊断和治疗这两个步骤的问题，我们应该如何来分析解决方案呢？

精益消费原则可以做如下解读：

- 我们需要彻底解决我们的医疗问题，意味着我们需要准确的诊断和最好的治疗。
- 我们需要最大限度地降低总费用。由于我们大多数人不直接支付全部费用，所以我们特别希望避免浪费我们的时间。
- 我们希望在需要的恰当时间能得到诊断并接受治疗，不希望等待很长时间的预约或者是在一个不方便的时间点。
- 我们希望在我们需要的地方得到诊断和治疗，理想的是靠近我们的家、学校或者工作地点的地方。

那么，现今的医疗系统都提供了什么样的方案供选择呢？我们来建立一个医疗方案矩阵。这个课题比较简单，因为绝大多数消费者（患者）现在都按照相同的步骤，经历非常相似的流程。

传统诊断路径

假设某个消费者有一个简单问题：慢性咽炎，特别是在夜间。虽然网上有很多资料,医学字典里也有合适的诊断和治疗方法建议,但是我们大多数人不时地忍耐直到有一天突然感到:"这可能很严重,甚至生命攸关,我最好是去看医生。"

典型的第一步是给基础医疗中心打电话预约。如今在美国,这种事通常是通过某种医疗保健服务中心来完成的,这个医疗保健服务中心是与医疗保险关联在一起的。

在第 4 章中已经描述过,最开始通常需要和前台或护士来回通几次电话,对患者的问诊做第一道筛查。然后还需要来回通几次电话,来预约医疗保健服务中心。由于大多数专家还没有转换成开放式就诊,专家的日程表是固定的,那么预约的时间通常排在几天以后,而且是在一个不太方便的时间段。

经过长时间的等待之后,终于见到了医生,医生通常的结论是建议到大型医疗中心去看更资深的专家,做进一步的诊断和治疗。[13] 因为大型医疗中心的设备费用高、专家费用高,希望这些资产能被计费的服务充分占用,于是在这些服务前面排着很长的队,所以预约需要等待相当长的时间。此外,患者后面还可能需要的几次预约,也常常会安排在不方便的时间。最后,巨大的医疗中心坐落在远离患者家和工作地点的地方,本身就不方便。然后停车,穿过庞大复杂的建筑群,找到要去的侧楼、楼层和办公室,对患者来说也是个很大的挑战。[14]

最后,高价的医生使用昂贵的设备终于报告了一些好消息:没有癌症或者内出血,问题是适量胃酸反流。通过饮食、正常呼吸以及一些简单药物就可以得到控制。即使是不需要继续跟进与治疗的诊断流程,仍然包含很多步骤,花费患者和医疗系统很多时间、很多费用,以及带来许多不便。我们用包含所有步骤和时间的列表来总结上述流程,首先是针对患者,然后是针对提供商(见表 9-5 和表 9-6)。

表 9-5　患者的步骤和时间　　　　　　（单位：分钟）

步　骤	消耗时间	步　骤	消耗时间
1. 打电话给医疗保健服务中心（HMO）(包含等待)	5	15. 步行去看医生	10
2. HMO 回电话讨论问题	5	16. 等待预约	30
3. 打电话给 HMO 的咽喉科专家（包含等待）	5	17. 初诊	30
4. HMO 咽喉科专家回电话	5	18. 回家（步行/出停车场/开车）	60
5. 开车去看医生	10	19. 打电话给医疗中心第二次预约	5
6. 停车	5	20. 开车/停车/步行去见医生	60
7. 步行到候诊室	2	21. 等候预约	30
8. 在候诊室等待	20	22. 复诊	30
9. 与专家会面	20	23. 步行/出停车场/开车	60
10. 回家（步行/出停车场/开车）	17	24. 打电话给专家询问结果	5
11. 打电话给医疗中心预约（包括等待）	5	25. 与专家讨论结果	10
12. 医疗中心回电告知就诊日期	5	总时间	8 小时 4 分钟
13. 开车到医疗中心	45	实际就诊时间（增值时间）	1 小时 30 分钟
14. 停车	5	总步骤	25 个步骤

表 9-6　提供商的步骤和时间　　　　　　（单位：分钟）

步　骤	消耗时间	步　骤	消耗时间
1. 接电话	2	12. 接待患者初诊	14
2. 回电话给患者讨论问题	5	13. 医生初诊	30
3. 接听患者电话	2	14. 医生写病历	10
4. 回电讨论问题，预约	5	15. 接待患者电话，预约	5
5. 诊断前检索病历	10	16. 接待患者	10
6. 接待患者	10	17. 医生复诊	30
7. 患者与专家会面	20	18. 写病历，记录诊断发现，建议治疗方案	10
8. 专家写病历	10	19. 与患者讨论病情和治疗	10
9. 医疗中心接听患者电话	2	总的员工时间	3 小时 16 分钟
10. 回患者电话，告知看病日期	5	实际诊断时间（增值时间）	1 小时 30 分钟
11. 在安排系统中确认订单记录	10	总步骤	19 个步骤

列出这些步骤，在供应流程图的上方绘制消费流程图（见图 9-11），并给真正增值的步骤涂上阴影，我们很容易就可以看出，患者整整 3/4 的时间以及提供商 1/2 的时间都是浪费。

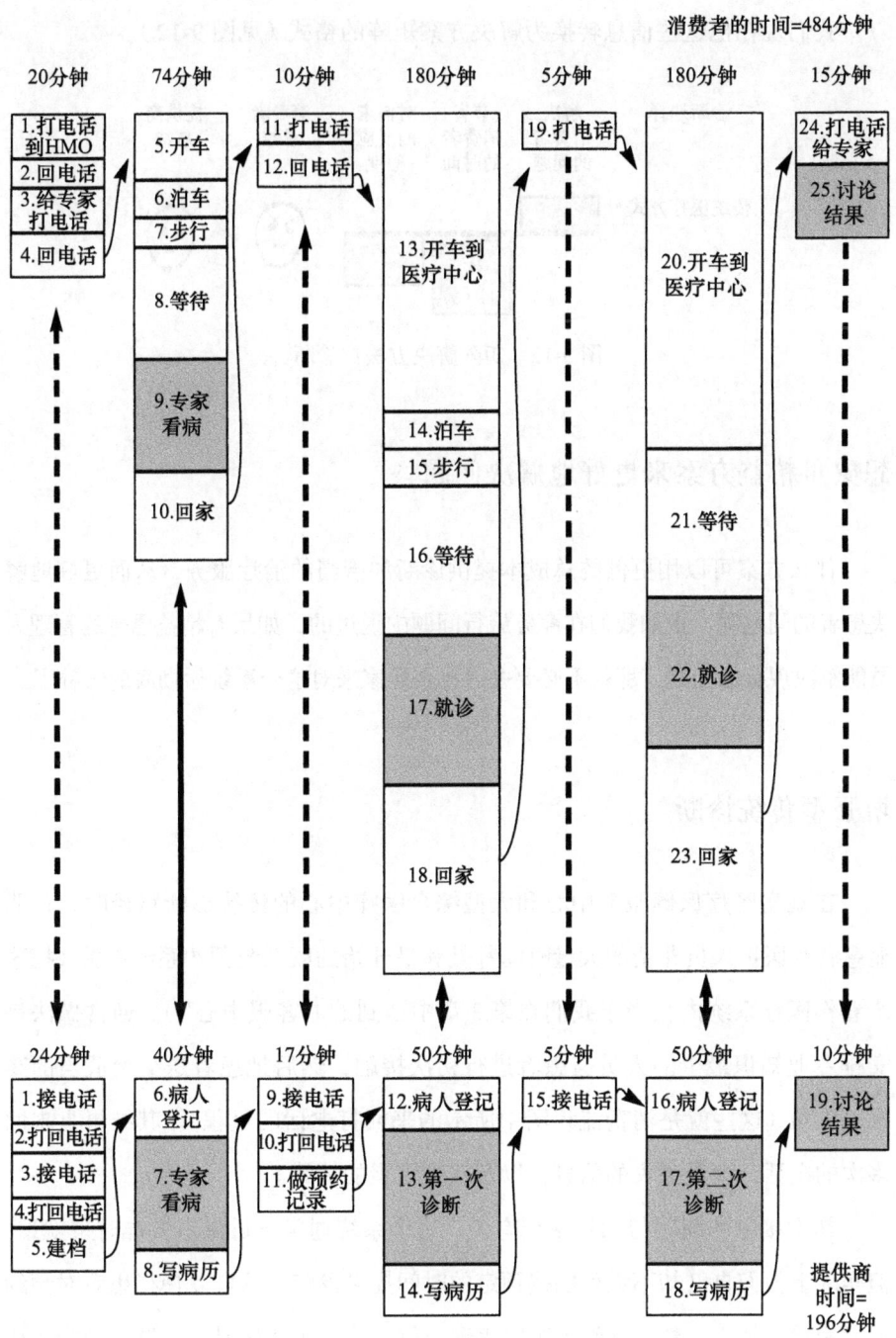

图 9-11 请等待：诊断的消费流程

我们现在把这些信息转换为解决方案矩阵的格式（见图 9-12）。

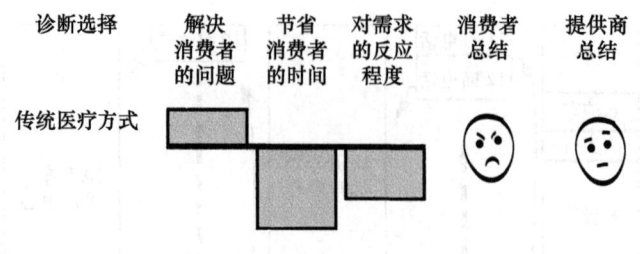

图 9-12　矩阵解决方法：诊断

想象用精益方案来更好地解决问题

什么方案可以用更低的总成本提供诊断和恰当的治疗服务，从而更好地解决患者的问题呢？正如我们在商务旅行问题中说过的，如果有精益思想的管理人员能解决现有的问题，那就不必要去寻找企业家来对这个系统做彻底的修补了。

增强型传统诊断

在观察医疗保健服务中心和大型综合医疗中心的传统诊断路径时，很明显患者和医护人员花费的大量时间都是和最开始的联系与预约系统有关（把这个看作医疗系统内相当于我们在第 3 章中遇到的"客服中心"）。通常做法是安排专业知识最少的人员与患者进行初次接触，然后把患者送交给适当的高水平人员（这些就是消费流程图中所示的来回打电话的过程）。其结果是来回多次的电话，大量丢失的信息，以及双方沮丧的情绪。

初次接触的问题与预约系统有关，这个系统通常告诉患者要准时来就诊，但实际上他们自己却不大可能按预定的时间提供诊疗。这样就使得患者对预约的时间漫不经心，整个预约系统的表现也就下降。不要轻易认为这是医疗机构的特殊问题，这与我们在第 4 章里讨论过的汽车维修流程的情况是完全一样的。

因此，进一步的办法是重新考虑与患者接触和预约的方式，把更资深的护士直接安排到第一线，给予她们足够的信息，使她们能够当即决定应该遵循怎样的诊断路径。这样做意味着需要能够立即取得患者的电子病历，还需要提供一套清晰的不需要更高层的监督员去考虑或确认的诊断路径。

第二步是像第4章中描述的那样，把硬性的预约慢慢转变成"开放式就诊"。有明显症状需要就诊的患者可以在他们觉得方便的任何时候来，然后灵活配置提供商的资源以便适应不断变化的需求。[15]

一些简单的分析表明，如果我们简化医疗价值流中每一次与患者的接触，那么我们可以取消消费者和医疗系统在来回打电话过程中各自的4个步骤。患者将只需要打两次电话，一次打到医疗保健服务中心，一次打到医疗中心，马上就可以确定接下来什么时候要做什么，提供商也只需要回两个电话。此外，我们可以让患者选择一个时间来就诊，灵活配置系统的资源来应对需求，避免延迟等待，这样可以缩短患者1小时20分钟的等待时间（患者虽按预约时间到达，但未能准时开始就诊）。

这些步骤是一个好的开端，无须对诊断系统进行根本重组，就可以由具备正确思想的管理人员来实施。而偏远且庞大的区域医疗中心更大的问题，这些步骤是解决不了的，但这些医疗中心耗费了诊断流程中大部分的时间和资源。让我们从企业家的立场来看看这个问题。

专用诊断路径方案

大型综合医疗中心是社会以很好的理由建造的最复杂和最容易让人迷失的机构。它们通过复杂的建筑群和昂贵的预约系统，来共享昂贵的设备和昂贵的专家。它们引进很多不同的诊断和治疗价值流，各自通过预约系统对昂贵的设备和专家发出使用要求。

对精益思想者来说，他们看到了一个与传统大规模生产方式的工厂极为相似的医疗机构，所有活动按部门分开。传统工厂是全部焊接都在焊接部门完成，所有的喷漆在喷漆车间完成，全部装配都在总装车间完成。部件（这个案例中的患者）沿着加工路径从一个活动流转到下一个活动，在途中经常遭遇排队。许多传统工厂也有"在制品仓库"，用来存放工序间等待下一道工序的部件。这些与现代医院里面那些候诊大厅用来安置流程中等待下一步骤的患者，再相似不过了。

本书作者之一的一位老年亲戚最近出现一些症状需要到一家这类大型综合医疗中心就诊，他亲身经历了一次这样的现象。这位亲戚是我们先前著作的一位读者，对我们的书很感兴趣。他建议在我们陪同他诊断的过程中，记下各个步骤和时间。最后，在4天里共经历了100多个步骤，包括有3个晚上住在高楼层病房里。从到达医疗中心到完成一个具体的诊断然后出院的整整96小时中，患者仅仅经历了4个诊断步骤（如验血、CAT扫描），共耗费2个小时。其余的时间是在排队等待使用复杂设备，以及排队等待专家解读检验结果。医疗保险和补充商业保险的账单总额超出12 000美元（顺便提一句，第一位医生大约花了10分钟做身体检查，之后用复杂的检验系统得出的检查结论是一致的。因此，额外的4天和12 000美元中的绝大部分都是用来验证最初的诊断）。

无须多说，只要有所有这些活动和协调复杂设备的需要，那么一个复杂的集中预约系统就显得很有必要。

在工厂的世界里，精益思想者们已经取得了重大进展，他们打散"加工群"，集合不同类型的生产活动，把"工艺步骤"中的设备和技术工人重新配置到不同类型的制造单元中去。这些做法使得正在加工中的产品能直接从一道工序立刻进入到下一道工序，理想状况是实现单件流，在工序间没有等待也没有库存。这也使得工厂可以按照不同的产品系列分拆，进而转移到更接近客户的小厂房中去生产。

要在医疗行业做到这些，没有在制造业那么容易，确实需要企业家来介入了。这是因为大型医疗中心的运营（像航空枢纽）是这样的，减少几个诊断和治疗路径的收益，可能会影响整个医疗中心的经济利益。因此，可以肯定的一件事是已经建成的医疗中心将会顽强地捍卫它们按照传统继续做事的要求，并且阻碍独立的专用诊断和治疗路径的建立。

但是，为了建立以患者为中心而不是以提供商为中心的诊断治疗流程，我们还能够怎样消除长途奔波和长时间排队，以及伴随产生的需要患者和提供商付出的成本？我们还能够怎样才使得医疗行业变成一个更有竞争力的行业，使初级保健医生在重点考虑成本/价格因素之后，能有向患者推荐专用诊断治疗路径的选择？

假定这一切都做到了，所有的步骤按顺序从医疗保健服务中心（HMO）直接转移了到附近的专用诊断流程。仿照我们之前的例子，列出这个简单的诊断所需要的新步骤，我们可以看到潜在的成本节省（见表9-7、表9-8）。

表9-7 患者的步骤和时间　　　　　　（单位：分钟）

步　　骤	消耗时间	步　　骤	消耗时间
1. 打电话给医疗保健服务中心（HMO）	5	8. 步行去候诊室	2
2. 开车去见医生	5	9. 诊断，步骤之间实行连续流	30
3. 停车	2	10. 讨论病情和下一步	5
4. 步行到候诊室	2	11. 步行/出停车场/开车回家	20
5. 与专家会面并预约	20	总时间	1小时48分钟
6. 开车到专用诊断地点	15	实际就诊时间（增值时间）	55分钟
7. 停车	2	总步骤	11个步骤

表9-8 提供商的步骤和时间　　　　　　（单位：分钟）

步　　骤	消耗时间	步　　骤	消耗时间
1. 接听患者电话，预约	5	6. 讨论病情和下一步	5
2. 诊断前检索病历	1	7. 写结论，与医疗保健服务中心（HMO）分享咨询病历	10
3. 接待患者来访，与专家会面	25	总人员消耗时间	1小时36分钟
4. 专家写病历	10	实际诊断时间（增值时间）	1小时5分钟
5. 准备和诊断流程	40	总步骤	7个步骤

把这些信息转化为消费与供应流程图,将增值时间(实际诊断时间)涂上阴影,我们可以看出患者和提供商增值时间的比例都接近75%(见图9-13)。

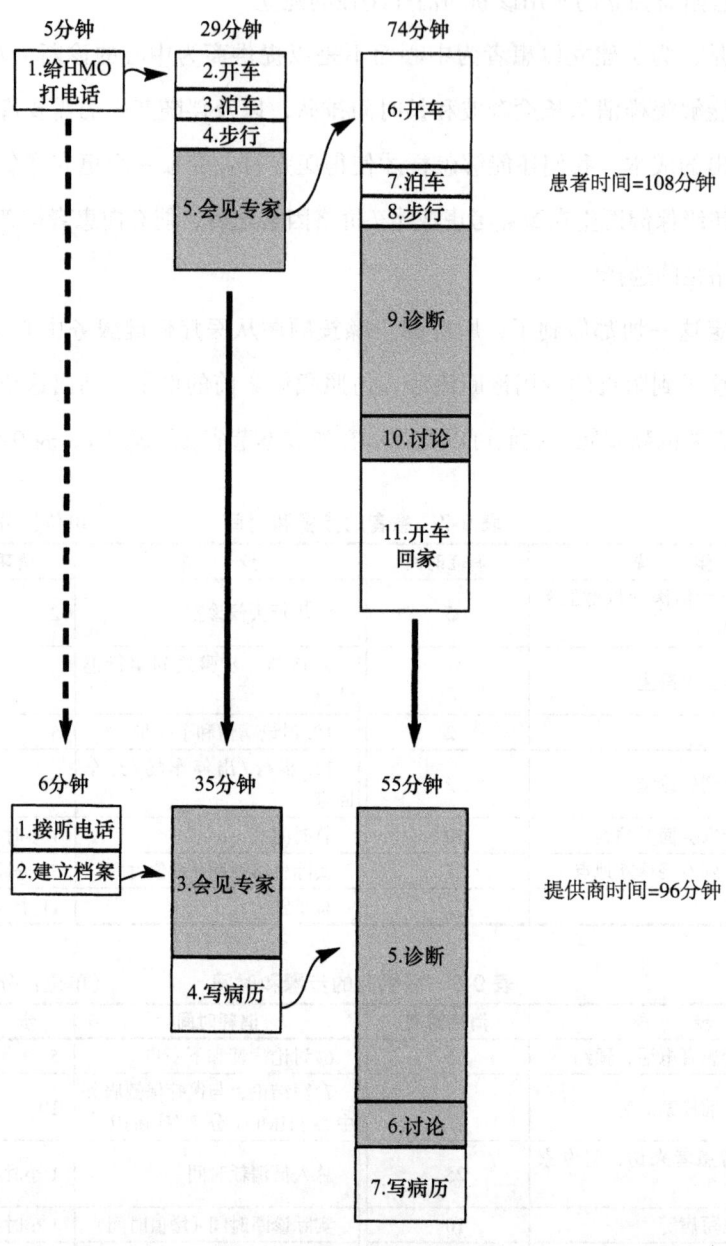

图9-13 精益流程:专门诊断

这看起来似乎很简单,但实践起来会有许多困难。设备需要重新配置,它们要安放在任何地方而且大小合适,以便在专用诊断路径中更容易操作和维护。病历存放需要简化,加速在相关的医疗保健服务中心(HMO)和专用诊断治疗团队之间的传递。同时,医务人员需要成为多面手而且能够更灵活调配岗位,这样几个医务人员就能够完成一系列步骤,而不是像目前综合医疗中心里每个员工只专注于一个步骤。

由于既有可预见的当前管理人员的抵触,又存在系统中已有资产的威胁,做这件事的只能是企业家,而不是传统的管理人员,无论这个管理人员是多么拥护精益方法也不行。当然,企业家已经在不影响全身健康的医疗(激光眼外科、疝气手术)迈出了这一步,只不过这是把这个概念扩展到更具挑战条件的程度问题。

我们可以用最终的解决方案矩阵来总结这种情况(见图9-14)。

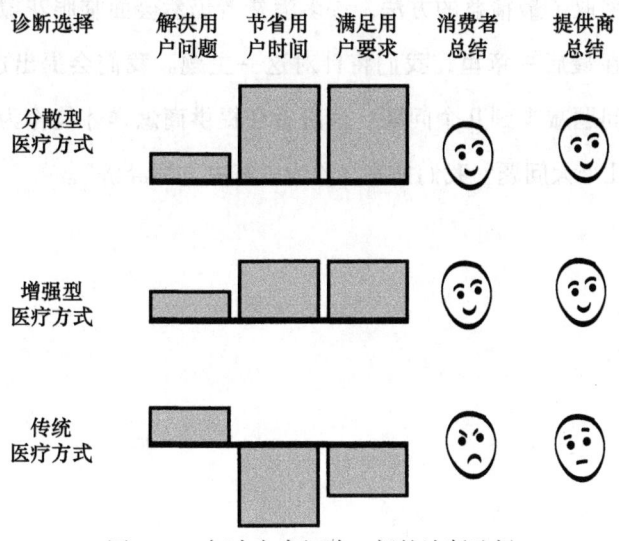

图9-14 解决方案矩阵:新的诊断选择

这些就是全部可能的方案吗?答案就像商务旅行一样,当然不是。很多创新者正在努力实现的另一种路径是推广小型的个人数码医疗设备,这些医疗设备是与网络信息及专家系统相结合的,这样患者可以越来越多地在家自已诊断（使用目前提供的许多工具包），然后自行治疗（包括家用的复杂治疗，如透析），而且把专用诊断路径与家庭医疗结合起来也是有可能的。

就如航空旅行一样，流程图和解决方案矩阵的目的不是预言哪种方案有效，更不用说哪个能胜出。这只是为寻求新方案提供一个严格且一致的方法。只要使用这种方法，我们保证那些值得认真研究的方案，哪怕还没有应用，很快也会出现的。

持续改善解决更少的问题

我们现在已经探究了精益消费和精益供应的原则，描述了精益管理人员和精益企业家在解决许多消费问题方面的角色。但需要注意的是，大多数消费者的问题不是仅需要解决一次，而是要持续地解决问题。而且即使每种类型的问题都采取了最精益的方法，许多消费者仍然会面临眼花缭乱的各式各样的问题。在最后一章里，我们将针对这一主题。我们会提出这样的问题：怎样将许多问题减少到几个问题？消费者和提供商怎样才能作为合作伙伴持续地解决这几个大问题？我们把答案称为"解决方案经济"。

第 10 章 Lean Solutions

一劳永逸地解决消费者的所有问题

直到现在，我们一直在讨论的是指以包括消费者时间在内的总成本最低化来获得种类丰富的个人产品和服务。我们认为这比目前大多数提供商所提供的前进了一大步。但是如果我们问一个简单而又重要的问题，取得再次飞跃也是有可能的：在 21 世纪消费者寻求的消费首要环节是什么？什么样的产品、服务和性能的配置是消费者们真正想获得的？

在经济发展的历史进程中，消费者已经可以买到种类空前繁多的越来越高端的物品。从牛车、驴车、马车、福特 T 型车，到运动型多功能车，要使用这些产品，还要购买更多的辅助产品和服务，如牛饲料、驴饲料、汽油、保险、配件、维护和修理。一个普通消费者的工作变成了把不断增加的提供商所提供的各种产品和服务整合到一起，来解决他的问题。正如我们所看到的，能买的产品和服务不断增多，而每天能用的时间却不会增多。随着社会不断发展，消费者需要做的决定太多，而能用的时间却太少，这压迫得消费者喘不过气来。即使精益思想者们成功地减少了每个消费环节的总成本——包括消费者的时间，仍然无法改变这个事实。

当然，少数富人是例外。他们获得的是解决消费问题的综合方案，而非孤立的产品和服务。他们雇用私人助理，让他们根据需要把产品和服务整合成令人满意的整体方案。简而言之，比尔·盖茨、沃伦·巴菲特，这些人不会去考虑太多怎样买一辆新车，为什么他们的电子邮箱出了问题，冰箱里没有做晚餐的食物了。他们的问题是通过一个可以称为"精湛消费"的流程（工作人员的时间成本很高，但他们完全可以接受）来解决的。他们的个人消费经理把很多产品与服务搭配在一起组成了一个完整的解决方案。[1]

让我们设想另一种方式。我们相信普通的消费者可以用一种新的方式与提供商合作，把很多的产品和服务组合成几个模块，使各方都能减少时间、麻烦和成本。事实上，技术上的支持（下文将进行阐述）和增值的技巧（前面几章已经阐述过了）应该可以进一步改进消费的基本环节。消费者和提供商可以从只关注孤立产品和服务、通常是陌路人、一次购买一件，转变为由少数几个提供商长期提供的低成本、少麻烦的能解决生活主要问题的完整解决方案。这样的世界是有可能实现的。这也是为什么我们相信我们现在已经做好准备走向解决方案经济了。

省心的信息与通信管理

让我们从回答基本问题开始。作为消费者，我们在生活中需要解决的基本问题有哪些？

在我们写这本书时，跃入脑海里的一个答案就是信息和通信管理。我们非常需要和世界沟通，一方面是学习我们所需要和希望了解的事，另一方面是与外界交流我们学到的东西和我们下一步需要做的事情。这听起来很容易，但做起来很难。

为了了解对当前消费者来说这个问题的重要程度，我们来看一下两位作者之一的家庭。像现在许多家庭一样，这个家也是丈夫写作和妻子运营小出版社的办公场所。当我们现场观察这个场所的时候，发现以下这些物品：4条电话线（家用的电话线、家庭办公室 1 号电话、家庭办公室 2 号电话、传真线）；4 个手机号码（父母各 1 个，孩子们各 1 个）；4 个不同的电话和手机的长途通话提供商；全家共用的宽带是另外 1 个提供商；还有 1 条提供各种娱乐频道的有线电视数据线。

为了使用这些功能，我们需要 6 个电子邮箱（家庭成员每人 1 个，另外两个是用于网上购物的，以防其他 4 个电子邮箱受到病毒攻击）。这是由 4 个不同的网络服务商提供的。

我们还需要硬件和软件：电话机（最后数下来是 14 个）；电脑（有 6 台，地下室的那台也许还能用）；很多操作系统和应用软件；打印机（4 台）；1 台传真机（老式的，但偶尔还是有用的）；扫描仪/复印机（2 台）；调制解调器（装在每台电脑里）；宽带的无线发射器（在地下室和顶楼）；网线；一个备份移动硬盘；还有在地下室里被称为总线的奇妙装置，它要定期复原，才能重新开始正常工作。

最后，我们别忘了乔希（Josh），他帮我们安装软件（今天刚刚帮我们删掉了令人讨厌的"间谍软件"），还有弗雷德（Fred），他帮我们安装硬件（几乎每个房间的网线加上无线系统）。另外还有客服热线和客服工程师，他们帮助我们解决家里使用的该公司的硬件和软件的问题（上周刚来处理了一个磁盘问题）。

但是这仅仅是目前的状况。就在我们写书时，我们正在完成从胶片摄影到数码摄影的转型，以后我们的照片，就可以从数码相机（以及手机）通过网络立即传输到祖父母那边，而不用像以前那样邮寄了（只要我们的软件正常）。事实上，在几年之内，我们家里所有的娱乐设施将全部数字化并且和我们的基础通信网络相连接，这样我们的电视（以及 DVD 播放机加上老式的录像带）和音响系统（当然包括 iPod）就将成为一个大通信系统的一部分。

这些功能当然非常棒，否则我们也不会买它们。但是谁来设计这个主系统呢？谁来提供全部设备呢？谁来研究和获得所有这些硬件、软件和数据传输的服务合同呢？谁来对出现的问题做出初步诊断呢？谁来组织人员维修呢?在不断地寻找更好的设备和更好的服务时,谁来回收处理淘汰的设备呢?一句话,在技术快速变革的时代,谁能持续地来创建并实施这个主计划,来解决我们的信息、通信和娱乐问题呢?

答案是我们自己来做,而且是无偿的,而且我们讨厌这份工作。例如,最近我们两人试图理清我们的电信提供商,确保在众多服务商中找到性价比最好的。然后……我们放弃了,就因为做这件事太复杂和太耗时间了。无疑,我们现在所使用的电信服务物非所值,但是我们决定通过降低要求来满足。[2] 我们实在没有时间去把这些事情办得更好,特别是我们还想尽快把这本书写完。

为什么我们不能只和一个提供商打交道来解决全部问题呢?为什么我们不能只到一台电脑屏幕上描述我们的通信问题(需要的和想要的)以及我们的预算呢?为什么不是这一个提供商持续地来处理我们的问题,而不再需要我们投入时间和精力呢?最理想的就是我们不需要在硬件和软件上再投资了。也就是,我们按照我们使用量支付费用之后,应当在需要时得到我们需要的每一件东西,如硬件、软件和支持服务。

一个解决方案解决一个核心问题

技术变化的飞快节奏和许多技术之间的相互联系,也许说明信息管理、通信以及娱乐组合起来的特殊问题,可以通过一个解决方案得到解决。有人会认为:"大部分消费问题本来就是小事,不适合于打包处理。"我们不这么认为。事实上,我们认为目前消费者试图解决的大量问题,可以归纳为六个核心问题。

住房

每个人都需要有一个居住的地方。每个住房其实都是一个塞满了产品和服务的复杂机构。房屋本身的结构和所有你能想到的设备，都需要持续地购买、安装、维护、维修、升级和回收。

很多消费者住在公寓里，其最主要的吸引人之处就在于由专业服务机构（物业公司）来管理房产——虽然它们常常不能令居民们满意。事实上，尤其是在发达国家，随着买房成为普遍现象以及居住密度下降，自有住房和别墅的居民的比例都在持续增长，结果就是所有住房问题都摆在了消费者的面前。

许多业主花费相当多的时间来学习修理东西，当然对那些以修理东西为癖好的人来说就没什么了（除非提供多样化商品并不缺货的购物场所——正如我们之前所描述的——这样家里维修所需要的正确物品才能很容易买到）。但是，还是有许多缺少这些技能的业主，他们与喜欢的多家服务提供商建立起联系，保证生活正常运转。

从我们自己的情况来说，我们发现确实需要电工、管道工、暖气和空调专家、园丁、烟囱清扫工、木匠、清洁工、屋顶和排水沟专家，还有几个设备维修服务商来保证家里的东西处于正常运转的状态（我们还找了另一批帮手，经常到家里解决电信和电脑系统，以及通信的问题）。最近几年，我们两家都通过不同的装修公司或承包商，对家里做了大量的升级换代工作，或是对房屋的修缮。

组织和管理这些团队既费时间又让人头疼，尤其是装修行业还有个坏习惯——从不准时，也不会第一次就把事情做好。现在还有另外一种选择，以管理公司的形式处理手上的所有问题，但是当真需要时，其价格还是高得离谱。所以，我们依然靠自己来打理这些事情。

为什么我们不能在一台电脑的屏幕上把我们当前的住房问题、未来需要、计划都展示出来，然后在正确的时间第一次就把维修工作做好，而且价格比我们现在支付的维修费用低？为什么这个"方案提供商"不能保存我们房子的档案，即包含所有系统的配置、改造情况、应用模式和维修记录的精确蓝图？

这样能够使得提供商计算出住房使用寿命周期范围内最佳的维修和更换时间，在派遣维修队伍时带上正确的工具和零件，而不需要再回去取。例如，我们经常感到疑惑的是，屋顶在漏雨前修理还是漏雨后修理更合适？住房提供商可以收集经验数据并给出正确的答案，来为客户服务。决定如何处理这件事，以及解决其他很多与使用寿命周期相关的问题，仅仅靠我们自己是没有希望的。

医疗

很多年前，医生懂的知识有限，他们自己就像小商人一样，患者先去找基础保健医生诊断，只有在必要时才会被送到合适的专科医生那儿接受治疗。通常，专科医生都是专家，他们与基础保健医生分享介绍费。这是单点接触的关系，只要患者还在这个区域生活，这种关系就会长期保留。

后来医生的知识更加丰富了，医疗活动转移到大量的医疗保健服务中心（HMO）中去了，同时，患者开始移动得更频繁，事情就变得复杂了。面对庞大的官僚化机构，患者被迫采取一套全新的技巧在这些系统里周旋。

更严重的情况是，病历的管理常常是一塌糊涂，当患者更换医生或者医疗保健服务中心时，它们很难跟着一起转过去。[3] 现代社会的流动性，意味着大多数患者在一生中会在不同的城市甚至不同的国家接触到很多基础保健医师和专科医师，而病历和对患者病情的了解却常常无人问津。

当把医疗问题看作消费问题时，以上提到的仅仅是困境的一部分，[4] 还有噩梦一样的账单。大多数医疗服务都是通过某种途径投保的，管理这些保险文件（特别是令人抓狂的错误）已经变成许多消费者的一个主要负担，尤其是那些没有很多精力的老人，他们无法敏锐地应对自己遇到的所有问题。作为中年人，我们已经谙熟混乱的私人和政府医疗保险付账系统，但我们从不奢望能真正了解它们。但对于我们父母这一代人，要想精通这些细节，完全是不可能的。

为什么患者不能有一个单一的、长期的医疗联系点呢？确切地说，就是一个有稳定工作人员的医疗机构，可以给患者制定一个健康计划（包括有能力详细说明患者在医疗方面真正的需求），并保留他们终生的病历。这样无论患者搬到何处，也不管健康出现什么问题，都能得到服务。这个机构要有客户经理，每个客户经理都配有一个医生，他对每个病人的需求和期望都有直接的了解，然后这个机构要在患者需要的时候组织好专家和信息，并且同时要处理跟财务和病历相关的所有问题，也就是提供给患者一系列的服务，患者只与这个机构打交道。

这个机构需要有专业化的信息管理，并分派知识丰富的工作人员到一线直接面对消费者。从逻辑上说，这些工作人员收入的变动，应当与患者的健康是否实际出问题挂钩，而非与他们来电询问的次数挂钩。这个概念听起来和我们在第3章对故障处理行业的讨论相似。在第3章中，我们了解到有精益思想的企业派遣知识丰富的工作人员去与消费者直接接触，可以直接找出造成问题的根源。这种做法比出现故障后把初级工作人员派去和消费者机械地沟通，然后在问题变得更糟时再把问题逐步升级到高层，更加有效。这种情况在医疗方面尤其如此，如果在一开始就忽略了从根本上解决问题，就会导致后来补救方案付出更高的成本。

出行

在第7章中，我们谈到了消费者为个人出行购买汽车的几种不错的方法。我们希望在未来的几年中，这些方法都得以实现。但是买车和找到一个能胜任的4S店（如第1章、第4章里讨论过的）仅仅是问题的一部分。消费者仍然需要处理如搜寻、付款、上牌、保险、检查（安全和排放）、常规保养（更换润滑油和雨刷）、汽车报废等事项，而且大多数人还会需要某种紧急救助的服务。这意味着要处理很多关系，花费大量时间去做无偿工作。

为什么消费者不能有一个满足出行需求的单一的接触点呢？为什么不能有这么一个单独的机构，通过一个电脑屏幕显示所需的各种车辆的全部信息？在用户需要时，将所需的车放在车道上，这样既不会带来麻烦，也不会浪费时间，对消费者和提供商来说总成本都很低。但为什么不能用同一个接触点，按消费者的不同出行需求，预订出租车、豪华汽车甚至是公共交通工具，并支付相关费用呢？

请注意，消费者其实不需要拥有任何车辆，虽然也许一些人愿意拥有豪车，并只希望卖车人能提供保险、上牌、检查、保养和紧急救助等服务。一般来说，消费者只在需要的时候使用需要的产品和服务。这些可以由一个代理商来提供，而且不管消费者的处境如何改变，也不管搬迁到何地，其会一直给消费者提供这些服务。当然，代理商的工作要做到位才能达到这样的效果。下面我们就此做进一步讨论。

类似的概念可以应用到个人出行的其他方面，比如长途旅行的需要。在上几章中，我们努力地探寻长途旅行还不存在的方案，如关注经常出差商务人士的商务支线航空，或者是按照商务旅行需要提供"空中出租车"的服务。即使所有这些选择都存在，当消费者处境发生变化，还是需要不同的产品组合——我们称之为解决方案单元。这些解决方案单元包括许多方面的关系，如果需要加入酒店和租车，就会有更多各式各样的关系了。

把所有这些解决方案单元联合成一个综合体，以此来解决旅客不断产生的问题，才是真正的挑战。目前来看，互联网似乎是完成这件事的最佳途径，像速达（Wxpedia）、城旅（Travelocity）这样的服务机构在互联网泡沫破灭后，依然存活下来，还在提供快速的订票服务，当航空公司和酒店有空位或空房时，还常常有特价，但是从未实现过全部承诺。事实上，这些服务确实是十分有限的。对于用同一个航空公司，在两个大城市之间往返直飞的这种简单的旅行，可以做得很好。但当消费者试图把旅行路线变得复杂一点（我们的商务旅行和度假旅行的行程似乎总是复杂的），通常就毫无希望了，而且常常要做大量的无偿工作。尤其是商务旅客，他们常常最终回到传统的旅行社。这些旅行社清楚商务旅客的爱好，对正在流行的不同解决方案单元都有所了解，而且当出现差错时，会用熟悉的声音和旅客真正地交谈（并表示安慰）。

但是现在，由于航空公司、汽车租赁公司还有酒店为了强迫消费者使用它们自己的网站，都取消了与旅行社的合作，消费者只能直接付钱给它们了。

现在似乎当地的旅行社在逐渐组成全球性的网络来给世界各地的消费者提供服务，它们在逐渐地转变成解决方案提供商的角色。与此同时，为了和旅客一起努力使双方占用的时间和精力都最小，它们正在尽全力使其常规服务变得自动化。同时自动化网络服务公司，现在都开始雇用人工来处理复杂问题，看上去更像旅行社了。如果这种情况能持续下去，就会自然而然地开发出一个成熟的出行供应体系。

财务管理

对许多消费者来说，或许最烦人的新问题是：在这样一个无序的、工作经常变动的、家长式雇主逐渐消失的、产品种类不断衍生的时代，还需要去打理个人财务。我们的父辈从不用考虑他们的养老金或保险问题，他们所在的公司会有人去处理这些事。但我们却要花费很大精力去管理我们的养老金、保险（人寿险和伤残险），并且剩余的钱还要考虑怎么进行投资。另外，我们必须弄明白如何报税，如何支付那些随我们购买的产品和服务而来的各种账单，以及整理日常业务带来的洪水般涌现的文件（银行为了使账单支付更加省力而设计了一个网站，我们迅速地在上面查了一下，一位作者的"收款人"列表中就有51位经常打交道的商家）。对美国社会保险"私有化"的辩论，不管这个提案有多少优点，至少又要让消费者在深夜做出一番决定了。

看起来在历史的这个时刻，所有需要的信息都应该汇集到一个电脑屏幕上，消费者只要付不多的费用就可以和一个顾问进行彻底讨论，并且只要敲几下键盘，点几下鼠标就可以做出所有决定。然而现在的情况并非如此，在同一家银行，把个人账户上的资金转到公司账户就是一场战斗。让个人的财务顾问和会计师把个人在几大金融机构，如富达基金、嘉信理财、斯卡德信托、西北互助保险、美国银行里的财务数据，放在一个综合屏幕上，让消费者对他们当前的状况一目了然的想法还是遥不可及的梦想。

尽管如此，迅速成熟的技术很快就会使得创建消费者财务生活的单点服务成为可能，无论消费者在世界的哪个地方工作或者生活，在不需要改变关系的情况下就可以得到这种服务。实际的解决方案单元（保险政策、短期债券基金、银行账号）仍然可以来自不同的金融机构。而且我们将会看到，能对作为解决方案单元的金融机构和解决方案提供商进行选择，永远是最好的办法。而当这些金融机构和单元被整合为单个接触点时，消费者生活中的无偿工作将会大大减少。

常规购物（个人物流）

我们主要的消费挑战的最后一个问题经常会在和朋友吃晚饭时冒出来，但是没有一个通用的叫法。虽然每个人都明白个人"出行"是指需要时自己在空间上的移动，但当我们说"常规购物"，更确切地说"个人物流"的时候，却很少有人能理解。我们用这些名词表示的是，消费者获得维持生活而需要的日常用品，并将它们成功地运到使用地点。

在开始了解我们讨论的问题时，问问你自己，大多数晚上和周末你在干什么？你开车办事去：到乐购采购食物；到家得宝买家具；去沃尔玛买日用品；送衣服到洗衣店并取走洗好的衣服；到音像店买晚上看的电影；到书店买几本书（也许就是这本书）；更有可能回到办公室，取回你本打算带回家但忘记带了的文件。没有一件是为了高兴而去做的，都是无偿工作，隐藏在消费者为了日常生活而完成的常规购物中，而且亲自提供物流服务。

在某些领域，情况正在改善。越来越多的商品，例如从亚马逊订购的书，提供商会通过 UPS 或联邦快递把所订购的商品送到消费者家里或者办公室。而其他一些商品，如家庭日用品采购，零售商会用自己的车送货上门。

我们相信许多方面的事情能够做得越来越好。例如，乐购正在重新考虑提货和送货流程，以便在保持盈利的情况下稳步增长网络购物的销售量。我们相信过一段时间，所有的连锁超市都会模仿这种方法。但是，消费者仍然需要多次外出，并按时在家等候送货上门。一般我们每个月上网订购一次日用品，如果不是两小时内每次都必须有人在家等着收货的话，我们也许会订购得更加频繁。

在第 7 章中，我们建议了一种先进的方法，它基于丰田公司在工厂运送物料的水蜘蛛系统（water-spider）。要把工业上用的方法转变为个人应用，那就需要我们每个人和一家物流公司签订合同，让物流公司送来我们需要的东西，取走我们用完的东西（包括回收利用）。同时，这种服务还能把我们的物品送到我们想送的人那里。这个想法应该可以减少许多耗时的个人出行以及提供商让物流公司不定期向家里或办公室送货的行程。相反，我们可以从定期的取货和送货中受益，或许我们可以在家里的前门或者后门，用一个专用通道来收送货，而我们不需要在那里等着。

这个方法可以节省能源、减少交通拥堵。因为只有几辆车，每隔几家停车取走和卸下各种货物，而不是像现在我们每个人开车去处理各种个人物流问题。[5] 这样也可以节省我们的时间，在日常的采购问题解决后，我们有了更多空闲时间，去做自己真正喜欢的活动。

只要现有的物流服务经营者，包括邮局，能够改变"谁是消费者"的想法，那么从技术角度来看，上面所说的解决方案是完全可能的。现在物流服务消费者是寄货人，因为是他们付钱，但是应该收货人才是消费者。事实上，这是丰田公司多年前作为工业消费者学到的最重要的事情之一。像丰田这样的公司，如能经常以精确的需求量从提供商那里"拉动"所需物料，那么一切都能运转得很顺畅（我们在第 6 章中曾看到，乐购如今和供应商打交道的办法是派大货车直接从供应商工厂取货）。相反，如果丰田公司或者其他工业消费者指望供应商根据它们的判断来发货，那么结果不是库存积压就是缺料。如果我们能够使少数物流公司在个人物流供应方面做出榜样，那么巨大的转变就可能发生。然后如果我们能找到一个方法来打包孩子由个人物流提供商来接送，我们就可以真正地减少很大一部分无偿工作了！

解决方案的迁移：从小问题、小方案到大问题、大方案

总的来说，上述简单而又庞大的问题——信息通信及娱乐、住房、医疗、出行、财务管理和常规购物——占消费者日常需要和家庭总开销（在时间和金钱两方面）的很大部分。现在需要的是让提供商挺身而出，持续改善解决这些大问题。

在我们开始之前，最好是在精益消费的概念上再加上最后一条原则：

- 一劳永逸地解决我所有的问题。

要做到这一点，需要建立起消费者和一系列的解决方案提供商之间的合作伙伴关系。他们是通信协调员、住房管理员、医疗合作机构、出行代理商、专一的财务服务点、物流提供商。这些人的目标是以较低的成本提供全面的解决方案来使生活更便利。理想境界是，这些提供商为消费者提供的服务应当是专一的、持续的，这样它们才可以建立一个消费者状况和需求的信息库。这能在减少消费者和提供商总成本的基础上，提高提供商的服务水平。

当然，为了自己的生活更便捷，解决方案提供商们愿意做好，它们需要为每个解决方案的各个单元争取一系列产品和服务提供商的帮助。对于通信

提供商来说，这些包括硬件制造商、软件提供商、技术支持工程师和客服热线员工；对于住房提供商来说，这些人就是各种行业的熟练技工、原材料零售商、分销商和制造商；对于财务提供商来说，这些方案单元提供商包括保险公司、银行、投资经纪人、会计师和投资顾问。

按此逻辑推理，解决方案单元提供商为了使自己更便捷，在一群上游提供商的协助下，也会努力做得很好。以此类推，一直到原材料，价值流上游每级提供商将会为紧邻的下游消费者解决问题。

在工业领域，减少供应商数量的理念已经在广泛实施了。领先的企业和少数资质较高、能够在价值流的上一级解决较大问题的供应商建立持久的合作关系，从而逐渐减少供应商的数量。

如今，只有消费者仍然努力在原始的市场构架下解决问题。在这种市场里，陌生人从一大堆陌生人那里通过一次性的接触购买商品。例如，许多航空公司已经不再购买飞机或者购买用在这些飞机上的发动机了。它们从租赁公司，如通用电气航空服务公司（GECAS）或国际租赁金融公司（ILFC）租借飞机，根据运营情况的变化，来调整它们的机群。而 GECAS 和 ILFC 在很多情况下，也不会购买或维修它们飞机用的发动机。它们和劳斯莱斯、通用电气航空发动机和普惠发动机签订合同，购买"每小时动力"。这些公司提供发动机、安排定期检查、处理紧急维修，并按发动机运行小时数收取固定费用。航空公司仅提供机组人员，接收飞机和发动机使用小时数的账单，就解决了它们的问题。

我们确信，只要提供商重新考虑它们对价值的定义和增值步骤，它们就能解决几百万消费者的大问题。在 20 世纪 90 年代泡沫经济时代，电子商务的承诺在广大范围内引起了对价值的新定义所需的商务模式的重新思考。我们认为，这正是经济泡沫对经济进步的一个长期贡献。遗憾的是，提供商在面对要解决的实际问题时，大多没有抓住要点。因此，为了给消费者和公司推销高档优质的商品，它们常常引入复杂的服务把自己陷入困境。

提供解决方案的架构

为了充分了解如何提供解决方案,让我们最后看一下短距离出行问题。我们已从几个角度对这个挑战进行了研究。

假设消费者能和一个新的解决方案提供商——移动汽车公司签订一个无固定期限合约,这个公司要在消费者需要时准备好需要的汽车。这就是说消费者自己根本不必再为汽车操心。取车、保养、修理、保险、上牌、检查、更新,甚至给车加油,都不用再担心,更别提是不是一个问题了。消费者只需按时间和按里程向提供商付款。只要这家公司一直经济高效地解决问题,那么消费者和移动汽车公司的合作关系就会一直维持下去。开车人不必为了解决出行问题,在复杂的消费和供应价值流方面花费精力和时间了。提供商要承担起识别并提供每个消费者特定的解决方案所需单元的责任。

为此,移动汽车公司要与所有汽车制造商保持联系,以便获得所需要的新车。这将是很有必要的,因为客户可能不在意他们提供商的形象,但是他们对自己每天要开的车的形象和性能一般都很在乎。为了让各种类型的客户都满意,汽车提供商就需要为每个客户按时准备好合乎形象和要求的车辆。

当然,某些客户并不认为需要有专门的车,他们喜欢与其他人合用车,比如Zipcar共享式租车,或者使用出租车或豪华轿车。有这种需要的客户就不需要选择移动汽车公司了。随着情况不断变化,客户可能会需要这两种方案的组合,一个是给他们提供专用车,一个就是与他人合用车(如出租车和豪华轿车)。因此,移动汽车公司为了完善解决方案服务,可能要增加这些单元的商家。

出行提供商还需要建立一个车辆服务网络,或许这个网络包括传统的汽车4S店或者汽车租赁公司,但是它们要扮演全新的角色。这样一个由出行提供商指挥的服务系统,可以向客户提供高度可靠、省心的、不会浪费时间的服务。

此外，出行提供商还需要和融资公司和保险公司开拓关系，它们可以为所有车贷款和投保。然而这些机构和现在的租赁业有所不同，后者把注意力集中于单笔车辆交易，置换自己的旧车，而且经常由于错误地计算残值而受到损失。出行提供商在良好的管理下不太需要置换旧车，因为旧车可以提供给需要低价车的用户。结果，车辆从出厂到报废回收，可以一直属于同一个车主——融资公司或者移动汽车公司。我们很快就会看到，在未来，这将是解决方案的一个重大优势。

最后，出行提供商还要解决回收利用问题。我们正快速地从物品用坏后直接被丢弃的时代（目前稀释是污染的解决方案），向大部分物品都能得到回收利用的时代发展。移动汽车公司作为实体汽车的控制者，将与回收者合作来面对最后的问题。幸好，移动汽车公司拥有从制造商那儿得到的产品信息和产品在使用寿命内搜集的其他信息，可以在解决再利用问题时更加经济高效。这点我们接下来就会明白。

庞大的、有规模销路的汽车经销商，如近年来发展起来的全美汽车租赁公司，是承担出行提供商任务最明显的候选人。它们只需要简单地改变一下经营角色，不再充当汽车厂商和新车购买者之间的中间人，也不当二手车交易的中间人，而是经营一个庞大的车队并长久地维护客户关系。另一个候选人是当今的租车公司，它们已有管理大车队的经验，不过都是供短期使用，而且多是陌生的客户。

那些老牌汽车制造商现在不理解这个概念，但将来一定会去尝试。这些公司一直梦想把传统的经销商挤走，使自己离客户更近一些。任何一个制造商在转变成自己一系列产品的解决方案提供商时，一个主要问题就是它们对自己生产的产品不可避免地偏爱，而客户却希望在所有生产商的产品中有一个全面的选择。

比如，在1991年经济大萧条时期，通用汽车公司研发部的副总裁唐·伦科尔（Don Runkle）向高层建议，通用公司的经销商提供车辆，出售里程数

(实际是提供出行服务),这样客户就可以如愿以偿,避免在消费上碰到麻烦。这个想法是让经销商成为通用公司的伙伴,而不是竞争对手,通用希望向经销商提供新产品,将客户吸引到经销商那里,同时通用自己也能赚钱。

通用汽车公司别克部门的总经理批准了上述试验。然后问题出现了:向客户提供什么牌子的车呢?伦科尔主张,从吸引客户的角度出发,向客户提供各种牌子的同档车非常重要,甚至可以提供丰田车。这种主张导致这项试验到此结束。虽然统计计算表明,通用公司和经销商如果为客户准备好丰田汽车,会比推销其别克车更赚钱,但是对于通用公司高层管理人员来说,使用竞争对手产品的这种想法,是始终无法克服的心理障碍。[6]

汽车制造商作为与客户直接打交道的出行提供商,面对的另一个问题就是需要赶走现有的经销商。在法律条款下,经销商在美国各个州以及发达国家都是受经销商法充分(在我们看来是无理的)保护的,虽然在欧洲这项法律开始略有放松。解决这个问题的一个较好的方法是给现有的经销商寻找一个新的创造价值的途径,例如作为车队的管理部门,协助独立的出行提供商(不是汽车制造商)根据客户需要和喜好的变化提供不同款式的车辆。

解决方案思维方式的巨大潜在效益

我们在本书开始就指出,富人永远生活在充满令人满意的解决方案的生活中。史蒂夫·乔布斯(Steve Jobs)和保罗·艾伦(Paul Allen)肯定不用为家庭房屋装修、日用品采购或者医疗保险等事情操心。不用大惊小怪,在描述解决方案经济的概念时,我们常常遇到的第一个反应就是:这种解决方案听起来很好,但是真要实行起来,对于普通人而非富人来说,费用太高了。确实,许多听众都以收入有限作为他们自己花费大量的时间整合系统来解决问题的理由。

事实上,以解决方案为中心应该能减少消费者和提供商双方的总费用。

这就容易明白为什么当我们关注每个解决方案的价值流时，要包括提供给消费者用于解决某个问题所需的一系列产品和服务中，从头到尾所需的所有消费者和供应商的活动。

均衡化需求

让我们开始做个测试，请拿出一张坐标纸和一支铅笔（或用电脑鼠标加PPT）。以时间（年）为横坐标，以在美国（或任何一个发达国家）每年的汽车里程（千米）为纵坐标，你看到的将会是一条直线；如果以年为横坐标，而分别以下列数据为纵坐标：旅客航空飞行里程、每周食品消费量、使用的居住面积、电子邮件发送数、电话拨打次数、物流服务送货数量，都会得出很多相似的以不同斜率上升的直线。把这些图表汇集起来，就可以显示出，消费者在解决他们的主要问题时，实际需要的产品和服务是非常稳定的。这并不令人奇怪，因为日复一日，我们周围的人数是非常稳定的，我们对生活的基本需求也是相当稳定的。

然而，如果你在每个图表上画上第二条线来表示每年新购置的车辆、新商用飞机、新的房地产、新的计算机、新电话安装的数量，你看到的将会是乱七八糟的线条。它们忽高忽低，没有清晰的模式。第一个影响是大量的成品库存，这些库存是为了在需求多变的情况下仍然能够提供高水平的服务而存在的。第二个影响是生产用的固定资产的极端不合理利用，这是为了使某一点的生产能力能够满足高峰点的需求。例如，在 2005 年美国汽车经销商停车场里的成品车库存的价值超过 800 亿美元，而大多数汽车组装线仍然在大大低于其产能的情况下运行。

更糟糕的而且是很大程度被忽视的是，价值流上游的每个点，都大量堆积着库存和多余的产能，每个公司都试图从下游需求的波动中缓冲它们的运营。最糟的是，以传统的企业管理人员看来，这种混乱的波动却有重要的收入含义。这会带来周期性的销售和减价处理那些为了以防万一而生产出来的客户永远都不想要的库存。

我们好奇,如果出现以下情况,世界将会是什么样:消费者将依靠出行提供商、住房提供商或通信提供商来获得他们所需的产品和服务,并和提供商共同计划他们未来的需求,而不是因为制造商为了减少库存的大力促销而订购产品。在第7章,我们已经看到这个理念在汽车销售方面的情况。让我们再看看,这个理念如何应用到所有的耐用消费品和所有能持续提供的服务上。

汽车提供商如果与出行提供商合作制定一些计划,了解汽车消费者的需求和希望解决的问题,那样就能有几个月甚至几年的预测,这样就可以完全按照客户要求的规格去订购所需的车辆。然后当制造商的新车到货时(由于是提前预订的,所以价格很优惠),这些新车会替换掉旧车,客户无须为此操心。如果客户的情况有改变,他可以从别的客户处获得合适的二手车,因为很多消费者并不在乎车辆一定是全新的,他们更在乎车辆是否满足所要求的配置以及可靠性。

在上述情况开始发生后,出行提供商和汽车制造商会达成一个数量稳定的长期采购协议(反映了他们的客户实际用车需求的稳定模式),这样整个价值流的库存也会稳步减少。产品的总成本会大幅度下降,这样有助于解决方案提供商弥补管理需求和车队的成本。

我们在第7章里也看到了,有些人确实要求立即得到他想要的车。如果我们愿意为了得到这种方便而付出高价,并且制造商为最后一分钟下的订单留出了空闲的生产时间,这完全是可以的。只要这种突发的需求占总需求量的比例适当,并且总需求量又是相对稳定的,那么解决方案提供商和它们的合作制造商在对提前订货的客户降低解决方案成本的同时,就能支持这种"立刻给我"的买主。

当我们把这个相同的概念应用到通信、住房、医疗、财务管理、个人物流等方面时，看到的情况也相同。如果消费者和提供商能够对他们在较长一段时间内的需求做坦率和持续的沟通，就很有可能消除订单方面的起起落落，而顾客也能以较低的价格得到他们期望的东西。

信息技术如何支持解决方案经济

另外一个均衡化需求和降低成本的方法，在于对已有的或即将出现的信息技术充分利用。如今生产出来的产品好多都有内置报告本身状况和（需要时还能）求助的能力。汽车、通信设备和计算机、家电，甚至人的身体（通过穿戴或植入的方法来进行诊断）都很快具备这种出现问题报告并给出建议的能力。只是，汽车、计算机和人的身体不知道向谁去汇报。

例如，假如你家里的数码家电都已通过互联网和你的住房提供商连接，如果你的住房提供商有你家里的这些电器的完整数据库，[7]它们通过持续监测设备故障信号和查看技术人员的日程，就有可能在任何设备损坏前，派出合适的技术人员，带上正确的工具和零配件到你家里去排除故障。

另外，住房提供商若有大量客户，就能开始收集有关设备损坏及其原因的有价值的数据。就如我们在第3章中已经研究过的，通过客服中心，住房提供商可以和制造商开始讨论为何它们的设备有较高的故障率，并建议改进设计。这样做能减少维修成本，更重要的是能减少以后需要维修的产品的数量。

如果智能产品能通过互联网向解决方案提供商传递信息，那么就可以把昂贵的客服工作人员成本降至最低了。这是很关键的，因为在向解决方案经济转变的过程中最重要的事情之一就是把客户所做的大量无偿工作，例如把他们的车辆送去修理、检查、保养或追踪订单，转变成解决方案提供商工作人员来做的有偿工作。如果这些活动做得像我们目前大多数人（作为客户）那样低效，那么解决方案确实就仅仅是为富人服务的了。

再回到我们出行的例子。现在可用的技术，包括使用 GPS 的车辆定位装置，使得解决方案提供商能够无须花费很多精力，就管理数以千计的车辆。车辆能报告它们所在位置和它们的状况——行驶里程、定期保养的时间、当前运行的问题，而且在发生紧急情况时能打电话求救。这些信息可以转化成用户的账单，用户能够通过电子邮件或者互联网定期报告他们当前和未来的需求。将来，车辆不仅能报告其现状，而且能通过预诊装置报告未来可能故障的种类和时间。然后按分组服务运作的方式，在通过互联网得到信息后，派遣技术员带着合适的零配件和工具出发，只需要接到一个电话，就能修复任何一辆车。这就有可能维修保养一个区域内的大量车辆，每辆车的维护成本也不高（要做到这一点，所需的个人信息可能会引发一个关于权利和隐私的讨论，我们将在下面加以说明）。

当解决方案提供商在管理每种设备，特别是软件时，解决方案单元提供商的设计理念肯定会发生改变。解决方案提供商们将会要求产品设计从"最前沿"趋向于可靠，且要求设计能使产品仅需很少的维护就能有更高的耐用性。当解决方案提供商由于维修和更换零件造成的损失大于经济上的回报时，产品就必定会出现神奇的改进。当在规定的使用期内的总成本下降时，按使用时间收费的提供商就能赚更多的钱了。

相反，目前许多设计都预先假设消费者愿意花费大量时间来排除故障或开车去维修中心。设想一下，如果比尔·盖茨需要到用户家里去排除软件故障，或比尔·福特需要给用户的车更换机油或更换损坏的零件，微软的软件还会有那么多故障吗？福特车还会每 7 500 英里就需要更换机油吗？或者在它行使的前 10 万英里还需要有长期的维修计划加损坏修理吗？解决方案提供商肯定会要求产品能够有更长的维修间隔时间和更长的服务寿命。

更耐用的设计、明智地使用互联网及均衡化的需求互相结合，可以把消费者解决问题的现有成本（各个单元的综合）下降到更低的水平。我们相信，过一段时间后，每个人都能获得经济高效且总成本较低的解决方案。

解决方案思维方式的社会效益

关注解决方案对社会是有益的,因为现代工业文明外部效应的内在化变得更容易,也更便宜。我们已经指出,产品的设计将趋于耐用和长寿命,而解决方案提供商将致力于使产品寿命周期的总成本达到最小,这包括能源成本,因为它们将控制从交货到回收再利用的全部资产。这样做总是能让提供一定量的出行、住房、通信和其他服务所需的资源和能源的总量得到降低。当前制造的产品的衰退和过早淘汰,大部分是因为大量的个人用户不能理解或应用寿命周期成本的概念,宁可购买全新产品也不愿意采用升级的方法。

由大型的经验丰富的机构来管理大量客户的资产,也将更好地履行环境和安全方面的职责。例如,是让 1.2 亿迫于时间压力只追求短期使用而且自掏腰包的美国车主维护自己车辆的排放和安全性能呢,还是让少数大的出行提供商来做这件事呢?后者将具有排放和安全管理方面的丰富经验技术,以及政府维持标准失效的风险的大幅降低。

解决方案思维方式的挑战

我们已经完成了容易的部分,介绍了解决方案的概念,并描绘了它的某些好处。然而,当我们向商界的人讲述这些想法时,通常会听到三个障碍。

首先,他们指出解决方案提供商似乎需要全新的商业模式,但并不清楚解决方案价值流如何在不同类型的企业之间进行垂直划分。这些企业包括解决方案提供商、解决方案单元制造商(如车辆、软件、髋关节置换手术)、提供零件给这些制造商的零件提供商、原材料制造商。同样也不清楚解决方案如何横向组合。出行提供商是应该努力解决所有的出行问题呢,还是仅仅解决私家车的问题?住房提供商是仅仅解决房主的日常问题呢,还是也要处理装修和升级的问题?此外,企业现有的大量资产会突然处于风险中。那么,谁来"构建"每个解决方案的价值流？谁又会承担剩余的和不相关的资产的压力？

其次，他们指出对个人隐私的忧虑是个主要问题。因为解决方案提供商办事的有效性和消费者与提供商持续分享的信息量成正比。一个听众指出，"为了持续帮助我，我的出行提供商必须一直知道我的位置，以及我如何处理我的汽车。这些信息是我不愿意任何其他人知道的。"普遍担心的是解决方案提供商会把收集到的信息出售、交换或者无偿给其他人，从好奇的配偶到发垃圾邮件的人，到政府。[8] 当往价值流上游走时，这种担心还会再次出现。为了真正解决下游客户的问题，每个上游的提供商必须知道大量下游业务的信息。然而大家都明白，知识就是力量。

最后，他们说到与个人隐私伴生的问题，那就是受到束缚的问题。消费者害怕的是，为了选择某个解决方案提供商，他们投入的时间和精力结果却把自己和提供商一起关进了金丝鸟笼。确实，当一开始在商业上使用"解决方案"这个术语时，就预知了这种风险。在20世纪50年代，IBM宣传自己为每个公司的"数据处理解决方案"，承诺为客户安装它的硬件和软件，并提供闭源的维修和软件升级。IBM做得非常好，因此还有个老笑话说，没有人会因为购买IBM的产品而被老板炒鱿鱼。然而，一段时间后，这种方式让公司管理者们产生了幽闭恐惧症，这也是他们采购其他公司提供的软件和硬件引入相互竞争的提供商的原动力之一。

鉴于这个经验，并保持对我们这个时代的经济独立是无价的总体感觉，我们的听众清楚地告诉我们，金丝鸟笼不是解决方案。

解析挑战

幸运的是，我们有几个简单的答案来回答上述这些挑战。

如我们在前面一章里解释的，设计新的价值流，并把别人的资产置于风险之中，这就是企业家做的事情。许多企业家在20世纪90年代末，试图用他们高超的技术来解决错误的问题，结果惨遭失败。但是企业家的本能永远是那么强大。我们的目标很简单，就是要提高企业家的意识（培养精益方案思想者），并给他们指出正确的方向。无疑，对于解决方案的最佳横向划分的方法，以及最好的纵向划分的途径都需要试验。但是如果只是重新部署现有资产而不是置办全新资产，那么进行这些试验的风险就会相对低很多。

一旦意识提高了并取得了成功，企业家们将不再是唯一觉得解决方案思想有吸引力的人群。很多大公司将发现它们可以超越传统的方式，在解决方案这方面开拓出全新的未来。例如，信用卡公司、旅行社、后工业化制造商、租赁公司和建筑公司都能找到机会成为解决方案提供商。

对于已经成为一个行业的单元提供商，但也希望成为解决方案提供商的公司将面临最大的挑战。我们曾经和不少单元提供商进行过直接对话，理解它们的愿望。但是依据我们的经验，这是行不通的。解决方案提供商需要对单元提供商进行选择。如果硬要把单元提供商和解决方案提供商结合在一起，必定会产生"资产倒退"的情况，新的解决方案公司的真正目的将是主推原来公司生产的产品。

我们给单元提供商的建议很简单：如果你希望能转变成为解决方案的提供商，你有两种选择。要么卖掉你的单元公司，到下游为消费者解决全部问题；要么保留你的单元公司，与刚刚出现的解决方案提供商合作，转而去解决不同行业、不同客户的完全不同的问题。

至于个人隐私问题，因为获取信息的价格不断下降并且信息共享日趋容易，从供应小零件到下游制造商，到提供终端用户完整的解决方案的每一个活动，都会出现这种顾虑。随着互联网的应用和所有事情信息化进入公众视野，几年之后，以强制性惩罚来严格保护隐私的法律行为将成为商业标准。因此，这个问题对解决方案业务来说，和其他信息管理业务没有什么区别，例如单元提供商的信用核查、信用卡、数据库管理等。我们相信解决方案提供商的行业标准将会是,除非本人同意,在没有法院命令的情况下,任何人不得以任何理由获得其他人的个人数据。

最后,当客户和解决方案提供商有一个长期稳定的合作关系时,供应解决方案运行得最好。在我们看来,选择解决方案提供商和自由更换提供商的问题将是最重要的挑战。事实上,如果解决方案提供商能为客户解决问题,客户不会想要更换提供商。但一旦他们的提供商不再经济高效或者不再及时反应,也就是说如果提供商提供的是二流方案而收费又高,客户就会觉得必须要更换了。

幸好,新的信息技术(如果适当地开发)能提供一个引入解决方案单元费用高低的检验方法。消费者参考在互联网上解决方案单元的竞价,就能很快并低价地确定他们的解决方案提供商是否经济高效。只要把提供解决方案单元的费用加起来,再和解决方案提供商的总费用相比较,就能得知。

如果觉得这样还不够,终端消费者可以学习20世纪90年代初大多数制造商对它们一级供应商所做的那样。那就是大量削减供应商基数,对每个问题只保留两个供应商,然后比较两个竞争者的业务表现,必要时在两者之间切换。

沿着价值流往上走,每家公司都会安排两到三家解决方案提供商,这无疑将会成为标准操作方法。如果能提供的产品货源充足,服务表现易于确定,那么通过互联网竞价来决定更换提供商的做法也就不需要了。消费者只要告诉提供商,在市场价格下达到可以接受的最低质量要求、交付周期和产品性能,否则就没生意了。

当然,价格仅仅是评估解决方案服务的一个方面。对于很多问题,比如医疗问题,质量、省心和对用户问题的反应速度实际上可能更加重要。像 J. D. Power and Associates 这样的公司(全球性的市场咨询公司)会对客户的表现做出公开可以获得的评估,随着这种评估的稳步发展,我们的问题就得到解决了。当有成千上万的小规模提供商时,是很难经济高效地搜集有效数据的。但当只有几个大型的提供商时，这件事做起来就容易多了。我们认为在一个日益变化的社会中，为了持续解决客户的问题，解决方案提供商不可避免地会逐渐成长为大型提供商。

我们预测，未来这些公司都会及时地以合理的价格和高水平的质量为客户解决问题，而它们这样的表现并不会给它们带来额外的成本。

解决方案的机会

要总结少数提供商一劳永逸地解决消费者的所有问题的方法是否有吸引力，只要问一个简单的问题就能得到答案。消费者是继续选择目前这条路，还是换一条路？前者要花费消费者大量的时间和精力，处理大量的并且越来越多的经济关系，而且这些关系中的人大部分都是陌生人；而后者仅需要和几个高质量的解决方案提供商打交道，并且可以在较低的总费用下解决消费者的主要问题，从而大大减少无偿工作时间。我们确信解决方案是有市场的，只是提供这种服务的确切形式和时机还不确定。

Lean Solutions 结论

精益服务解决方案

我们已经谈到了很多方面的内容。通过使用简单的工具，例如任何人都可以在信封背面绘制的消费和供应流程图，我们已经看到了，消费者和提供商必须通力合作，才能解决我们的问题。要做到这一点，我们需要走出大规模生产所滋养的大规模消费时代，像大卖场超市、大卖场式航空枢纽机场、大卖场式医疗中心这样规模和产品种类前所未有、靠单一业态一招鲜吃遍天的世界过去了，取而代之的是消费者的真正需求。新消费时代的特征是使解决生活问题的总成本（特别是时间成本）达到最低。

对于我们称作精益消费的新方法，我们已经提出了几大基本原则。在此，让我们结合消费者和提供商的观点再重申一遍：

- 彻底解决我们的全部问题。
- 不浪费我们的时间。
- 提供给我们确实想要的产品。
- 在我们需要的地方提供价值。
- 在我们需要的时候提供价值。

- 提供我们真正想要的价值，而不仅仅是现有的一些选择。
- 彻底地解决我们的整个问题。

面对现实消费者的现实中的提供商能做到这些吗？如果只是技术问题，我们毫不怀疑它们能够做到。要发现历史遗留问题的根源，要从价值流中消除时间浪费，要在恰当的时间和地点获得恰当的产品和服务，乃至要借助新兴信息技术和现成的新的机构形式彻底地解决整个问题。本书已经做了阐述。因此，问题不在于技术，也不在于公司，而在于我们自身。

我们都深陷于这样的观点中，即消费是一种破坏性且敌对的关系，对立的陌生人与陌生人之间的一次性交易。我们生活在大规模消费的环境下，市场随处可见，这确实为我们提供了不少好东西，尤其是种类越来越丰富的优良商品。但是正如我们所看到的，虽然产品种类和可选择性不断增加，但因为缺乏更广阔的视野，商品往往是以单个部分而不是一个整体提供给客户，这常常导致我们的生活充满困扰。

我们需要改善的是要有一个更广阔的消费和供应视野，二者共享一个流程，所有人都清晰可见，共同识别和解决流程中的所有问题。作为消费者时的思维和行为方式，与我们作为另一种角色提供商时的思维和行为方式，有着尖锐的冲突，事实上，我们需要在头脑里把这两个部分统一起来。

由于消费者不能主导糟糕流程的变革，所以精益消费时代的变革推动者必定是提供商。在现有的公司中，变革推动者必定是供应价值流的管理人员，当需要新建公司时，变革推动者必定是精益企业家。

我们常常认为，管理人员不可避免的角色就是与糟糕的流程打交道，必要时对顾客找各种借口。但是，对精益管理人员来说，他们的工作却完全不同。他们清楚地定义消费价值流和供应价值流，并且使消费者和提供商都明白他们的逻辑。之后一个巨大的飞跃就是要主导一次发现之旅，搞清楚如何才能把消费活动和供应活动统一在一个精益价值流中，从而使得消费者和提供商工作人员的境况都更好。

我们还常常认为，企业家就是一些自我优化者，他们为了获取巨额财富而不顾给社会带来的后果。事实也往往如此。不难想到，这些企业家成功的主要手段就是把成本转嫁给价值流中的其他参与方，同时攫取价值流中最大份额的利润。

然而，精益企业家则能够成为社会优化者。他们设计并实施与改善之后的消费价值流环环相扣的新型供应价值流，给提供商带来更高的回报，同时也让消费者的生活变得更好。同时，精益企业家提供的解决方案是消费者真正需要的。这正是自认为道德哲学家而非经济学家的亚当·斯密所希望的市场竞争的结果。

追求精益之路也具有环保意义。关注产品的使用寿命周期，坚持在消费者需要的地方提供他们所需要的产品，将保护各类资源，减轻环境负担。

向精益消费的转型还具有明显的社会意义。精益提供商雇用高技能工作人员，在和消费者的深入合作中解决问题，而大规模消费环境下所雇用的是低技能工作人员，与消费者关系肤浅，不断地重复解决同样的问题。前者赋予了工作真正的意义，使消费具有了社会意义。

从大规模消费方式转向精益消费方式的旅程并非是一年或十年就能实现的。实际上我们不过才刚刚开始。大规模消费根深蒂固，不仅是意识问题，还广泛浸润在资产和公司中。所有那些大卖场和失败行业的官僚主义都不会轻易消失。因此，本书的目的，是希望通过首次展示精益消费的基本理念，加速消费者和提供商思想意识的飞跃。已经有了一些管理人员和企业家们大胆地把消费价值流和供应价值流结合起来重新思考的例子（本书中描述的前几个例子），现在，我们正在通往精益服务解决方案的道路上。

致谢 Lean Solutions

本书背后的故事

当我们完成第五本书的时候，我们再次意识到，要讲述一本书成书的故事需要花费的时间和写书一样长。当然这里我们并不是又要写一本书，但是我们的确需要对其中的故事略做叙述，因为这是感激那些一路给予我们支持的朋友的最好方式。

我们一直在思考消费问题，这始于我们对生产问题的思考和写作。20世纪80年代后期，在我们为《改变世界的机器》这本书收集汽车分销方面的材料访问日本时，我们感悟到丰田对销售、分销以及与消费者的基本关系方面的想法与众不同。这就是我们反过来从消费者的角度开始思考的初衷。

丰田的高管详述过他们挨家挨户销售汽车过程中的痛苦经历。这是他们早期的培训内容（早期培训内容还包括在生产线上组装汽车），他们从中理解了产品生产的重要性。在日本，像丰田这样的公司，都是采取挨家挨户销售的方式，销售人员持续跟踪各种家庭需求。这让销售人员和众多丰田客户之间建立了一种持续的个人关系，销售人员因此能够准确地了解并预测客户需求。另外，这样还能使生产订单的均衡化需求与用户需求相一致，相应地提前或延后生产日期和发货日期。

在日本拥挤的城市地区，汽车经销商没有存放大量成品车的空间。因此，其配置了订单接受系统和生产计划系统，在一个月以内完成从发出订单到按精确的时间段进行交付。这意味着在经销商这里实际上没有未售出的车辆。与之对比，出口订单给丰田工厂带来的是稳定的工作量。根据国外进口公司提供的预测，它们给这部分汽车安排的交付周期大概有几个月，而且提供的选择不多。

当时，挨家挨户的销售在西方是一种很古老的方式，没有人有兴趣学习日本那看似过时的汽车销售方式。当丰田这样的公司在进军海外市场时决定采用传统的西方销售方式时，西方人更加坚信了这种销售方式。

然而在欧洲，人们有兴趣去寻求把汽车从工厂配送到经销商的更精益的方法。各国的全国性分销系统总是夹在工厂和经销商的矛盾之间，面对市场需求的变化，常常会增加成本和降低市场敏感度。因此丹尼尔和马尔科姆·哈伯（Malcolm Harbour）、乔纳森·布朗（Jonathan Brown）和菲利普·韦德（Philip Wade）一起，于1993年建立了国际汽车分销研究机构（ICDP）。

ICDP是由行业资助的研究项目，一直延续至今，目前的负责人是约翰·怀特曼（John Whiteman）和安德鲁·汤格（Andrew Tongue）。ICDP聚集起一支在汽车分销方面颇有影响的研究团队（在www.icdp.net上可以看到全部研究报告清单）。由约翰·克菲（John Kiff）所做的满足顾客需求方面的研究和戴维·布伦特（David Brunt）所做的精益经销商运营方面的研究，是本书若干章节素材的来源。戴维后来在保时捷GB（Porsche GB）工作时试验了他的想法。他的著作被葡萄牙的西芒集团（GFS）所学习，并成功地实施，本书第4章谈到过相关内容。

第二次思考供应问题的机会，出现在丹尼尔应优尼派特集团（Unipart Group）CEO约翰·尼尔（John Neil）之邀，主管新成立的企业大学时。优尼派特集团是英国一家汽车零部件制造和分销商。丹尼尔在那里学习了二级市场中零部件分销和仓储的具体细节，从而开始理解当时正在全世界范围内推开的丰田部件分销系统（Toyota Parts Distribution System）的重要意义。鲍勃·贝内特（Bob Bennett）和鲍勃·阿恩特（Bob Arndt）当时就职于美国的丰田汽车销售公司（Toyota Motor Sales），他们对《精益思想》第4章中对该系统如何运行的描述提供了帮助。

当丹尼尔受时任乐购供应链主管格雷汉姆·布兹之托，探索精益百货零售业的意义时，他们发现丰田的零部件系统也是合适的切入点。当其他零售商开始认识到乐购做法的意义时，格雷汉姆和丹尼尔把精益思想介绍给了欧洲有效消费者反应组织ECR（Efficient Consumer Response）。欧洲ECR是世界上最大的致力于促进零售商和供应商之间合作的组织，每年有3 000多位代表参加它的年会。丹尼尔加入了ECR的学术顾问团（Academic Advisory Panel），并与丹尼尔·科斯顿（Daniel Corsten）、艾伦·米切尔（Alan Mitchell）和阿恩特·哈希瑟梅尔（Arnd Huchsermeiser）一起创立了《ECR 期刊》（*ECR Journal*）（www.ecr-journal.org）。该杂志发表了很多关于快消品零售和供应链合作方面颇具影响力的文章，其中有些被本书引用。

当我们对消费问题的兴趣愈发浓厚，并决定把精益消费作为我们下一本书的主题时，我们面临了所有作者都会遇到的问题：在研究和写作的过程中，要如何支撑研究团队并偿还按揭贷款呢？

前面几本书我们依靠的是大学的研究资助和出版社预付款。然而，我们知道，这个项目将需要数年时间，所需费用远远超过我们以往的资金来源所能负担的程度。这种情况要求我们做出一些改变，因此我们以一种全新的方式来处理。我们与几家大公司联系，它们的高管是我们在过去的工作中认识的。我们请他们提供贷款来支持我们的项目，并且告诉他们我们会用本书的销售收入来偿还贷款。我们向他们解释说，我们将反过来从消费者的需求出发，创建新型的供应流程，该流程会与他们公司的工作相关。这样，我们承诺在他们资助本研究的过程中，把他们公司作为我们思想的试验田。

所幸的是，《财富》500强公司中的德尔菲和联合技术公司的高管主动提供支持，使我们的项目能够于 2001 年启动。我们讲得很清楚，我们需要在他们公司试验我们的思想，但是无论它们是多么出色的精益提供商，我们在书中也不会对它们进行描述。我们从合作之初就有一个宗旨，书中绝对不出现任何与我们有财务利益的公司，我们一直坚持着这个原则。[1] 因此，我们对德尔菲董事会主席 CEO 巴腾贝格（J. T. Battenberg）和联合技术公司的总裁兼 COO 卡尔·克拉佩克（Karl Krapek）（两位已经退休）致以我们由衷的感谢，希望他们从中学到的让他们觉得给我们投资所冒的风险都是值得的。

与此同时我们还向上游关注，从消费者开始直至原材料的生产。我们利用美国的精益企业研究院（Lean Enterprise Institute）的资源，撰写了《纵观全局》（Seeing the Whole）一书，这是旨在帮助公司绘制扩展到外部的价值流的工作手册。[2] 在进行这项工作的过程中，我们很清楚地看到，大多数公司都没有一个计算和降低为跨越整个世界的特定顾客生产和设计特定产品总成本的正规方法。于是吉姆（Jim）与国际汽车项目（IMVP，International Motor Vehicle Program）合作进行了精益选址逻辑（L3，Lean Location Logic）的项目，开发出一种计算总成本的实用方法。[3]

随着研究工作的进展，我们对欧洲和美国的许多零售商、分销商、医疗机构、维修企业和服务企业进行了多次研究访问。通过这些沟通，我们确信同样的价值流方法将有助于理解消费和供应流程。这一发现再加上我们自身消费经历中不断增加的烦恼，奠定了这本书的最终形式。

当我们的研究进入最后阶段，卡迪夫大学商学院（Cardiff Business School）的尼克·理奇（Nick Rich）让我们与史蒂夫·帕里（Steve Parry）取得了联系。史蒂夫当时刚刚离开了富士通服务公司（Fujitsu Services）。他与他的同事马克·凯尔（Mark Kell）和卡洛琳·斯温（Caroline Swain）一起向我们分享了他们把精益思想应用于客户服务业务时所取得的令人瞩目的成果。

回顾四年所付出的努力时，我们尤其需要感谢我们的编辑团队，其中包括：研究人员阿提萨·西欧莎西（Atisa Sioshansi）和安德烈亚·克兰达尔

（Andrea Crandall），编辑顾问汤姆·埃雷菲尔德（Tom Ehrenfeld），傲笔设计公司（OffPiste Design）的设计师托马斯和詹妮弗·斯克汉（Jennifer Skehan），版权编辑帕特里克·希南（Patrick Hernan），以及项目经理乔治·塔尼内兹（George Taninecz）。我们还要特别感谢汤姆·斯图尔特（Tom Stewart），他是《哈佛商业评论》的编辑，最初受他的鼓励，我们在该刊2005年3月期发表了关于精益消费的文章。《哈佛商业评论》的加德纳·莫尔斯（Gardiner Morse）在这篇文章的编辑过程中也提供了帮助，并且审阅了本书的原稿。

自由出版社（Free Press）的多米尼克·安夫索（Dominick Anfuso）是我们长期以来的编辑，他时刻准备着为下一个项目服务。米歇尔·雅各布（Michele Jacob）负责宣传事宜。而怀利·奥沙利文（Wylie O'Sullivan）则为我们协调从订立合同到出版的各项事务。我们是经雷夫·萨加林（RafeSagalyn）介绍来到自由出版社的，他是我们的长期代理，他在我们最需要的时候给我们提供资助，使我们在本书中很好地平衡了提供商和消费者之间的不同观点（在最初的草稿中，我们作为消费者的个人烦恼使我们过分强调了消费流程，而对供应流程强调不足）。

我们还想感谢我们研究和教育机构的管理团队，包括：精益企业研究院的海伦·赞克（Helen Zak）、乔恩·卡彭特（Jon Carpenter）、切特·马奇温斯基（Chet Marchwinski）、雷切尔·里根（Rachel Regan）、杰夫·德哈姆（Jeff Durham）、菲尔·弗比克（Phil Verbeek）；感谢董事会成员杰曼·吉巴拉（Germaine Gibara）和员工组织成员盖伊·帕森斯（Guy Parsons）给予的特别帮助；还有精益企业学院的大卫·布伦特（David Brunt）、兰·格伦达（Ian Glenday）、莉齐·路易斯（Lizzie Lewis）和安伯·托马斯（Amber Thomas），在我们离开很长一段时间进行研究和写作时，是他们来管理学院的日常事务的。

我们的致谢不可能就此为止，因为我们还未提及给予我们巨大帮助的丰田公司及其现任和前任员工们，我们对他们深怀感激之情。我们与他们的关系非比寻常，我们从未替丰田公司工作过，我们从未为丰田公司咨询过，我们也从未从丰田公司获得过任何资助，甚至我们从未购买过丰田公司的任何产品。但是，我们获得了能够接近并持续沟通的机会，我们有时甚至获得他们对我们的坦诚建议这样的珍贵大礼。我们真的很幸运，因为正是丰田公司在全球开辟了一种新的思维方式——关注流程管理的思维方式，而我们又正好亲身到达它在世界各地的生产现场，从而得以走进围墙内仔细观察。我们只是将所见所闻分享给大家。

最后，我们想感谢在本书写作过程中把自己了解的情况和自己的经历拿来与我们分享的人，其中很多人都读过本书的初稿，他们是：

理查德·安德斯（Richard Anders）、马特·安德森（Matt Andersson）、迈克尔·巴勒（Michael Balle）、唐·贝里克（Don Berwick）、莫林·比索哥内诺（Maureen Bisognano）、格雷汉姆·布兹、大卫·布伦特、菲利普·克拉克（Philips Clarke）、柯蒂斯·库克（Curtis Cook）、丹尼尔·科斯腾（Daniel Corsten）、安妮·埃塞恩（Anne Esain）、乔斯·弗罗（Jose Ferro）、戴夫·菲茨帕特里克（Dave Fitzpatrick）、杰伊·乔谢力（Jay Gershuny）、杰曼·吉巴拉（Germaine Gilbara）、伊恩·格伦达（Ian Glenday）、克里斯·哈里斯（Chris Harris）、里克·哈里斯（Rick Harris）、布鲁斯·亨德森（Bruce Henderson）、马修斯·霍尔韦格（MattiasHolweg）、史蒂夫·休斯（Steve Hughes）、彼得·伊基斯（Peter Ickes）、库尔特·卡默勒（Kurt Kammerer）、马克·卡尔、约翰·基福（John Kiff）、查克·基勒（Chuck Kilo）、巴里·尼彻尔（Barry Knichel）、帕特·兰开斯特（Pat Lancaster）、瑟·特里·莱希（Sir Terry Leahy）、达夫·罗格佐（Dave Logozzo）、约翰·朗（John Long）、里卡多·洛佩斯（Ricardo Lopes）、约翰·保罗·马克达菲（John Paul MacDuffie）、罗伯特·曼（Robert Mason）、罗杰·曼斯菲尔德（Roger Mansfield）、罗伯特·梅森（Robert Mason）、艾伦·米切尔（Alan Mitchell）、戈登·摩尔（Gordon Moore）、鲍勃·摩根（Bob Morgan）、布伦南·马利根（Brennan Mulligan）、

马克·默里（Mark Murray）、史蒂夫·帕里（Steve Parry）、盖伊·帕森斯（Guy Parsons）、马克·鲍威尔（Marrk Powell）、帕特·奎因塔尔（PatQuninral）、尼克·里奇（Nick Rich）、库尔特·罗伯特（Curt Roberts）、唐·朗克尔（Don Runkle）、帕特·拉瑟福德（Pat Rutherford）、约翰·舒克（John Shook）、佩德罗·西芒（Pedro Simao）、大卫·西蒙斯（David Simons）、阿特·斯莫利（Art Smalley）、史蒂夫·斯佩尔（Steve Spear）、盖尔·斯特兰德（Gail Strand）、卡洛琳·斯温（Caroline Swain）、辛西娅·斯旺克（Cynthia Swank）、麦克·坦西（Mike Tansey）、达夫·泰勒（Dave Taylor）、安格鲁·汤格（Andrew Tongue）、约翰·怀特曼（John Witeman）、斯科特·惠特克（Scott Whitaker）、鲍多·威甘德（BodoWiegand）、佐尔法伊格·威克斯特罗姆（SolveigWikstrom）、约翰·沃麦克（John Womack）。

上述这些人尽其所能使得我们保持公正坦诚。如果还存在什么问题，那么我们自己才是问题根源。

注 释

序言

1. James P. Womack, Daniel T. Jones, and Daniel Roos, *The Machine That Changed the World: The Story of Lean Production*. New York: Rawson McMillan, 1990.

2. James P. Womack and Daniel T. Jones, *Lean Thinking: Banish Waste and Create Wealth in Your Corporation*. New York: Simon & Schuster, 1996, Second Edition, 2003.

3. 例如：J. D. Power 公司和初始质量研究协会表明，1998～2005 年，各类品牌新车的平均质量不合格数降低了 33%。美国劳动统计局在"日用品价格指数"报告中指出，20 世纪 90 年代中期以来，同等规范的新车扣除物价上涨因素后的实际价格稳步降低。

4. 参见 B. Joseph Pine II, *Mass Customization: The New Frontier in Business Competition*. Boston: Harvard Business School Press, 1992, 对制造商的这种战略的经典论述。

5. 至少在一定程度上是这样。Barry Schwartz, *The Paradox of Choice: Why More Is Less*. New York: Ecco, 2004，从心理学角度解释了消费者的选择自由超过一定程度后将变得令人难以忍受的原因。

第 1 章

1. 参见 Andrew Tongue, John Whiteman, and Daniel T. Jones, *Progress on the Road to Customer Fulfillment: ICDP Research 2000–2003*. Solihull, UK: International Car Distribution Programme, 2003。ICDP 是一家全球性的研究活动，得到了汽车公司、大型零售组织、零部件企业、汽车工业金融机构和政府的支持。最近的研究计划详

见 www.icdp.net。丹·琼斯（Dan Jones）是该活动的发起人，为 1993 ~ 2005 年活动的领导人。

2. 这些"消费流程图"由精益思想者们长期以来用于绘制生产价值流程的方法演变而来。Mike Rother and John Shook, *Learning to See: Value-Stream Mapping to Add Value and Eliminate Waste*. Brookline, MA: Lean Enterprise Institute, 1998，详述了生产环境下价值流图的绘制方法。Daniel T. Jones and James P. Womack, *Seeing the Whole: Mapping the Extended Value Stream*. Brookline, MA: Lean Enterprise Institute, 2002，把这种方法扩展到从原材料到最终产品的整个生产流程。

3. 乔纳森·乔谢尼（Jonathan Gershuny）对这类研究工作做了最好的概括，见他所著的《改变时间的分配：后工业社会的工作和闲暇》(*Changing Times: Work and Leisure in Postindustrial Society*)，伦敦：牛津大学出版社, 2000。

第 3 章

1. 参见 Philip B. Crosby, *Quality Is Free: The Art of Making Quality Certain*. New York: McGraw-Hill, 1979。

2. 我们要感谢史蒂夫·珀利（Steve Parry）为此部分内容提供了大量材料，他是英国富士通服务公司（Fujitsu Services）战略和变革部门的前任主管。关于对他的思想进程的总结，参见 Susan Barlow, Stephen Parry, and Mike Faulkner, *Sense and Respond: The Journey to Customer Purpose*. London: Palgrave Macmillan, 2005。

3. 注意在这个例子中，接受帮助的顾客是 BMI 的员工，比如使用多家公司提供的硬件和软件的值机人员。服务台员工在帮助最终用户时的工作方式是完全相同的。

第 4 章

1. 如我们在《改变世界的机器》一书中第 7 章所述，日本丰田汽车经销商（其中丰田汽车公司在经销系统中占相当份额）采取完全不同的做法。在世界其他地区，丰田采用统一的标准做法，即把车辆卖给独立的经销商，然后再卖给大众。

2. 当时是卡迪夫商业学校精益企业研究中心的高级研究员，现在是 ICDP 的一名主管。

3. 当时是卡迪夫商业学校精益企业研究中心的高级研究员，现在是精益企业学院的教师。

4. 这篇文章发表在 John S. Kiff, "The Lean Dealership—AVision for the Future: From Hunting to Farming," *Marketing and Intelligence Planning*, Volume 18, Number 3, 2000, pp. 112-126。

5. 5S 指的是丰田汽车的一组实践工具，其中 5 个术语都由字母 S 开头，描述了有利于目视管理和精益生产的方法。

6. 默里（Murray）的实验结论，参见 Julie A. Jacob, "Same Day Appointments Catching on with Doctors," *Amednews. com: The Newspaper for America's Physicians*, Jan. 29, 2001, www. ama-assn. org/amednews/2001/01/29/bisa0129.htm。

第 5 章

1. 有些读者会奇怪，减价对于消费者怎么会是坏事呢？如果想要的物品标着降价，顾客无疑是赚了。但是所有鞋子的均价呢？用于过剩产品、库存和复杂的安全库存管理的额外费用一定是某些人支付的。而某些人就是普通的消费者，因为所有卖出的鞋子的平均成本和价格比实际需要的高。换句话说，在减价商品上省的钱被按常规价格购买商品时多花的钱抵消了，因为那个"常规"价格高于必要的价格。但是多数消费者只关注打折价格，而不是均价。

2. 关于所示的延伸的价值流图的全面解释，参见 Daniel T. Jones and James P. Womack, *Seeing the Whole: Mapping the Extended Value Stream*. Brookline, MA: Lean Enterprise Institute, 2002。

3. 参见 Thomas Gruen and Daniel Corsten, "Rising to the Challenge of Out of Stocks," *ECR Journal*, Vol. 2, No. 2, Winter 2002，其中有对全世界服务水平所做的 52 项研究的摘要。作者报告说，50% 的缺货归咎于零售商的错误订单和预测，25% 归咎于商店内货架补货工作不到位，还有 25% 归咎于送货失误、信息错误和上游补货业务中出现的生产问题。

4. 近几年来，许多零售商也在试图改进服务水平。它们从各个独立商店的经理那里收走了下订单的权利，采取区域配送仓库为每个店送货，而不再让每个店直接从提供商那里收货（沃尔玛也许是最明显的例子）。这些都是积极的措施，但是与传统的信息管理系统和不频繁的送货次数相结合，它们改进服务水平的潜在能力就受到限制了。

5. 一些读者可能会发现这个描述和体验过的啤酒游戏很相似，那是 Peter Senge's *The Fifth Discipline: The Art and Practice of the Learning Organization*. New York: Doubleday/Currency, 1990 中推广的团队库存管理练习。我们与彼得·圣吉不同的地方在于我们对问题的解决方案。

6. 理想情况下，信息流和物料流是紧密相连的。例如，丰田汽车送往上游的看板信号用的就是与输送所需材料相同的补充循环路线。在丰田工厂不远处的供应商工厂里，他们用电子看板代替了传统的看板卡。在斯莫利（Art Smalley）的书中对丰田汽车的反馈拉动系统有详细的描述。参见 Art Smalley, *Creating Level Pull: A Lean Production-System Improvement Guide for Production-Control, Operation, and Engineering Professionals.* Brookline, MA: Lean Enterprise Institute, 2004。

7. 在《精益思想》（*Lean Thinking*）的第 4 章中描述的丰田汽车的零件配送系统仍然是最完整的例子。约 60% 的备用零件提供商每天都在制造并配送零件到丰田北美区域配送中心，补充前一天那些配送中心发给汽车经销商的货物。《精益思想》第 2 版，302 页。

8. 《精益思想》（*Lean Thinking*）第 2 章，38 ~ 48 页。当我们在 1996 年准备这个案例的时候，为了进行理念验证的实验，把精益思想应用于百货销售行业，乐购是刚成立于卡迪夫大学商学院的精益企业研究中心的赞助商之一。9 年后，在开展了几十项首创及示范项目之后，乐购即将实现灌装饮料的连续流，并已将这些理念应用于其他供应价值流中。这里介绍的例子是以丹尼尔·琼斯（Dan Jones）和卡迪夫商学院研究员尼克·理奇（Nick Rich）和戴维·西蒙斯（David Simons）一起对乐购进行的大量价值流实验为基础的。这些实验由丹尼尔·琼斯和菲利普·克拉克（Philips Clarke）总结在 Daniel Jones and Philip Clarke, "Creating the Customer Driven Supply Chain," *ECR Journal*, Vol. 2, No 2, Winter 2002。

9. 英国的定期调查中揭露，送货卡车仅仅有 28% 的可用时间在使用，使用时间中 20% 又是跑空车，而且有货的话也只装了半车。参见 Alan McKinnon et.al, "Running on Empty?" *ECR Journal*, Vol, 3, No. 1, Spring 2003。这与日本的丰田汽车提供商及 7-11 便利店采用的取送货时间完全同步的混合产品流水线配送方式不同。参见 Hirofumi Matsuo and Yasuaki Takeda, "ECR: A 'Fresh' Look from Japan," *ECR Journal*, Vol. 2, No. 2, Winter 2002。若卡车在很多站点之间频繁行驶而几乎总装满货物，运送指定数量的货物所需要的行程总数就能减少许多。

10. 最好是将这些高峰分开管理。我们相信随着企业掌握更多精益供应方法，并更好计算总成本和促销收益（这远远高于管理人员只看到"点成本"的预测），这种销售方式会逐渐消失。我们在第 6 章讨论"大卖场"零售时进一步探讨这个问题。

11. 易腐货物的供应流也在精益化，乐购参加了政府资助的项目，为牲畜类、奶制品和谷物产品规划供应流程图，一直沿着流程向上到农场为止。参见 David Simons, Mark Francis, and Daniel T. Jones, "Food Value Chain Analysis," in *Consumer Driven Electronic Transformation: Applying New Technologies to Enthuse Consumers and Transform the Supply Chain*, ed. by Georgis Doukidis et al, Amsterdam: Elsevier,

2005。

12. 对这种形势的经典陈述来自 Frances Cairncross, *The Death of Distance: How the Comm-unications Revolution Will Change Our Lives*. Boston: Harvard Business School Press, 1997。

13. 很多偶尔对精益感兴趣的管理人员似乎已经得出结论：一个像丰田汽车这样真正的精益生产系统会实现全部区域的零库存。但这只有在客户需求完全平稳并且可预测，上游供应完全可靠的情况下才是可行的。精益思想者们会注意在一切生产标准产品的供应价值流中建立一个或者几个少量库存点，而不是零库存。在制鞋公司案例中，商店完全不设库存，而配送仓库会有少量库存来缓冲客户需求的猛增，工厂也会有额外的少量库存用来应对上游供应的中断（这些在丰田汽车被称为"标准库存"，指的是每个库存点的大小可以根据下游订单的波动性和上游供应的稳定性准确地计算出来）。

然而，这些为达到高水平服务很有帮助的少量库存只占供应价值流中每个环节的传统库存量极小的一部分，而那些传统库存量对终端客户提供的服务水平仍然较低。同样重要的是，少量的标准库存使得配送中心和工厂能够平稳开展工作，不至于为了应对突然的需求短缺或者供应不足而付出高额代价，频繁打乱生产和发货安排。对如何计算标准库存的详细说明，参见 Art Smalley, *Creating Level Pull*. Brookline, MA: Lean Enterprise Institute, 2004。

14. 我们总是对那些似乎在寻找全球唯一一个最佳生产地点的公司感到吃惊。我们在进行总成本计算时，会出现几乎相同的情况，即不同的生产地点能以最低成本服务不同市场的客户。换句话说，对美国消费者来说最好的制鞋地点，对欧洲或者中国的消费者未必就是最好的。

15. 注意这个"总成本"是承包商、制鞋公司、零售商和运输公司的所有成本总和。

16. 然而，重要的是应该注意到 NuSweCo 公司是一个走在前沿的实践者，所实践的东西有时候被称为"丰田式缝制系统"。这是日本丰田集团的公司开辟的一系列用于服装加工的精益工厂运营技巧。这些方法在过去几年内将 NuSweCo 公司的劳动生产率比以前提高了一倍，以前该公司在行业中属于一般水平。如果没有采用这些方法，位于加州的 NuSweCo 公司可能就没有价格竞争优势了。

17. 我们已经直接在巴西、土耳其、波兰和墨西哥创建了非盈利的精益学院来教授精益方法，我们还希望在今后帮助建立更多教学机构。

18. 对选址问题思考的概要，参见 James P. Womack, "Lean Location Logic," Brookline, MA: Lean Enterprise Institute, 2005。

19. 蒙古人制造并使用的一种圆顶帐篷（也叫蒙古包），但在北美也生产一些为北美用户制造的派生款式。
20. 在某些情况下另外一个需要思考的问题是，耗尽规模经济需要的最小生产规模是多大。传统的有大规模生产思想的人一般会去向机器行业或零件批发商咨询现有的技术情况。他们被告知规模经济为了进行满足全世界需求的生产，需要某些设施——眼下引领潮流的范例可能是微电子元件——用在一个房间中的一台设备上。

    当我们听到这些时，会问一个简单的问题：为什么在一个房间生产 10 亿件产品会比在 10 个更靠近消费者的房间各生产 1 亿件产品费用要低？数据从何而来？我们发现通常根本没有数据。经常与电子零件供应商打交道的流程设计师，只是按照技术发展趋势去做逻辑推理，认为机器越大、运转越快，零件产量就越大，最后必定会降低每个零件成本。这样一来，结果就是，没有人研究过建立"规模恰当"的加工技术来满足广泛分布的市场需求，同时以最低的总成本做出快速反应。在许多年之前，就是这种经历让丰田确信要建立起自己的适当规模的流程技术，而非听取零售商意见，我们希望你们也能采取同样的态度。

第 6 章

1. SKU（stock-keeping unit），即存货单位。同一种产品的不同规格就是一个 SKU。以第 5 章所论述的可乐为例，各种可乐，比如普通可乐、无糖可乐、经典可乐、樱桃可乐都有不同的 SKU。同一种类型但容量不同的可乐，如 12 盎司罐装、32 盎司塑料瓶装、64 盎司塑料瓶装等，都有不同的 SKU，而同一种类、同样容量，但包装数量不同的可乐，如单罐、6 罐装、24 罐装箱也有不同的 SKU。还有促销的问题（之后再讨论），因为在促销活动中使用"买一送一"等形式的优惠券，因而同一种类、容量和包装数量的可乐也有不同的 SKU。这些信息都包含在产品条形码中，因而零售商在收银处只要一扫描就会收集到信息。
2. 当我们在这些业态中购物时，总喜欢看一下为了"节约"成本，这些包装实际上需要增加几个步骤。例如，两瓶一包装的大瓶芥末需要多加工两道工序：首先用一个标签把两个瓶子的条形码都贴上，这样收银台扫描时不会看作是一瓶装。然后用收缩胶膜把两个瓶子粘到一起再贴上一个新的两瓶装条形码。我们在考察一个包装食品生产商时得知，随着近年来大卖场零售店业态的兴起，这种做法被广为推广。这个制造商是最大的包装食品制造商之一。为了将小杂货店传统的单件装改换为大卖场的多件装，这个公司生产的 30% 产品需要重新包装，每次重新包装还需要增加几个步骤。大卖场食品店的售价较低是有一定原因的，但是包装绝不是原因之一。

3. 还有社区公众反对车辆大增的问题，结果就是在北美和欧洲的人口密集地区建造卖场越来越困难。

4. 很明显，所有 8 万种 SKU 都与某些家庭需求有关，否则这些东西不会在商店里。问题在于，每个家庭需要的东西都有些不同，而每个家庭所需的一件东西和其他家庭所需要的千千万万种东西混杂在汪洋大海似的商店中。

5. 这种观点的经典论述，参见 Naomi Klein, *No Logo: Taking Aim at Brand Bullies*. New York: Picador, 2000。

6. 这种传统和其弱点的著名评论，参见 Clayton Christensen and Michael Raynor, *The Innovator's Solution: Creating and Sustaining Successful Growth*. Boston: Harvard Business School Press, 2003。

7. 克里斯滕森（Christensen）和雷诺（Raynor）对此有一句精彩的警句："客户雇用产品来干活。"他们指出，同一产品在客户处境变化时，它的功能也变化。在他们所举的著名的奶昔例子中，一个上班族在早晨上班途中买它是充当早点，而同一顾客在晚上到同一家店买同样的奶昔则为了哄孩子。为了说明这种地理分布的规律，我们曾指出过同一客户在不同处境下将在不同业态店买同一产品。在第 10 章中我们将把这一规律进一步扩大，我们将指出，客户往往并不寻求某件产品，而只是希望在一个宽松的环境下从容不迫地解决某个问题。

8. 确实如此，由于已占有英国 29% 的大型零售市场，乐购面临的更紧迫的问题是政府的反垄断法。它们收购安路（Safeway）的投标已被垄断委员会否决，因此乐购目前正更加努力开设一系列不同业态的门店，以求不断扩大其市场而不至于被认为在某一其他业态实现垄断。

9. 有关乐购与其市场研究及软件开发子公司敦亨比（Dun Humby）是如何对堆积如山的会员卡的数据进行分析的详细经过，参见 Clive Humby, Terry Hunt, and Tim Phillips, *Scoring Points: How Tesco Is Winning Customer Loyalty*. London: Kogan Page, 2003。

10. 参见 Isao Shinohara, *NPS—New Production System: JIT Crossing Industry Boundaries*. Norwalk, CT: Productivity Press, 1988。

11. 7-11 的故事总结在 Hau Lee, " The Triple A Supply Chain*,*" *Harvard Business Review,* October 2004; Hau Lee, " Intelligent Demand Based Management, " *ECR Journal,* Spring 2002; and Hirofumi Matsuo and Yasuaki Takeda, " ECR: A Fresh Look from Japan," *ECR Journal*, Winter 2002。

12. 这些食品的管理方法和亚马逊管理书籍的方法类似。如果你是亚马逊的常客，它的软件会根据你的购书习惯自动向你推荐投你所好的新书目。这种方法，不论放在何种卖场都具有吸引力。它向你推荐你觉得值得一看的新品，不用在每年各零售店推出的不相关的成千上万种新品种上浪费时间。现在的方法是每年将成千上万的新产品放到货架上来确定消费者的接纳程度，这样的结果是95%的产品都失败了，尽管消费者被要求在杂乱的货物中寻找他们想要的商品。

13. 这是一个典型的日本隐喻，源自对自然界的观察。池塘里的水蜘蛛掠过水面，从一个觅食点迅速转移到下一个。丰田公司将这种小昆虫迅速频繁的运动运用在了全球工厂中，让物料配送员用这种方式来配货。有关这一系统在工厂环境下如何运作，参见 Rick Harris, Chris Harris, and Earl Wilson, *Making Materials Flow: A Lean Material-Handling Guide for Operations, Production-Control, and Engineering Professionals*. Brookline, MA: Lean Enterprise Institute, 2003。

14. 参见 Art Smalley, *Creating Level Pull*. Brookline, MA: Lean Enterprise Institute, 2004，完整解释了物料配送系统和信息传送系统的结合。

第7章

1. 有关价值命题的详细论述和生产系统是如何实际运作的部分说明，参见 Michael Dell, *Direct from Dell: Strategies That Revolutionized an Industry*. New York: Harper Business, 1999。重点是戴尔是唯一一家按订单生产且供货时间很短的厂家，戴尔要求其供应商在6个全球组装中心旁边设厂。这些供应商工厂频繁地以小批量向戴尔供货，使戴尔组装中心只需保持4～6天所需的零部件库存量。书中所说的这些情况都属实，但漏掉了一个有趣的事实：许多所谓的供应商"工厂"实际上是把全球各地生产的零部件储存起来的大仓库。

2. 戴尔所说的要求供应商位于组装厂附近指的就是这些设施。

3. 当然，供应商也许会面临自身的生产能力问题，即使空运也无法做到快速反应。

4. 戴尔所说的电子业面临问题与阿迪达斯、锐步、耐克等公司在鞋业中所面临的问题一样。这些公司所需主要物品的生产基地都集中在东南亚的少数几个公司中，而这些公司迄今为止都还没有将业务运营全球化以靠近它们的客户的动机。正如第6章中所说，我们相信这一情况在10年内会发生根本变化，但会发生在典型的电子生产厂家（或鞋厂）将其大部分供应基地设在销售区域的总装和测试点之前。

5. 设计原理作为模型的彻底研究，请看 Carliss Y. Baldwin and Kim B. Clark, *Design Rules: The Power of Modularity*, Cambridge, MA: MIT Press, 2000。

6. 有关汽车行业库存历史的细节和汽车生产商转向按订单生产制度所面临的多种选择，

在 Matthias Holweg and Fritz Pils, *The Second Century*, Cambridge, MA: MIT Press, 2004，一书中做了彻底的讨论。两人是"国际汽车项目"（IMVP）当前这一代的研究员。国际汽车项目是由麻省理工学院发起的一项对全球汽车行业的研究，也是支持我们（以及 Dan Roos）1990 年《改变世界的机器》(*The Machine That Changed the World*) 一书的机构。

7. 汽车生产公司总是担心"生产线平衡"，指的是装配复杂车型所需的工作量与装配简单车型的工作量不同，因而无法在一条线上按序生产不同车型的组合。此外，公司还必须考虑零部件来源，特别是那些产量小，又很少有订单的组装件，需要找供应商做特殊安排和寻找专门的物流。

8. International Car Distribution Programme, *Fulfilling the Promise: What Future for Car Distribution*? Solihull, UK: International Car Distribution Programme, 2001, p. 7.

9. 这一部分原因是因为航空公司普遍实行的一项古怪制度：为错过航班的旅客退款或提供未来某一日期的航班机票。与此对比，如果你没有按照规定日期从经销商那儿提走你买的汽车，而这辆车蒸发掉了，汽车公司不会免费送你一辆。

10. 此外，它们还推出了"逗留时间长短"的要求，包括口碑不太好的"星期六晚逗留"的要求，以此来把对价格敏感的假日旅客和对时间敏感的商务旅客区分开来。

11. 不过需要重复一下，我们在不同时间消费所处的情况是不同的。因此，对我们而言，飞往同一目的地的同一座位，其价值随时间不同而改变。所有供应系统必须对消费者不断变化的价值定义做出反应，否则就无法确定提供商应该提供什么。

12. 请注意，计划内无须列入每种产品的精确规格。根据定义，也不可能列入。计划内要规定的是 10% 的空位，例如相当于组装线上每 10 辆车的规格在 10 天内应该保持开放，直到剩下 90% 的汽车生产完成为止。所以，这些车的精确规格拖到临下线前才能确定。

13. 也许我们这里所说的会使读者紧张，生怕自己会上汽车销售人员的当。但就我们看来，汽车销售人员是处于一个糟糕的流程中面对最糟境遇的好人，但是长期在这样的环境下好人也会变得和他的处境一样糟糕。

14. 美国和英国以外的读者也许对"底盘装甲"这个术语比较陌生，但对于这套伎俩肯定是经历过的。近数十年来经销商在购车正式合同一签订后，就会宣称这车急需一些特殊处理——最普遍的是在车底喷上一层涂料，以防止所谓的摩擦和腐蚀，并把它说成是保护用户车的必要之举。这一领域的大多数专家都认为此举是浪费钱的、效果却很小的噱头。但是一种方式被揭穿后，另外一种方式就会出现。

第 8 章

1. Alfred D. Chandler, *Strategy and Structure: Chapters in the History of the American Industrial Enterprise*. Cambridge, MA: MIT Press, 1962.
2. 这一节得益于通用公司质量副总裁肯特·西尔斯（Kent Sears），其所用的方法和本文描述的非常相似。
3. Michael Hammer and James Champy, *Reengineering the Corporation: A Manifesto for Business Revolution*, New York: Harper Business, 1993.
4. 参见 Cindy Swank, " The Lean Service Machine," *Harvard Business Review*, Vol. 81, No. 10, October 2003, pp. 123-129。我们针对他们的进步做了不少调查。
5. 精益生产的主要原理在 James P. Womack and Daniel T. Jones, *Lean Thinking:*（*Second Edition*）. New York: Free Press, 2003，1～5 章做了充分的解释。
6. PDCA 循环是由戴明依据科学方法而提出的一套工作顺序，其内容是：提出建议、实施改进、检验结果、采取行动。分成四个阶段：计划，确定流程的目标及为达到此目标而必须做改进；实施，实施该项改进；检测，就其表现做出评估；行动，根据结果，将其标准化并再次循环使其更稳固。

第 9 章

1. 在《精益思想》一书中，我们举了两个人出行的例子。一个是从纽约州的詹姆斯敦到密歇根州的荷兰的商务旅行，另外一个是从英国的赫里福德到克里特的度假旅行。我们很高兴有许多读者告诉我们，这两个例子深刻地表达了他们个人旅行的经历。对许多旅客来说，从 A 地到 B 地的旅行实在是可怕的经历。而且这些例子还是发生在 2001 年 9 月 11 日以前。在本书中我们选择了一个虚拟的出发点和终点，以概括我们的要点。
2. 对比在第 6 章中所述的交叉转运的快消品，此处把乘客看作有脚的行李，按照他们自己的路线行走。
3. 在这种环境下，每趟旅行的成本确实难以计算，航空枢纽的经营者很容易利用现有的计算机管理系统对任何一条航线调价，以致新加入者很快被挤出这条航线，而且它们这样做也没有政府反不正当竞争监督的风险。
4. 如我们在第 7 章中已经看到的，每种产品都不一样，制造商需要提供给每个客户正确的产品，但却没有等待交付时间，因而面临着真正的成本考验。那么，对于这种加工环境，空位系统起着很重要的作用。对于汽车和计算机来说，把能够事先预订的和无法提前预订的用户区别对待，对前者给出较低的价格的方法是很有意义的。然而，在空位价格起源的航空公司行业里，虽然产品是完全一样的（除了头等舱的旅客有宽大的座位和免费的饮料），但每个座位的价格却是不同的。

5. 可以打电话到有很多点到点支线航班的机场为预订的机票改签，如西南航空公司在达拉斯的勒费尔德（Love Field）机场。但是旅客花在中转航班的起降时间并不能节省，这些航空公司不办理"联运"，不肯把票改签成别的航空公司的票，也不办理行李转运。此外，他们不和旅行社合作来简化订票，仅仅依靠网络订票。这并不奇怪，因为这些航空公司的大部分乘客在航班起降的城市间旅行。

6. 我们最喜欢用来评价客舱环境的方法就是我们打开笔记本电脑时是否需要担心我们前边座位的乘客往后倾斜座椅时会把我们的笔记本压坏。

7. 近几年来一些采用辐射式空运系统的航空公司曾与我们接触，并问精益思想该如何应用于它们的运营，特别是如果把高峰时间延长（高峰时间是指航班集中起降的时间）是不是提高运营水平的一个好方法。但问题是这个办法可以节省航空公司的钱（提高飞机和工作人员的利用率），却因为许多航班之间连接的时间相应增加，使得旅客的处境更糟。一个较好的，然而至今对航空公司没有吸引力的办法，是把从起点飞到航空枢纽的飞机每批数量减少一半，分成两批飞，而且全天飞机的到达和离港也要分布均匀。虽然航班入港和离开的顺序可能会不同步，但平均来说，旅客等待换乘的时间不会增加，而机场的资源利用会好得多。

另一项改进是可以从前后舱同时登机，并按旅客座位号指定行李舱。这样旅客在登机后就可以减少高举沉重行李箱放到头顶行李架上的时间。这些改进和精益思想家们在制造业使用的快速换型的某些概念是相似的，即减少从一种产品转换到另一种产品的调整时间，从而减少生产批次。

8. 奇怪的是，某些辐射式空运系统的航空公司在国际航线上追求这种选择。大陆航空公司、汉莎航空公司和其他一些航空公司正尝试用较小的飞机做穿越大西洋的航行（波音 757 代替 767），而这种飞机只设置公务舱。这个概念是为了区分乘客，这样当飞机在欧洲的小城市和美国之间来往直飞，无须通过航空枢纽转机时，每个飞机上的乘客对产品和价格的期待都是一样的。而更小的飞机（波音 737 和空客 A320）有它们特定的商务飞机配置，如果也采用类似的方法，则可以为更小的城市提供服务。

9. 我们甚至问过波音商用飞机公司的退休总工程师罗伯特 B. 布朗（Robert B. Brown），请他为我们考虑创建一些小的"精益"飞机。这种飞机几分钟就能启动，无须实时维护就能工作好几天，在小机场起飞没有噪音。当然这些纯粹是假设，令人惊喜的是，一旦从传统的束缚中解放出来，设计师们可以有多种新思路！

10. 当我们把这个概念向听众提出时，经常得到的反应是：这样做增加了客户的无偿工作。但仔细想来，你是宁可在其他人做这些工作的时候在候机室等 30 分钟，在飞机上等 20 分钟（等候客人登机），还是你愿意和工作人员以及其他乘客配合，做一些简单的工作（这样每个人都节省了时间）？我们对点到点支线航空公司（如西南航空公司）的特点之一很赞赏，它们向旅客很好地说明了登机和下飞机的程序，旅客和机组人员配合，每个人上下飞机更快。我们发现，如果这个流程经过了详细的解释，能够节省大家的时间，那么客户是很愿意配合这个精益流程的。

11. 这种类型的第一架飞机是日蚀 500（Eclipse 500），可搭乘五名乘客加上一名驾驶员，飞行速度和高度同喷气式飞机一样，其采购价约为 130 万美元。其他已公布的项目有亚当（Adam）飞机公司的 A700，塞斯纳·西达申·马斯坦（Cessna Citation Mustang）和巴西航空工业的 VLJ（Embraer VLJ），后者可能有特别意义，因为它是由传统商业飞机制造商提供的第一架微型飞机，而这些制造商习惯于生产结实的、日使用率高的飞机。

12. 另外一个重要的问题就是与机场附近居民的社区关系。飞机在商务旅客家附近降落，意味着对飞机起飞噪音标准要求更高，另外道路改善的标准也要提高，以免在居民区附近造成交通阻塞。

13. 问题的一部分是医生和患者对诊断有误而造成的严重后果。每当遇上疑问时，医生自然的本能是建议到更高级专家那儿做更多的检查。当然，精益思想家要找到一种途径，使患者更了解有关的知识，这样就能在不降低治疗质量的情况下，取消一些步骤和等待的时间。

14. 我们经常为我们遇到的巨大医疗中心而感到吃惊。它们有如此复杂和容易让人迷路的建筑群。医疗中心现有的多功能任务，也许是出现上述情况的一个原因，但是它们的复杂性不得不引起对医疗行业硬件设施的深刻思考。

15. 这让我们思考这个流程能往前走多远。纽约州罗契斯特市的一位家庭医生，高登·摩尔（Gordon Moore），几年前就认定这种简化程度是不够的。他从一个大型医疗中心辞职，开了一个只有他一个人的诊疗服务所。他应用最新技术，如制作医疗档案软件、微试验装置、患者电子信箱、语音信箱、电子账单等，并安排比标准时间更长的患者的预约间隔时间，这样，他发现他能够在一个房间里进行全部的医疗业务（与另一位医生共用一个候诊室），没有接待员、护士、档案保管员。他实际上成了一个没有资产和上级的真正的独立医生。摩尔报告说，他99%的病人可在预约的日期得到诊断。他的许多常规病人可通过电话或电子邮件来进行治疗而无须到诊所来。而且他的病人指标的测量结果如血压、血糖和胆固醇等，比大型医疗中心（他之前工作的地方）测的要好得多。这是因为患者总和他们的私人医生打交道，医生能够了解患者的具体问题（参见 *Family Practice Management*, published by the American Academy of Family Physicians, Gordon Moore, "Going Solo: One Doc, One Room, One Year Later," March 2002, at www. aafp. org）。

第 10 章

1. 奇怪的是，他们的消费解决方案带来了一个新问题：对管理这些事情的人，谁来管他们呢？媒体周期性地报道富豪被他们的解决方案人员欺骗或者这些人滥用职权的事件，而肯定还有更多的案例没有引起公众的注意。这个"谁来监管监管者"的问题就和人类历史一样古老，是不可能仅仅依靠增加几个管理层就能解决的。更好的办法是消除对管理的需求。

2. 这是赫伯特·西蒙（Herbert Simon）四十多年前发明的词。当时的信息选择比今天简单得多。这个词用来描述收集所有所需信息以真正地优化消费实际上比消费本身带来的麻烦更多。他给了优化挑战的失败者一个保持自尊的借口，他说搜集够用的信息来做一个好的决策，常常比搜集全部所需信息来做出一个完美的决策更合理。诺贝尔经济奖评委会的那一群忙碌的可能自己也放弃了优化挑战的人，对这个概念做出了热情的反应，并把1979年度的诺贝尔经济奖授给了西蒙。

3. 参见 Michael Porter and Elizabeth Olmsted Teisberg, "Redefining Competition in Health Care," *Harvard Business Review*, June 2004，对最近处于上升中的经济分析做了评论，该分析认为把医疗保健分拆成几个处理专门问题的独立的价值流，是控制费用的最好方法。我们非常赞同这种分析，并在第9章中提出类似的步骤。我们注意到这所带来的某种结果是，消费者在建立自己的医疗解决方案时将需要管理更多的提供商。

4. 另一方面，医疗系统是否真正知道如何应对患者问题，并持续在最佳时间提供最优治疗。这是另外的问题，不在我们的讨论范围内。对这个问题有兴趣的读者，可访问网站 www.ihi.org 了解医疗保健改进研究所做的开创性的工作。

5. 这也是减少购物对环境影响的最大贡献，特别是在温室排放方面。画出食品从农场到餐桌的价值流，可以看出消费者开车去商店买回食品然后放入冰箱储存，这整个过程中排放的二氧化碳比食品从生产、储存、运输到零售全部活动的总和还多。参见 Simons, David, and Robert Mason, "Lean and Green: Doing More with Less," *ECR Journal*, Vol. 3, No. 1, Spring 2003, pp.84-91。

6. 我们十分感激唐（Don），他后来成为德尔福公司的副总裁，他与我们分享了这个概念在通用的短暂生命的大量文件。当然，在正确的公司模式中，这些概念会有光明的前途。

7. 大型住宅建筑公司和为新居准备设备的主要提供商，迈出了提供这种能力的第一步。它们的合资公司、住宅建筑者工地公司（Homebuilder Site）（www.homebuilder.com），刚刚推出它们的"想象生活方式"的服务项目，它们为刚建成的住宅建立了一个完整的数据库，显示住宅的全部结构细节和所有编号的家具及设备。把每家的数据资料和建筑商及提供商连接，就能创建一个维修任务表，来决定有问题时该怎么办。但还缺少一个唯一的提供商，这个提供商向房主提供全部维修和服务，而无须房主操心。

8. 对于这种想法可能产生的噩梦，参见 Jeremy Rifkin, *The Age of Access: The New Culture Hypercapitalism, Where All of Life is a Paid-For Experience*. New York: Jeremy P. Tarcher/Putnam, 2000。

致谢

1. 20世纪80年代我们在麻省理工学院（MIT）发起这种方法。1979～1984年，为了"汽车的未来"（The Future of the Automobile）项目，我们努力获得基金会和政府的支持；1985～1990年，为了"国际汽车计划"项目，我们通过特别机制得到了工业界的支持。对于后一个项目，我们和世界上所有的汽车公司和最大的汽车提供商联络，请它们通过各国的行业协会为一项专门基金捐款。所有基金划入研究团队使用的总账户上，研究团队拒绝来自任何公司对其研究工作的限制。

2. Daniel T. Jones and James P. Womack, *Seeing the Whole: Mapping the Extended Value Stream*. Brookline, MA: Lean Enterprise Institute, 2002.

3. 结果可参考工作报告 James P. Womack, "Lean Location Logic," Brookline, MA: Lean Enter-prise Institute, 2005。

参考文献

Baldwin, Carliss Y., and Kim B. Clark, *Design Rules: The Power of Modularity*, Cambridge, MA: MIT Press, 2000.

Barlow, Sue, Steve Parry, and Mike Faulkner, *Sense and Respond: The Journey to Customer Purpose.* London: Palgrave Macmillan, 2005.

Browett, John, "Tesco.com: Delivering Home Shopping," *ECR Journal*, Vol. 1, No. 1, Summer 2001, pp. 36–43.

Cairncross, Frances, *The Death of Distance*, Boston: Harvard Business School Press, 1997.

Chandler, Alfred D., *Strategy and Structure: Chapters in the History of the American Industrial Enterprise*, Cambridge, MA: MIT Press, 1962.

Christensen, Clayton M., and Michael E. Raynor, *The Innovator's Solution: Creating and Sustaining Successful Growth.* Boston: Harvard Business School Press, 2003.

Christensen, Clayton M., Scott D. Anthony, and Erik A. Roth, *Seeing What's Next: Using Theories of Innovation to Predict Industry Change.* Boston: Harvard Business School Press, 2004.

Crosby, Philip B., *Quality Is Free: The Art of Making Quality Certain.* New York: McGraw-Hill, 1979.

Dell, *Michael, Direct from Dell: Strategies that Revolutionized an Industry.* New York: Harper Business, 1999.

W. Edwards Deming, *Out of the Crisis.* Cambridge, MA: MIT Press, 1982.

Evans, Philip, and Thomas S. Wurster, *Blown to Bits: How the New Economics of Information Transforms Strategy*. Boston: Harvard Business School Press, 2000.

Gershuny, Jonathan, *Changing Times: Work and Leisure in Postindustrial Society*. London: Oxford University Press, 2000.

Gruen, Thomas, and Daniel Corsten, "Rising to the Challenge of Out-of-Stocks," *ECR Journal*, Vol. 2, No. 2, Winter 2002, pp.44–58.

Hammer, Michael, and James Champy, *Reengineering the Corporation: A Manifesto for Business Revolution*. New York: Harper Business, 1993.

Harris, Rick, Chris Harris, and Earl Wilson, *Making Materials Flow: A Lean Material-Handling Guide for Operations, Production-Control, and Engineering Professionals*. Brookline, MA: Lean Enterprise Institute, 2003.

Hawken, Paul, Amory B. Lovins, and L. Hunter Lovins, *Natural Capitalism: The Next Industrial Revolution*. London: Earthscan, 1999.

Holweg, Matthias, and Fritz Pil, *The Second Century: Reconnecting Customer and Value Chain through Build-to-Order*. Cambridge, MA: MIT Press, 2004.

Humby, Clive, Terry Hunt, and Tim Phillips, *Scoring Points: How Tesco is Winning Customer Loyalty*. London: Kogan Page, 2003.

International Car Distribution Programme, *Fulfilling the Promise: What Future for Car Distribution?* Solihull, UK: International Car Distribution Programme, 2001.

Jacob, Julie, "Same Day Appointments Catching on with Doctors," Amednews.com, January 29, 2001, www.ama-assn.org/amednews/2001/01/29/bisa0129.htm.

Johnson, Maureen, "The Store of Tomorrow," *ECR Journal*, Vol. 2, No. 1, Spring 2002, pp. 82–93.

Jones, Daniel T., "Thinking Outside the Box," *ECR Journal*, Vol. 1, No. 1, Summer 2001, pp. 80–89.

Jones, Daniel T., and Philip Clarke, "Creating a Customer Driven Supply Chain," *ECR Journal*, Vol. 2, No. 2, Winter 2002, pp. 28–37.

Jones, Daniel T., and James P. Womack, *Seeing the Whole: Mapping the Extended Value Stream*. Brookline, MA: Lean Enterprise Institute, 2002.

Kiff, John, "The Lean Dealership—A Vision for the Future: 'From Farming to Hunting,'" *Marketing and Intelligence Planning*, Volume 18, Number 3, 2000, pp. 112–126.

Klein, Naomi, *No Logo: Taking Aim at Brand Bullies*, New York: Picador, 2000.

Lean Enterprise Institute, *Lean Lexicon: A Graphical Glossary for Lean Thinkers*. Brookline, MA: Lean Enterprise Institute, 2004.

Lee, Hau L., "Intelligent Demand Based Management," *ECR Journal*, Spring 2002.

Lee, Hau L., "The Triple A Supply Chain," *Harvard Business Review*, October 2004.

Lee, Hau L., "Unleashing the Power of Intelligence," *ECR Journal*, Vol. 2, No. 1, Spring 2002, pp. 60–73.

Liker, Jeffrey K., *The Toyota Way*, New York: McGraw Hill, 2004.

Matsuo, Hirofumi, and Yasuaki Takeda, "ECR: A "Fresh" Look from Japan," *ECR Journal*, Vol. 2, No. 2, Winter 2002, pp. 16–27.

McKinnon, Alan, et.al., "Running on Empty?", *ECR Journal*, Vol. 3, No. 1, Spring 2003, pp. 73–82.

Mitchell, Alan, *Right Side Up: Building Brands in the Age of the Organized Consumer*. London: Harper Collins, 2001.

Moore, Gordon, "Going Solo: One Doc, One Room, One Year Later," *Family Practice Management*, March 2002, www.aafp.org/fpm/20020300/25goin.html.

Pine, Joseph B., *Mass Customization: The New Frontier to Business Competition*. Boston: Harvard University Press, 1993.

Pine, Joseph B., and James H. Gilmore, *The Experience Economy: Work is Theatre and Every Business a Stage*. Boston: Harvard Business School Press, 1999.

Porter, Michael, and Elizabeth Olmsted Teisberg, "Redefining Competition in Health Care," *Harvard Business Review*, June 2004.

Randolph, Greg, Mark Murray, Jill Swanson, and Peter

Margolis, "Behind Schedule: Improving Access to Care for Children One Practice at a Time," *Pediatrics*, Vol. 113, No. 3, March 2004, pp. 230–237.

Rifkin, Jeremy, *The Age of Access: The New Culture of Hypercapitalism Where All of Life is a Paid-for Experience*. New York: Penguin Putnam, 2000.

Romm, Joseph J., *Lean and Clean Management: How to Boost Profits and Productivity by Reducing Pollution*. New York: Kodansha International, 1994.

Rother, Mike, and John Shook, *Learning to See: Value Stream Mapping to Add Value and Eliminate Muda*. Brookline, MA: Lean Enterprise Institute, 1998.

Schwartz, Barry, *The Paradox of Choice: How More Is Less*. New York: Ecco, 2004.

Senge, Peter M., *The Fifth Discipline: The Art and Practice of the Learning Organization*. New York: Doubleday, 1990.

Sewell, Carl, *Customers for Life: How to Turn a One-Time Buyer into a Lifetime Customer*. New York: Doubleday, 1990.

Shinohara, Isao, *NPS—New Production System: JIT Crossing Industry Boundaries*. Norwalk, CT: Productivity Press, 1988.

Simons, David, Mark Francis, and Daniel T. Jones, "Food Value Chain Analysis," in *Consumer Driven Electronic Transformation: Applying New Technologies to Enthuse Consumers and Transform the Supply Chain*, ed. by Georgis Doukidis et al, Amsterdam: Elsevier, 2005.

Simons, David, and Robert Mason, "Lean and Green: Doing More With Less," *ECR Journal*, Vol. 3, No. 1, Spring 2003, pp. 84–91.

Smalley, Art, *Creating Level Pull*. Brookline, MA: Lean Enterprise Institute, 2004.

Swank, Cynthia K., "The Lean Service Machine," *Harvard Business Review*, Vol. 81, No. 10, October 2003, pp. 123–129.

Toffler, Alvin, *The Third Wave*. New York: William Morrow, 1980.

Tongue, Andrew, John Whiteman, and Daniel T. Jones, *Progress on the Road to Customer Fulfilment: ICDP Research 2000–2003*. Solihull, UK: International Car Distribution Programme, 2003.

Underhill, Paco, *Call of the Mall*. New York: Simon & Schuster, 2004.

Underhill, Paco, *Why We Buy: The Science of Shopping*. New York: Touchstone, 1999.

Wikstrom, Solveig, and Richard Norman, *Knowledge and Value: A New Perspective on Corporate Transformation*. London: Routledge, 1994.

Womack, James P., Daniel T. Jones, and Daniel Roos, *The Machine that Changed the World*. New York: Rawson Macmillan, 1990.

Womack, James P., and Daniel T. Jones, *Lean Thinking: Banish Waste and Create Wealth in your Corporation*, 2nd Edition. New York: Free Press, 2003.

Womack, James P., and Daniel T. Jones, "From Lean Production to the Lean Enterprise," *Harvard Business Review*, Vol. 72, No. 2, March–April 1994, pp. 93–103.

Womack, James P., and Daniel T. Jones, "Beyond Toyota: How to Root out Waste and Pursue Perfection," *Harvard Business Review*, Vol. 74, No. 5, September–October 1996, pp. 140–158.

Womack, James P., and Daniel T. Jones, "Lean Consumption," *Harvard Business Review*, Vol. 83, No. 3, March 2005, pp. 58–68.

Wright, Robert, *Nonzero: The Logic of Human Destiny*. New York: Little Brown, 2000.

Zuboff, Shoshana and Jim Maxmin, *The Support Economy: Why Corporations Are Failing Individuals and the Next Episode of Capitalism*, New York: Viking, 2002.